JN177277

幻の名著復刊

中国思想史

小島祐馬

KKベストセラーズ

解説　概説書の名著

呉 智英

私は本書『中国思想史』によって概説書の名著というものがあると知った。一九八五年頃のことで、私は三十代の終わりであった。

行きつけの図書館の開架式書棚に本書を見かけ、手に取ってはみたものの、『中国思想史』というごく当り前の書名が魅力に欠けるように思えたし、A五判という大判にもかかわらず活字も大きめで文字数も少なく、読むほどのこともあるまいと、たかをくくっていた。浅慮としか言いようがない。

それでも、書棚にあった本書が目についたのは、同じ小島祐馬の『中国の革命思想』(一九六七年、筑摩叢書版)、『中国の社会思想』(一九六七年、筑摩書房)は読んでいたからである。この二冊は「革命」「社会」に力点が感じられて一読し、その学識の深さに感銘を覚えた。

図書館に行く度に書棚の前を何回か行き来し、やはり読んでみようと思って借り出した。そして、読み進むうちに、これはすばらしい名著だと確信した。一週間ほどかけて読み終わるや、是非とも手元に置いておきたいと、書店で注文した。しかし、数日後、版元の創文社で在庫切れ、重版未定であると知らされた。

その後、古本屋めぐりをする際に気をつけていたが、見つけることはできなかった。一九六八年刊行の初版は、刊行後二十年ほどで入手できなくなっていた。別言すれば、需要がなくなっていたのである。しかし、少なくとも私自身は需《もと》め要《い》る。版元なら数冊でも残っていないかと創文社に電話をかけてみたが、一冊もないという。私は何とか再版してもらえないだろうかと懇請してみたものの、一読者の突然の電話であれば、芳しい返事が得られるべくもなかった。

それから一、二年後、書店に本書が置かれているのを見た。私は小躍りして購入した。一九八七年の第二刷である。創文社は一読者の要望を聞いてくれたのである。幸いにもその後、二〇〇〇年に第三刷が刊行された。実はずっと読者はいたのである。この度、創文社が会社を閉鎖することになり、本書は僅少な在庫を残すのみで刊行継続ができなくなった。しかし、装幀のみ改めてＫＫベストセラーズより刊行されることとなった。出版環境が厳しい中、まことに喜ばしい。

先に本書が概説書の名著であると述べた。人はややもすると概説書を軽く見がちだし、軽く見られるのも当然なような概説書がほとんどである。しかし、本書は本当に名著である。そして、このことは、混迷する知の状況への問いかけをも意味している。

ほんの二、三十ページも読めば分かる通り、本書は内容の水準を少しも落としていない。極めて高度でありながら煩雑ではない。読む者に迎合しておらず、といって初学者を眼中に入れていないわけではない。まことにバランスがよい。

これは本書の成立にかかわる。「あとがき」にあるように、小島祐馬が還暦を迎えて京都大学を定年退官するに際し、小島のそれまでの講義を高弟である研究者たちがまとめたものである。もちろん、世に横行する安易な口述筆記などとは違い、小島自身それに存分に手を入れたし、中心になった二人の高弟森三樹三郎、平岡武夫もまた一流の研究者であった。本書はいわば、小島が高弟を相手にしたゼミに、読者が臨席するようなものである。小島の学識を高弟たちが理解し吸収する過程を、読者も味わうことができる。こういう学問の教授・教育がありうるし、またそれを執筆者、出版人は学ばなければなるまい。

しかし、本書が概説書の名著であるのは、そういった形式面に止まらない。小島祐馬の人柄、見識、また、小島の学問形成期の状況もあるだろう。

二〇一四年、岡村敬二『小島祐馬の生涯』(臨川選書)という詳細な評伝が出た。小島は左翼思想を信奉していないにもかかわらず戦前期に河上肇と深く交わり、京都大学退官後は、文部大臣就任や郷里の高知県知事・高知大学長にとの要請も断って、郷里の老父を養いながら農作業と学問に励んだ。

同書に、戦後ほどなく書いた原稿の末尾に「「支那」の字を「中国」「シナ」に書きかへないで下さい」とあった、と述べられている。「支那」を「中国」と書き換えさせる占領下の不合理な政治的圧力への抵抗だったのだろう。ただ、後には本書がそうであるように小島は「中国」も使うようになった。おそらく、要らぬ摩擦に煩わされたくなかったのだろう。ともあれ、剛毅、真摯な人柄は誰もが認めるところであった。

小島祐馬が亡くなって四半世紀以上も経った一九九二年、私は白川静にインタビューしたことがある（白川静『回思九十年』所収）。白川は小島と「反訓字」（意味が本義とは逆になるように読める漢字）をめぐって論争している。インタビュー後の雑談でこの話に及ぶと、白川は小島説の誤りに触れつつも、人格の高潔さを強調した。私は白川にも小島にも深い敬意を抱いた。

小島祐馬は世俗の栄達をあえて望まず、むしろそれを峻拒し、帰郷して老父に仕え、若い頃に収入のほとんどを注ぎ込んで買い求めた万巻の書物を読んだ。かつての支那の賢者のようである。しかし、そのようではあるが、学問の内容が違う。こうした賢者、あるいは賢者もどきの学問は、その内容は一種の神学的イデオロギーである。こういう人たちの書くものは、要するに信仰告白である。しかし、今、我々は、そんなイデオロギーをそのまま信仰することはできない。明治以後、西洋の学問が流れ込み、否応なく我々はその思考の中にある。一旦その西洋の論理を経由して支那思想を理解しなければならない。前記『小島祐馬の生涯』によれば、小島は第五高等学校時代、王陽明の『伝習録』を日課のように読んだ。「修養のための読書」としてである。しかし、小島は五高卒業後、京都帝大の文学部ではなく法学部に進んでいる。そこを卒業後、文学部へ再入学し支那哲学を学ぶ。要するに、西洋的な政治思想を知った上で支那思想を学んだ、ということになる。これがまた本書を概説書の名著にしている。支那思想信仰者による概説ではなく、外部の思想によって消化した支那思想史だからである。

『中国思想史』という書名が当り前すぎて魅力に欠けるように思えたと、私は初めに書いた。しかし、この一見当り前の書名にも意味が込められている。名教授の名講義と同じように（というより、本書はその通りなのだが）、このことがさらりと自然に語られてくる。後半部分の「序言」（二二七～二二八ページ）にこうある。

「中国には、今日のいわゆる哲学の体系はない」「社会思想、すなわち社会組織の根本に触れたもろもろの思想があるだけである」「私がここに中国哲学史とせずに、中国思想史とするゆえんは、中国思想を、そのあるがままに、全体として見て行こうとするためであって、従来に慣用せられた中国哲学史と多少その内容を異にする」

西洋思想においては、哲学はまず存在論 Ontology から始まる。この存在論は形而上学 Metaphysics

とほぼ同義である。存在論・形而上学なき哲学は哲学ではない。これはそういった非西洋哲学を貶《おとし》めるものではない。彼我の思想はしかく違うのである。これを確認するためにも本書は『中国思想史』でなければならなかった。

当り前で平易な記述に、これだけの意味が込められている。もちろん、日常用語としては、例えば「経営哲学」というように、哲学は単なる根本理念の意味に汎用されるし、それでいいのだろうが、小島祐馬の支那思想を概説する姿勢は、ここに読み取っておかなければならない。

本書に啓発されたところはいくつもあるが、一箇所だけここに挙げておこう。前期第六章の終りに近いところだ。

「儒家思想の中心点は、道徳的階級制度ともいうべきものである」(二二一ページ)

私はこんなにも簡潔で魅力的な儒教論を知らない。「道徳的階級制度」という言葉は、すべて平易な語の組み合せながら、政治というものを根源的に見つめる視点を提示する。続いてこうある。

「何時の時代においても、自己自身を道徳家なりと認めることは、何人にも最も容易なことである」

政治の道徳からの分離は、丸山真男の『日本政治思想史研究』の主題である、というよりも、近代政治思想の要である。しかし、それでも人は道徳による政治を求める。かの共産主義もまた実は道徳的政治思想であり、しかも、あまりにも不道徳な政治を現出した。これはまた、ニーチェやオルテガの近代社会批判にも通じるだろう。道徳に顔を背け、道徳を脱却したはずの人々も、実は内心で「自己自身のみは道徳家なり」と「容易に」認めているのである。

碩学の著で支那思想を通覧することによって、個々の事実以上のものが見えてくる。概説著の名著と呼ぶにふさわしいと思う。

目次

後期

中国思想史

前期

序説　中国思想史の意義ならびにその研究資料

中国において昔から学問の主なる対象は、人間の社会生活であった。したがって政治・経済・法律・道徳など社会的な学問に重きをおいている。たまたま形而上学的研究にさかのぼることがあっても、その出発点は、常に人間の社会生活を離れなかった。以下に中国思想史として述べるところは、中国における、これら社会的学問の発達史である。されば政治・経済・法律・道徳など、いやしくも社会組織の根本にふれる建設的・批判的な思想は、ここにいう思想史の中に包含される。

もっとも中国において、昔から学という場合には、単に知識の集合を意味し、必ずしもその知識が体系をなすか否かを問わない。したがって今日のいわゆる科学の意味は、中国の学の中に求めることはできない。また古来、哲学という語がないと同時に、今日の哲学体系に相当する学はない。故にこの点より中国に哲学なしとするならば、もちろん当然である。しかし中国思想中にも哲学的なものがないわけではない。従来、中国哲学史の名をもって書かれた書物の中には、中国思想の中から西洋近代の哲学に類似する、もろもろの哲学的思想を拾い出し、これをアレンジするものが多いようである。かくのごときは、全体としてまとまったものとしての中国思想を破壊するものであって、これによって中国思想の真髄を把えることは困難である。以下の中国思想史は、中国思想をあるがままに全体として把握し、その思想の主要なる潮流を述べようと思う。これはひとり中国思想に対して忠実なるのみならず、また思想史研究の方法として、まさに然るべきところと思う。

中国において書物を分類するに、経《けい》・史《し》・子《し》・集《しゅう》または甲・乙・丙・丁と分つが、これが中国における学問の分類となる。

経とは、もと孔子《こうし》の刪定し、あるいは編述したと考えられたものを総称する語で、漢代では詩・書・礼・易《えき》・春秋の五経に楽《がく》を加えた六経《りくけい》または六芸《りくげい》というものをその内容としたが、後世、孔子を元祖とする学派の作った伝注述作の一部をもこれに加えて、宋代には十三経を数えるに至った。十三経とは、五経中の礼を周礼《しゅらい》・儀礼《ぎらい》・礼記《らいき》の三礼に分け、春秋は公羊《くよう》・穀梁《こくりょう》・左氏の三伝を併せ採り、それに論語・孟子・孝経・爾雅《じが》を加えたものである。

次に史とは、歴史である。正史としては史記・漢書・後漢書・三国志以下、宋史・元史・明史に至る二十四史を総称するのであるが、近時これに新元史を加えて二十五史ともいう〔清朝に対しては清史稿あり。〕。これはもと個人の著述であったが、後世では歴代の朝廷で前代の正史を編纂する例となった。正史の体例を紀伝体ともいう。本紀・列伝というように、個人を中心にして書いた部分を本体とする歴史である［書・志・表などは事実を綜合的に書いたものであるが、中心をなすものでない。］。正史のほかに、たとえば『資治通鑑《しじつがん》』『通鑑綱目《つがんこうもく》』などのような編年体の史もあり、年代を追って事実を記載する。また『宋史紀事本末』『明史紀事本末』のような紀事本末体があるが、これは事実の顛末を明らかにすることを主とする。その他、史には雑史・伝記・地理・職官などの諸種の分類をしている。

子《し》は、もと先秦時代の諸学派の書物を総称する語であるが、漢以後においてもこれと性質を同じくするものは、この部類に入れる。先秦以来の諸学派については、漢書芸文志《げいもんし》に儒・道・陰陽・法・名・墨・縦横・雑・農の九学派をあげ、九流という。また、これに小説家を加えて十家という。諸子百家の学とはこのことである。後世では陰陽家を除き、兵家・天文家を入れることになっているが、その中について儒・道・法・墨の諸家は最もあらわれたものである。

集は、詩文集である。これに別集・総集の区別をし、一人の詩文を編したものを別集といい、多数の人の一部または全部を収録するものを総集という。

以上は中国の四部の書物の分類である。甲乙丙丁をもっていうときは、経は甲、史は乙、子は丙、集は丁部と称する。

四部の書物の内容についてみるに、経は従来万古不易の常道を載せた書、いわゆる治国平天下の大道を述べたものとせられ、漢以後の政治の根本大典とせられている。すなわち『詩』は宗廟《そうびょう》・朝廷で用いる楽章および民間の俚謡《りよう》を集めたもので、これをもって朝廷の儀式を整え、民間の風俗を察するの用に供せられるものとしており、『書』は堯舜《ぎょうしゅん》以来の聖王の訓戒、あるいは名臣の詒謀《いぼう》というようなものを集めたもので、政治上の助けになることはもちろんである。『礼』は周代の官制および士大夫の間の社交的儀礼を規定したものであり、『楽』は礼とならんで天地宗廟を祭り、人心を和平ならしめるために用いられるもので、ともに天下国家を治める要具とせられた。『易』は、あるいは占筮《せんぜい》の書となし、あるいは義理の書となす相違はあるが、いずれも政治上の用に供せられる点では同じである。『春秋』は孔子が魯《ろ》の歴史上の事実を借りて自身の政治上の理想を述べたものとせられる。これが国を治める大法であることはもちろんである。もっとも、これは以上の書物を経としていう場合のことである。すなわち漢以後の学者の見方に従って言うのであって、これをその構成の個々の要素について歴史的に考察すれば、おのずからその性質を異にするのであって、後に述べる研究方法と対照して見れば、その点を明らかにすることができよう。

次に、史は中国では政治を中心とする歴史、すなわち個人の一言一行、もしくは古今を通ずる時代の流れの中に、幾多の政治上・道徳上の訓戒が含まれることを示して、天下後世の者がこれを用いて、経世済民の材料とすることができるように編纂せられたものにほかならない。後世、史を作るものの模範とせられる司馬遷《しばせん》の『史記』、司馬光《しばこう》の『資治通鑑《しじつがん》』のごときは、実に経書中の『春秋』の意にならったものといわれる。もって古来の史が如何なるものかを伺うにたるであろう。もっとも後世に至っては、かくのごとき政治上・道徳上の手段として史を作るのではなく、今日のいわゆる歴史学の見地からみても歴史としての価値ある著述もなくはないが、かかる書物は中国の歴史としては例外的である。

次に子。あるいは諸子。経は儒家のテキストであって、漢代に儒家の学が国家公認の学問となるとともに、経として重んぜられるに至ったものである。儒家の書はすべて経にもとづいて説をたてたもので、これが経世済民の学であることはもちろんである。その他、道家・法家・墨家などの学も、いずれも経世済民の理想にその基礎を置かないものはない。ただ諸子の中には、一見して政治・経済・道徳と関係の薄い記事を載せるものがないではないが、しかしそれとても、よく見れば、何らかの意味でそれらに関係をもつものであることがわかる。

集に至っては、まとまった著述以外の雑篇であって、今日の文芸に当たるものも少なくないが、古来「文章經國之大業、不朽之盛事」〔魏文帝典論〕（文章は経国の大業、不朽の盛事なり）といい、また「凡文之不關於六經之指当世之務、一切不爲」〔顧炎武日知録、一九〕（凡そ文の六経の指、当世の務に関せざる者は、一切為《つく》らず）などをもって文章家の理想とし、内容の天下国家に関するものをもって範としているのである。もっともこれにも例外があり、純文学的作品もなくはないが、今日いわゆる文学の意味で取扱われる詩文は、中国でいう文章の理想からいえば末節的なものである。

以上をもってみる時は、中国においては書物の分類と同時に、学問の分類として経史子集の別を立てるけれども、これを思想史的にみれば一つに帰着せしめることができる。すなわち四部の書の内容は、その本質的な部分についていえば、すべて政治・経済・道徳・法律のごとき社会的学問である。

今日、中国思想史を研究するには、その資料は経史子集の四部にわたって求めなければならない。その範囲は、はなはだ広きに失する。その中について最も代表的なものを選べば、経と子をあげることができる。そして子の中で、儒家はその述べるところ経を主とするものであるから、経にあらわれた思想はこれを儒家によって代表せしめることができる。したがって諸子の学（先秦に限らず）を通観することが中国思想の概要を把握する捷径である。

中国思想史の研究資料は上述したごとく非常に広汎にわたる。なかんずく、そのいわゆる古典に属するものは、中国思想の基本をなすというべきものであって、最も重要な地位を占めるものであるが、同時にその取扱いについては、後代の著述と異なり、特に注意を要することが多い。これはひとり中国の古典に限ることではないが、中国においては諸種の事情から特にその必要を感ずる。

いったい古典を取扱うには、あらかじめ古典そのものの性質を明らかにしなければならない。古典そのものの性質を明らかにするためには、古典成立の経過を知らなければならない。およそいずれの国の古典でも、その大部分は一時に一人の手によって作られたものではない。長い時代にわたって多数の人の手が加えられ、一回ないし数回の結集が行なわれた結果、今日見るごとき形に作り上げられたものと思う。少なくとも中国においてはそういう経過をとって古典が生まれたものと思われる。

中国において始めて従来の記録を整理し、結集を行なったことの明らかなものは、孔子の時である。孔子の教育の部門は詩・書・礼・楽の四教であるといわれるが、そのうち礼・楽は、実地について修練されたもので、教科書はない。当時、教科書とせられたものは詩・書、すなわち今日のいわゆる『詩経』と『書経』であって、これは孔子が当時存在した記録を整理して用いたものである。しかし今日存する『詩経』『書経』が、孔子の整理したものとその内容が同一であると考えるならば早計である。

孔子以後、孔子の学を祖述するものに儒家があり、そのほか墨家・道家・法家など諸種の学派がおこり、おのおのその学派の説を伝えた書物が今日多数残っているが、これら諸学派の書物も一朝一夕に成ったものではなく、おのおのの学派において師弟が相続する間に種々の材料が附け加えられ、また何度かの結集が行なわれた結果であることは、これらの書の内容を十分吟味することによって明らかにすることができる。そして、かくのごとき結集はその学派の盛んになったときに行なわれることもあるが、それと反対にその学派が衰える場合にも行なわれることがある。儒家・道家などの書物は前者の例であり、墨家の書は後の例に属するように思われる。そして、いわゆる先秦の諸学派の典籍の最後の結集は、だいたい前漢の時代（王莽《おうもう》時代を含む）に行なわれたものと見て、大なる誤りはないと思う。

漢の武帝の時に、儒家の学をもって国家公認の学とし、その他の諸家の学を排斥した。これより前、文帝・景帝の時代は、道家の学が盛んに行なわれ、道家の典籍はこの間に整理せられたものが多いようであるが、儒家においても戦国の末から漢初にかけて『易』『春秋』『礼』などが次第にその学派の教科書の中に加わり、『論語』『孟子』『荀子』など、その学派の聖賢の遺著と言われるものも伝わっていたが、これらは漢初から武帝の頃までに、その内容がだいたい今日伝わるような形に整理せられたものと見るべきであろう。

『詩』『書』だけについてみても、孔子の整理したままの『詩』『書』と、漢のときに整理せられた『詩』『書』と、内容が同一であると見ることはできない。いったい結集の行なわれる時は、従来の本文の後に附け加えられるものもあるが、その前に附け加えられるものもある。また、それが数巻に分かれている場合には、おのおのの巻末に加えられることもある。これは古書を読む上に最も注意を要する点である。たとえば『論語』の下論十篇は後からだんだん附加された形跡がある。上論は孔子の又弟子ぐらいの編纂したものである。『墨子』『韓非子《かんびし》』などは前にも後にも附加がある。

いったい、ある社会の思想は、その社会構成の変化に従って変化するものである。したがって古典の中に盛られる思想は、それを編纂した時代の思想を反映している点の多いことを忘れてはならない。たとえその中の個々の材料についてみれば、最初から伝来のままであったとしても、かかる材料を整理し編纂する場合には、その時代の思想によってその一部分が改竄《かいざん》され、その整理する時代の思想に牽合せられることはあり得べきことであって、そこに古典の二重性・三重性が存するわけである。資料そのものの有する意味と、編纂の場合に用いる意味との相違ができる。

要するに古典にあらわれた思想を全体としてみるときは、それが最後に整理せられた時代を反映するものとしてみなければならない。この見地からみるときは、中国の古典はだいたい戦国末・秦漢時代の思想をあらわしているものである。ことに儒家の経典においては、漢の武帝前後の時代を反映するものと見なければならない。中国では『周礼』『左伝』のごときは前漢の末に作られたものであるとして、これを排斥する学派があるが、ひとり周礼・左伝のみではなく、その他すべての経典にしても、漢代の整理を受けていないものはなかろうと思う。もっともこれは古典を全体としてみた上のことであるが、これを部分的にみて、その間に存する発展の跡をたずね得ないではない。思想史の研究には、この点が最も重要なことと思われる。しかしかかる研究をなすには細心の注意が必要であって、以下述べるところの研究方法は、この場合において特にその必要を感ずるわけである。

なお中国においては、漢代に儒家の学が国教となって、すべて社会上の規範が儒家の経典にもとづかねばならないことになって以来、その経典を尊信するところから、その内容に疑いをさしはさむがごときは、一種の冒瀆と考えるようになり、考証に長じた清朝の学者といえども、経書の内容にわたってこれを歴史的に批判することは、二三の学者を除いてはしなかったところである。これはいわゆる経学的な立場であって、そこには一つの信仰が基礎をなし、批判に対して越ゆべからざる限界を設けている。我々は歴史的な観点に立つ以上、もとよりこの限界を越えて、その信仰の領域にまでも忌《き》憚《たん》なき検討・批判を行なわなければならないことは勿論である。思想史の上では、経学的態度そのものを研究の対象にしなければならない。

『尚書』に例をとれば堯典・舜典のごときは、秦のごとき大帝国の理想が入っており、孔子以後の思想たることは疑いない。終わりの方は、列国の祖先を高めるために各地に伝わったものを入れたのである。孔子の見たものは周書の始めの部分であろうと思われる。経学者としての立場からは歴史的に批判することは許されず、またその必要はない。しかし歴史的の立場に立てば、経学者のいうままに鵜呑みにすることはできない。

以上は、中国思想史の資料、特に古典を取扱う上について、最も一般的な注意を述べたのであるが、この注意に従って古典を取扱うためには、中国で発達した目録学・校勘《こうかん》学・訓詁《くんこ》学および本文批評などの研究方法などを十分に心得ていなければ、効果を収めることが困難であろう。

(a) 目録学

およそいかなる学問をするにも、その材料となるべき書物が、いかなる内容をもち、いかなる価値をもつものであるか、また同一の書物が異なった版をもつ場合に、そのいずれが最も信用すべきであるかなどを、あらかじめ知ることは、研究者にとって先ず必要なことであるが、この要求に応ずるものは目録学である。されば目録学はいかなる学問においても、もちろん必要であるが、中国思想史における ごとくその研究資料が豊富な場合には、特にその必要を感ずることが大である。かつ中国においては、秦の焚書が偽作者に口実を与え、漢代には種々偽作の古典ができている。その後にも、古人に託して書をあらわすものが絶えなかった。これらの事情は、中国の学問をする上に、目録学の必要を特に重大ならしめるものである。

王粛《おうしゅく》の『孔子家語《けご》』は鄭玄《じょうげん》を駁するための必要から作られた。東晋の梅賾《ばいせき》の奉った『偽古文尚書《ぎこぶんしょうしょ》』は、本文を偽作し、かつ孔安国《こうあんこく》の伝も偽作である。また荘子の郭象《かくしょう》注は向秀《しょうしゅう》の注を取ったものであり、兪樾《ゆえつ》の『群経平議』『諸子平議』は戴望《たいぼう》の書を兪樾がぬすんだともいう。

なお目録学は、ひとり書物の優劣真偽を定めて学問に着手する便宜を開くだけでなく、さらに本文の考証にも役立ち、かたわら或る時代の学風を知るにも役立つものである。

この目録の書の最も古いものは、前漢成帝の時〔紀元前一世紀〕劉向《りゅうきょう》に命じて作らせたもので『別録《べつろく》』という。劉向が途中で死に、子の劉歆《りゅうきん》がその業を継いで『七略《しちりゃく》』を作った。この二書は今日伝わらないが、後漢に班固《はんこ》の作った『漢書芸文志《かんじょげいもんし》』は七略に基づいたものといわれ、この芸文志によって前漢時代に存した書籍の目録を見ることができる。これは現存する中国の目録書の最古のものである。漢書の芸文志に次いで『隋書経籍志《ずいしょけいせきし》』がある。目録学上この二書が最も重要なものとせられる。隋書以下、後の正史を編纂するには、芸文志・経籍志の名をもって、その時代の書籍の目録を載せるようになった。『唐書芸文志』『旧唐書経籍志《くとうじょけいせきし》』『宋史芸文志』『明史芸文志』のごときがそれである。そののち清朝に補志が盛んになって、『補遼金元芸文志』『補三史芸文志』『補元史芸文志』のごときものが編纂された。以上の目録書を総括して『八史経籍志』という〔漢書・隋書・唐書・旧唐書・宋史・遼史・金史・元史〕。

なおこのほかに補志として、清の曾樸《そうぼく》の『補後漢書芸文志』、清の侯康《こうこう》の『補後漢書芸文志』『補三国芸文志』銭大昭《せんだいしょう》の『補続漢書芸文志』丁国鈞《ていこくきん》の『補晋書芸文志』などがある。これらは正史に目録のない部分、またあっても不完全なものについて、その時代の正史その他の材料により、その中に記載せられる書物の名をとって編纂したものである。もちろん古くから正史に編せられている目録に比べて内容は貧弱であるが、当時の書物の目録の大体を知ることができる。

正史の志以外の目録書としては、劉宋の王倹《おうけん》の『七志』、梁の阮孝緒《げんこうちょ》の『七録』があるが、今日伝わらない。今日伝わっている最古のものから主なるものをいえば、『崇文《すうぶん》総目』〔宋、王堯臣〕『通志芸文略《つうしげいもんりゃく》』〔宋、鄭樵〕『郡斎読書志』〔宋、晁公武〕『直斎《ちょくさい》書録解題』〔宋、陳振孫〕『遂初堂《すいしょどう》書目』〔宋、尤袤〕『文淵閣《ぶんえんかく》書目』〔明、楊士奇〕『国史経籍志』〔明、焦竑〕などがある。清朝になって乾隆《けんりゅう》年間に『天禄琳琅《てんろくりんろう》書目』〔三十巻〕『四庫全書総目提要』〔二百巻〕を欽定した。前者は朝廷に蔵する秘籍珍書の目録であり、後者は通行する書物の中から優れたものを選んで、これに解題を附したものである。

四庫全書とは、乾隆三十七年に敕して天下の書を集め、儒臣をしてこれを校正せしめ、採るべきは採り、捨てるべきは捨て、十年を費やして乾隆四十七年に完成したものである。これを四庫全書というのは、経史子集の四つの分類による。そして同一の底本を宮中の文華殿〔文淵閣〕奉天〔文溯閣〕熱河〔文津閣〕円明園〔文源閣〕の四か所においた。かつ南方は文学の淵藪《えんそう》であるため、特に楊州〔文滙閣〕鎮江〔文宗閣〕杭州〔文瀾閣〕の三か所にも同一の底本をそなえることにした。この事業の総裁の任に当たったのは紀昀《きいん》〔暁嵐〕である。そのとき四庫全書に採用したもの、すなわち著録は三四五七部・七九〇七〇巻。目録だけを存したもの、すなわち存目は六七六六部・九三五五六巻である。

この著録と存目の書物の解題を編纂したものが『四庫全書総目提要』である。この書は浩瀚であって、一般の使用に不便なところから、『四庫全書簡明目録』二十巻がある。また解題をすべて削って書目だけを存したものに『四庫書目略』がある。また四庫全書の出来た後に発見せられた書物については、阮元《げんげん》が『四庫未収書目提要』[揅経室集]を作ってこれを補っている。これが目録書の集大成である。

清朝においては四庫提要のほかに、朱竹垞《しゅちくだ》の『経義考』がある。これは経義に関する書物を網羅して、その沿革存亡を記し、その書物の序跋あるものは一々それを記載する。これと同じ方法で小学に関する書物を網羅したものに、謝啓昆《しゃけいこん》の『小学考』がある。経学、小学を修めるためには必覧の書である。なお清朝では四庫提要以後に多く良書が出ているが、それを知るためには『清史《しんし》稿《こう》芸文志』があり、不完全ではあるが大体を知ることができる。

なお以上のほか清代に有名な蔵書家の目録としては、『鉄琴銅剣楼《てっきんどうけんろう》書目』[瞿鏞]『皕宋楼《ひゃくそうろう》蔵書志』[陸心源]『善本書室蔵書志』[丁丙]『八千巻楼書目』[丁仁]などが、その著しいものである。

また書物の刻版の異同優劣を比較したものでは、『郘亭《りょてい》知見伝本書目』[莫友芝]が便である。また初学者に必要な目録書としては、張之洞《ちょうしどう》の『書目答問』が簡単ではあるが要を得ている。同人の著の『輶軒語《ゆうけんご》』とともに初学者の見るべき書である。

なお中国では宋代から叢書が編纂されている。『百川学海』がその始めである。叢書とは多数の書物をそれぞれの専門により、あるいはその時代により、あるいは著者の生まれた地域により、あるいはただ雑然と多くの書物を一つのコレクションとして出版するものである。この事業は清朝に最も盛んになり、最近では『四部叢刊』三二三種・二一一二冊のごとき大叢書が出ている。また続いて続編・三編が刊行せられている。かくのごとき大部の叢書は、その内容がいかなるものであるかを知ることができない。そこで叢書の細目を記した目録が発行されている。古くは顧修《こしゅう》の『彙刻《いこく》書目』朱学勤がこれを増補した『彙刻書目』羅振玉《らしんぎょく》の『続彙刻書目』楊守敬《ようしゅけい》著・李之鼎《りしてい》増訂の『増訂叢書挙要』があり、これらによって叢書の内容が明らかになる。なお、かく目録の書が多いために、目録書の目録として『書目挙要』〔周貞亮 李之鼎〕『書目長編』〔邵瑞彭等〕がある。

次に日本においては、中国文化が早く伝わった関係上、中国において早く滅んだ書物で、日本に早くから伝わって今日までも残存しているものがある。日本における漢籍目録の最古のものは、『日本国現在書目』である。これは清和天皇の貞観十七年（八七五）に冷泉院が焼け、累代の図書が多く焼失した。そこで藤原佐世に命じて、寛平間に現存せる漢籍を記録せしめたものであると言われている。その内容は経史子集にわたって一五七九部・一六七九〇巻ある。この目録のできた時代は、中国において『隋書経籍志』と『旧唐書経籍志』とのできた時代の中間に位する。中国の書物の目録学の上では、隋書経籍志についで重要なものと考えられている。この書目に載っていて現在中国でも日本でも見えない書物が、敦煌《とんこう》から発見せられた唐代の文書の中から往々現われることは興味あることである。

なお日本における漢籍目録としては、『経籍訪古志』〔渋江全善、森立之〕『日本訪書志』〔清、楊守敬〕『日本訪書志補』〔王重民〕『古文旧書考』『訪余録』〔島田翰〕などは、近代の日本に残存する書物の目録であり、中国に滅んで日本に残るもの、あるいは古い写本や版本で校勘に役立つ書物が登録されている。たとえば『羣書治要』は、唐初に種々の書物を抜萃したものであるが、日本にのみ伝わっている。

最後に、中国の書物に関して西洋人の作った目録に、Wylie, A ; Notes on Chinese Literature, 1867があり、次に西洋人の中国研究書の目録には Cordier, H ; Bibliotheca Sinica, 1881-95 (1ére éd.) 1904-08 (2e éd.) がある。

(b)　校勘学

校勘《こうかん》あるいは校讎《こうしゅう》ともいい、本文にいろいろな種類のある時、それを対照して文字の異同を正すことである。これも目録学と同じく漢代に起こり、清朝に至って最も発達した。昔の書物は文章が極めて簡単なため、一字の異同によって全体の意味に大きな影響を及ぼすことが多い。これ校勘学の必要なゆえんである。例えば論語の「孝弟也者、夫爲仁之本與」について、「爲」の字があるために、程《てい》子《し》の解釈では孝弟は仁を完成する手段とみる。しかるに日本の足利《あしかが》本には「爲」の字がない。一字の有無が重大な影響を及ぼす。また王充《おうじゅう》の『論衡《ろんこう》』には善い本文がなく、中国に伝わる明《みん》のものには一枚欠けている。日本の図書寮に伝わるものによって補った。

昔の書物は筆写によって伝えられたが、五代の頃から印刷術が起こり、宋代に至って盛んに書物が版にせられた。始めは朝廷もしくは篤志家が書物を印行して頒《わか》ったが、後には営利を目的とする商人によって行なわれることとなったため、校正が乱雑となり、文字の誤りを致すこともますます多くなったわけである。

印刷の起原を後漢の熹《き》平石経《へいせっけい》に求める者があるが、それは当たらない。隋代に陀羅尼《だらに》の呪文を印刷して頒《わか》ったことがある。印刷の起原はこれにさかのぼる。現在残っている印刷物では、敦煌《とんこう》出土の金《こん》剛経《ごうきょう》が唐の咸通九年（八六八）のものである。五代に始めて文学の書が版行され、経書や『文選《もんぜん》』などに及んだ。活字は宋の仁宗《じんそう》慶暦年間（一〇四一年以後）より行なわれている。西洋では活版が一四四〇年までさかのぼるが、木版は一四七〇年以上にさかのぼらない。また西洋では印刷の発明を中世近世の区分に用いるが、中国では時代の推移に影響はないと思う。

本文の価値においては、今日伝わるもののうち、後漢の『熹《き》平《へい》石経』が最も信頼すべきものである。次いで魏《ぎ》の『三字石経』がある。しかしこれらは早く滅び、僅かに残石を掘り出しているに過ぎない。石経の今日全部残っているものは、唐の『開成石経』である。また清の乾隆の時に彫った十三経の石経はもちろん現存する。

石経以外で、かつ経書に限らず諸種のテキストにわたって校勘に役立つものは、六朝唐代の旧鈔本である。これは従来中国には伝わらず、我が国にのみ存したのであるが、近年甘粛省《かんしゅく》の敦煌《とんこう》地方から多く唐前後の写本が出た。その大部分は英仏に持って行かれ、残った一部分が国立の北平図書館に蔵されている。ただ敦煌から北京に運ぶ間に散佚したものが、中国および日本の民間にも散在する。敦煌の遺書は Stein 次いで Pelliot が善本を選んで持ち帰ったものである。

鈔本に次いで重要なものは宋版《そうはん》で、これに北宋版・南宋版の二種がある。もちろん北宋版が重要視される。元明と降るにつれてテキストの価値が下る。もっとも隋唐の古写本や宋版といえども、誤りがないとはいえない。あるいは後世の版本よりも読み難いものがないでもない。しかし、それらのものも一字一句の間には、後世の版本の誤りを正すに足るものがあり、むしろ古写本・宋版の貴ぶべきはその全体の価値よりも、その一部一部における校勘に役立つ点にあるということができる。

校勘の学は、前漢の劉向《りゅうきょう》・劉歆《りゅうきん》に始まる。当時、校官があって劉向父子はそれに任ぜられている。唐初には、陸徳明が『経典釈文《けいてんしゃくもん》』を作った。これは経書および老・荘二子のテキストの校勘である。宋の鄭樵《ていしょう》の『通志二十略』の中に校讎略があり、校勘に関する重要な記録である。清朝に至り、この学が発達して経学・諸子学の方面に有用な校勘の書が多く出ている。校勘学に関する著述としては、章学誠の『校讎通義』がある［章学誠の文史通義は史学徒の必読書である。］。校勘の事に当たった学者としては阮元《げんげん》・盧文弨《ろぶんしょう》・顧広圻《ここうき》［千里］らが最も著われたものである。これらの人の校勘記を読めば、一々古書について自ら校勘する必要がない。日本においては徳川時代の享保年間（一七一六―一七三五）に、山井鼎《やまのいてい》が足利学校の図書を校勘して『七経孟子考文』を作り、物観《ぶっかん》がその補遺を作った。阮元が『十三経注疏校勘記』を作ったのは、この書の刺戟によるといわれる。

(c) 訓詁学

訓詁とは、古典に見える文字の意味の考証である。文字の意味を考証するためには、その形および音を審らかにしなければならない。日常われわれの用いる文字は、時代により、また地域によって、その形や音を異にし、その意味を異にするものであって、同一文字が種々の形・音・意味を有することは、あまねく人の知るところである。然るに学者は往々にして後世の変化した形をもって古代の文字を解せんことを努め、変化した意味をもって古人の用いた意味を強《し》いんとするものがある。ことに古典の内容を後世の変化した社会情勢に適合させようと努める場合、最も牽強附会が行なわれる。註釈いよいよ出でて意味いよいよ暗くなる所以である。故に古代の記録を正当に当時の意味において解せんとすれば、すべてこれら後世の解釈を棄て、一定の文字が著者の時代、ある地域において、果たして如何なる形において存し、如何なる音を有し、如何なる意味に用いられたかを研究しなければならない。

中国では昔から字形において古文・籀《ちゅう》文［王国維によれば、古文は六国に、籀文は秦に用いられたとする。］・小篆《てん》・隷《れい》書・楷書などの変遷がある。

例えば王の字は説文には「王、天下之所帰往也、……三者、天地人也、而参通之者王也」というが、古文では天王太に作り、今日の解釈では火の盛んなる形をあらわし、地中火有るに象ったものとする。また帝は説文に「帝、諦也、王天下之号、从二朿声」というが、これは天子を帝と称するに至っての解釈であって、古文に来に作り、丫が帝字の本体である。これは蔕蒂、すなわちすべてのものの発生する根拠を意味する。祭りの際に祖先の意味で用いるのが最古の意味である。

字音においても先秦・漢・六朝・唐などの変遷がある。後世では平・上・去・入の四声があり、同じ文字でも発音によって意味が異なる［「好」の字は「このむ」のときは去声、「よし」のときは上声に読む。］。しかしこの区別は六朝以後の音に現われるものであって、かかる区別をもって漢以前の書を読むのは誤りである。『詩経』その他韻文の研究の結果によれば、古音においては、かかる区別の認むべきものがない。

字義においても本義・引申義・仮借義があり、一字が数義・数十義をもつ。離に十六義、辟に三十七義あるといわれるごときは、その一例である。本義とは、その文字成立時の原始的意味であり、引申とは、連想または類推によって生ずる新しい意味に対して、新しい字を作らず、在来の文字の意義に新たなる意味を附け加えるものである［例えば偽は本来人為を意味したのを欺の意味に用い、媚は本来愛であるが、後に「こびる」を意味するに至る。］。仮借とは、ここでは同音の仮借をいう。本字が別に存するにもかかわらず、それを用いずして他の同音の文字を借用する。例えば光被は広被であり、十有二年は十又二年である。かく仮借は一の音符に過ぎず、これを本字に還元しなければ意味をなさない。しかも漢代に伝わっているいわゆる古文の中には仮借が極めて多い。故に古音を知らずしては古書は読めないこととなる。

　中国の古典を読むには、以上の諸点が基礎とならねば正しい解釈を得難い。この字形・字音・字義の考究を総称して小学という。このうち字義に関するものを特に訓詁学と呼ぶ。しかし字形・字音から独立な訓詁は考えられないから、訓詁も畢竟は字形・字音を基礎としたものでなければならない。かかる研究をなすには如何にすべきかというに、要するに比較研究のほかに道はない。すなわち同一の著書の中に用いられている同一の文字に注意し、その共通の意味を知ると同時に、他方において、同一の時代に現われた他の著書や遺物などにおいて、その文字が如何なる場合に、如何なる意味に用いられているかを比較研究するのである。

　訓詁の学も後漢の時代から発達し、馬融《ばゆう》・鄭玄《じょうげん》・許慎を出している。清朝に至っては、顧炎武《こえんぶ》・段玉裁・戴震《たいしん》・王念孫・王引之などが著しいものである。しかし清朝の学者は漢儒を古えに近いとしてオーソリティとし、漢儒の解釈に帰ることを復古とした。しかしそれはいわゆる漢学であって、漢以前の記録をその本来の意味において解釈するには役立たない。今日伝わる古典籍をその本来の意味においで解釈しようとすれば、ほぼ同時代に存在した経書と経書、経書と諸子、諸子と諸子を比較しなければならない。同時にいわゆる古典と、その同時代の記録を存する遺物・亀甲・獣骨・金石に彫りつけたところの記録を対照しなければならない。亀甲金石の文字を研究することは、清朝末期から上述の意味において始められたものであるが、民国以後発展して今日では相当な研究が発表されるに至っている［羅振玉、王国維、郭沫若、容庚らの研究がある。］。

(d) 本文批判

本文批判とは、或る書物の著者・成立年代などを考証してその真偽を決定することである。それらに関し書物の価値を決する標準に、第一に語、第二に文、第三に事実、第四に思想の四がある。語とは言語文字をいう。同一の文字が時代や地域によって、形や意味を異にすることは、上述したところであり、人々の思想が発展し、単純から複雑に進むに従い、新しい語が時代を追って増加するのみならず、同一の思想を表わすにも、時代により文字を異にすることがある。故に後人の手に成るものは、たとえことさら古えに倣《なら》おうとしても、知らず知らずの間に新しい時代の文字を使用することがある。

かかる場合、両時代の文字を多少知る者は、容易にその偽作の時代を知ることができる。

文とは文章の構造である。これも時代によりそれぞれの特色があり、古えに倣おうとしても新しい匂いがどこかに現われる。また故意に偽作しない場合にも、古人の註釈・注意書きが本文に竄入《ざんにゅう》する場合があるが、それも文体上、竄入の部分を決定しうる。次に事実とは、事件・人物・官名・地名などをさす。ある書物の中に著者の生存以後の事実、著者の未だ知らないはずの事件・人名などが盛られている場合には、その書物の価値が疑われる。最後に思想とは、著者の思想である。著者の思想と矛盾するような思想がその書中に存する場合は、それが真偽をわかつ一標準となる。もっともこの際、著者自身矛盾を犯す場合のあることを考慮しなければならない。

以上の標準よりみて本文に疑義ある時、その書物の全体を疑うか、一部を疑うかは、その場合の事情によって決定すべきである。中国においては、経書・諸子の書など、先秦の古書といわれるもので、その著者・製作年代に関し疑義のないものは一つもない。かつ漢以後、偽書が盛んに行なわれた事情があり、本文批判は中国の学問をなす上に特に重要である。さればこの学も早くから発達し、宋の朱《しゅ》熹《き》・黄震《こうしん》・鄭樵《ていしょう》を始めとし、清朝には顧炎武《こえんぶ》・黄宗羲《こうそうぎ》・閻若璩《えんじゃくきょ》らに端を発して、清朝一代この学が隆盛を極めている。ただ清朝の学者は経学の範疇の中に拘束されて、一歩もその外に出で得なかったため、本文の考証にも限度があり、これを徹底させるまでに至っていないことは遺憾である。

第一章　中国古来の社会状態の変遷

中国の思想史を研究するには、あらかじめその基礎をなす社会状態の沿革を知らねばならない。中国においてまとまった思想史を考え得るのは、周代の後半の春秋戦国の頃からであるが、周の文化の由って来たるところを考えるためには、さらにそれ以前にさかのぼって考究する必要がある。中国の文化が本来中国の土地に発生したものか、あるいはその民族とともに外国から移入されたものかに関しては、従来種々の議論がある。西洋の中国学者の間では、十八世紀以後この問題が研究され、考古学・言語学・天文学などの知識によって古代中国と外国との間に関係を見出そうと努めている。例えば中国民族をエジプトの移民とするものがあり、また中国民族をバビロンより伝来したものとする説がある。あるいは中央アジアの高原から東下したものとする説もある。しかしこれらの説は、今日のところ、いずれも論拠薄弱であって定説とするには足らない。然らば中国民族は本来中国の土地に発生し、そこに固有の文化を建設したものかというに、これもまたそれを肯定するに足る資料が存しない。されば今日のところ、中国民族の起原の確定はなお困難な問題であって、将来の研究に待つほかはない。

エジプト起原説は De Guignes, Joseph ; Mémoire dans lequel en prouve que les Chinois sont une colonie egyptienne (Paris, 1759) が述べている。同様の説は Huet ; Histoire du Commerce et de la Navigation des Anciens (1716) も述べるところである。これに対し Des Hauterayes ; Doutes sur la Dissertation de M. de Guignes, (Paris, 1759) は De Guignes に反対する。バビロン起原を考えるものは Lacouperie, Terrien de ; Western Origin of the Early Chinese Civilization (London, 1894) が最初であるが、今日でも天文学上同一の文化を持つことを主張する者が多い。中央アジア起原説は Richthofen, Ferdinand von ; China (Berlin, 1879-1911) であり、魏書于闐《うてん》伝にもとづいて中国人の東下を考える。

このように中国民族の起原は今日明らかにし得ないが、中国文化の最初の発源地を推定することは不可能ではない。中国の歴史において、遺物によってその存在を確かめ得る時代は殷《いん》代までさかのぼるが、殷代には黄河流域がその民族の根拠地となっている。地質上から見ても、耕作に適する黄土の集積は黄河下流地方に最も著しく、中国文化がこの地方において栄えたことは極めて自然である。書経によれば堯《ぎょう》・舜《しゅん》・禹《う》などの伝説が中国の歴史の上に加わっているが、今日の研究においては、堯舜禹の時代が果たして殷代の前に、かくのごとき順序で存在したかは疑問である。かりにこの伝説を事実としても、その活躍する土地は大体黄河下流地方の河南・河北・山東に限られており、中国文化の発源地を黄河下流地方とすることを妨げない。周代に至つて、周は西方に蟠居した未開部族であった関係から、それが中央に進出して後も、自己の祖先を先住の殷民族よりも古くから文化を有したものとしようとする名誉心によって、種々の伝説を附会している。これが中国文化の西方起原説を生み出すもととなる。

もっとも周民族は西方に起こったとはいえ、それが固有の文化を有していて、それを伝えたのではない。周は本来文化を有しない未開部族であり、その継承した文化は、すべて黄河下流地方に先住した殷民族の文物制度にほかならない。さればかりに周民族が中国を離れた西方から来たとしても、それが継承して今日に伝えている中国文化は周族とともに西方より来たったものでないことは明らかである。

なお堯舜禹の伝説以外に、戦国時代に伏羲《ふくぎ》・神農・黄帝の伝説が伝わっており、司馬遷が史記を編する時には五帝から始めた。さらに後に三皇を附け加え、降って晋《しん》代になると、その上に開闢《かいびゃく》の神として盤古《ばんこ》氏を加える。かく今日古い時代におかれている伝説ほど新しく出来たもので、これは古人がその自尊心により、また開闢の理論によって構成したものが、時代の進むに従って現われたものがあると同時に、また中国民族の文化が漸次四方の民族を照らすに及び、それら四方の民族の伝説が中国固有の伝説中に混入し、従来の伝説の上に附け加えられたものであろう。

後漢書の南蛮伝に槃瓠《ばんこ》氏がある。すなわち盤古氏伝説は南蛮人の開闢伝説が晋代に中国の開闢伝説となったものである。中国の伝説をかく加上説により考えることは内藤湖南博士に始まる。この考え方は富永仲基の『出《しゅつ》定《じょう》後語《こうご》』が、仏典の古いと考えられているものほど新しいものとしたことから得られたのである。

以上の如く中国文化は黄河下流地方に発源した。そして殷以後は史実の徴すべきものがある。以下、中国文化発源以来の、その社会状態の変遷を簡単に見ることとする。

まず経済状態を見るに、『尚書』に禹貢《うこう》の篇があり、夏の禹《う》王がその時代の税法を記したものとされている。しかし禹貢に記された制度は、農業が発達し地方行政組織が十分確立した後でなければ行なわれ得ないものであり、同時にそれを他の『周礼《しゅらい》』〔職方氏〕『逸周書《いつしゅうじょ》』〔王会解〕『爾雅《じが》』〔釈地〕『管子《かんし》』〔地員篇〕などと対照して考えるに、恐らく後世の附会にもとづいて、戦国時代頃に今日の形に整理されたもので、夏《か》代の存在を仮定するにしても、禹貢によって当時の社会状態を知ることは無謀といわねばならない。

殷代については、今日殷墟《いんきょ》の遺物によってほぼ正確に当時の社会状態を推測し得る。今その亀甲獣骨に刻した卜辞《ぼくじ》によってみるに、年の豊凶あるいは風雨のごとき文字が盛んに出ている。また禾・黍・米・麦などの文字も用いられ、殷代に農業が相当発達していたことは動かすべからざる事実である。同時に牧畜も相当行なわれていたであろうことは、卜辞中に牛・馬・犬・羊・豚・雞などの文字が見え、また卜に用いる材料に亀甲のほか牛骨・羊骨などを多数に用いていることにより証明し得る。工業に関しても、銅器・骨器・象牙の器などが殷墟から出土するが、それに非常に精巧な模様などが彫られているのみならず、その製作技術がよほど進んでいたことを認め得る。また卜辞中に見える文字によっても建築・楽器・家具などの種々の種類が存在したことを伺い得る。古い学者が考えるごとく進んだ文化が当時存したとはいえないが、さりとて今日中国の一部の社会史家の考えるごとき文化の程度の極めて低い状態にあったとは決して言い得ない。ただ商業については、卜辞の性質上、それに関係するものが存在せず、その発達の程度を知ることは困難である。しかし周の文化との比較研究によって、商業だけは極めて幼稚なものであったことが推測される。

石や骨で貝貨を摸したものが現われているが、貝貨は貨幣になる前に装飾として用いられたことが考えられ、それを貨幣に用いたとは断定し得ない。

次に周代には、一般に是認されるごとく、農業に重きをおき、農業が著しく発達したことは争えぬ事実である。『詩経』に見える周の天子の祖先后稷《こうしょく》が農業を始めて教えたという伝説、あるいは豳《ひん》風七月の詩に農業奨励の意が現われているところより、周の祖先も中国の西方にいた時代から既に農業を重んじたと見るのが通説であるが、上に述べるところにより推測し得るごとく、周は東に進出してのち始めて東方経済に接し、これに同化せられたものである。『詩経』に見える伝説は、周族の農業生活がその東征以前すでに久しいものであることを示すものではなく、それは征服者の権威を誇示するため、後に至って作為せられたものに過ぎない［周頌にも農業奨励の意味の詩が多いが、これは農業の未発達を示す。また農業民ならば転々として東遷するはずがない。］。

周代は普通八百七十二年続いたという。西周三百五十余年の紀年は疑わしいが、東周五百二十余年は正確であり、久しきにわたったものというべきである。その間に周は殷にならって農業を奨励し、人民は大体農を生業とし、諸侯は国内において自給自足の経済を営んだ。

商業は始め一地方内の交換を媒介するに過ぎないものであったが、春秋戦国時代に諸侯が盛んに使聘を通じ、交通運輸の便が開けると共に、地方の特産物が次第に発達し、国と国との間の特産物の交換が行なわれ、それを媒介とする大規模の商業が営まれるに至り、その商業の中心地は大都会を成すに至った。斉のごときは、むしろ農業には適せず、貿易によって国の富強を計ったものであり、また個人としても有名な富豪が戦国時代各地に存在したことを記録によって知り得る［史記貨殖伝］。また商業の発達と共に貨幣の通用も盛んとなり、周代前半にはなお貝貨が通用せられたと考えられるにもかかわらず、春秋末から戦国にかけては金属貨幣、しかも鋳造貨幣が通用されていたことは、遺物の発見によって知られる。

以上のごとく、周末において商業が著しく発達し、商人が社会の一大勢力たらんとするとともに、農民は次第に商人の圧迫を受け、殊に列国抗争の結果、苛酷な誅求を受け、あるいは兵役に駆られて疲弊するに至った。

周の農業を説くものは古来井田《せいでん》の法が行なわれたとする。これは耕地宅地を各家族に均分して生活を保証する方法である。従来、史家は周初においてこの社会政策的制度が実行せられたが、春秋以後それが乱れ、その結果儒家の徒がその復活を叫んだものとする。中国の古代においても、他の古代民族の間に行なわれたとされる原始共産制が行なわれたかもしれない。従って周代にも或る一部の地方に、一定の期間、かかる原始社会の遺制が残存したであろうことは考え得る。しかし『孟子』『周礼』などにいうごとく、周初においてこれをその王朝の制度として創設したということは正確な証拠はなく、恐らく事実ではなかろうと思う。これは恐らく後世商工業の勃興と共に、農民が圧迫せられ疲弊するところから、農民を保護する一政策としての理想案に過ぎないものであろう。あたかも戦国末・秦にかけて、法家の学者が農業を保護するために商工業の撲滅ないし抑圧を唱えたのと、動機において同じものがあろう。

次に周の封建制度を見るに、周初においては上述のごとく農業生産を経済上の基礎とし、その上に封建制度が建てられている。この封建制度には、従来殷代に行なわれたそれと異なる点が一つある。すなわち周の封建制度は親族法・宗法を骨子とする。周においては嫡子《ちゃくし》を立てる制度、子弟を分封する制度、同姓不婚の制度が行なわれた。殷代には嫡子を立てる制度はなく、その相続法は兄弟相及ぼす法であり、及ぼすべき弟が無くなって始めて子に伝えるものである。周に至って子に伝える制度が定められ、同時に嫡子を立てる制度が定まり、かつ同時に子弟を分封することの必要が起こった。殷の兄弟相及ぼす制度においては、子弟を封建する必要がなかった。周に至って嫡長を立てることとなった結果、その余の嫡子・庶子は父の後を継ぎ得ない。それをそのまま存することは騒乱の源となるので、親族関係の親疎と人物の賢愚に応じて、それぞれ領地を与えて諸侯としたといわれる。されば周初には兄弟の国十五、同姓の国四十もあったという。

この子弟を分封することから、天子と諸侯の間に君臣関係が成立した。周以前には、この君臣関係は確立していない。殷の湯王は桀《けつ》を亡ぼす前に王と称し、殷末に文王・武王も天下を一統する前に王と称した。けだし当時の諸侯と王の関係は、後代の諸侯が盟主に対する関係と同じく、その間に未だ君臣の分はなかった。周が諸侯を封ずるに当たって、天子の一族を分封したことにより、天子が単に諸侯の盟主たるのみならず、天子が諸侯の父であり兄であるという関係を生じた。ここに天子と諸侯との間に親族関係にもとづく君臣関係が生じたのである。

然るに周の諸侯もすべて親族関係のもののみでない。その功臣を封じた中には異姓のものも相当あり、これら異姓の諸侯に対しては君臣の分を強い得ない。この点を疏通したものが同姓不婚の制である。同姓不婚はもとより原始社会において到るところに見られる習俗であるが、殷代にはこの制が既に乱れている。殷においては六世以後は同姓の通婚を許した。百代の後まで同姓婚を禁ずるのは、周に始まるといわれる。これは一に周と殷とが民族を異にし、周の文化が殷の文化よりもおくれていたため、周においてはなおこの習俗を厳格に維持していたものが、諸侯統制の上に役立ったものと思う。すなわち異姓の国は宗法により律し得ないので、婚姻関係によってこれを通じ、姻戚関係を結んで親族関係に准ずることとした。かくて天下の国をして天子の兄弟もしくは甥舅の関係たらしめ、ひいて諸侯相互の間にもまた兄弟甥舅の親あらしめ、もって周の天下一統の策を立てたのである。もっとも周初にはかかる強固な封建制度は比較的狭い範囲に行なわれたものであるが、のち徐々に拡張したものと思われる。

この用意周到な制度も、周末に及んで上述の経済状態の変化により、その基礎たる農業生産が崩壊せんとすると同時に衰運に向かい、諸侯の中には商工業によって強大を致し、その勢い王室を凌ぐものも現われた。兄弟の国といえども王室に反抗するに至り、周の鼎《かなえ》の軽重を問われることとなった。

儒家の徒がこの親族法のまさに崩壊せんとする時に出で、この制度の維持に努めたことは怪しむに足らず、礼制の上で親族法を極めて綿密に規定するに至るのも、畢竟この制度の崩壊に向かったことの刺戟によるものである。儒家の唱えるごとき綿密な制度が、周初から存したと考えることは誤りである。

周末以来擡頭した商工業は、漢代に至りますます発展し、文・景二帝の放任政策の時代を経て武帝の時に及んでは、商工業者の勢力が著しく盛んとなり、上は王侯を凌ぎ、下は農民を圧迫し、その情勢はよほど近代的な色彩を帯びるに至った。しかし武帝の極端な抑商政策の結果、この情勢は頓挫を来たすこととなる。

他方、漢初以来、政治の局に当たったものを見るに、秦の始皇帝の一統の業を経て、周以来の封建貴族はほとんど亡び、漢の起こった時には、高祖自身父母の名も分からぬ匹夫であった上に、その功臣も張良《ちょうりょう》を除いては皆卑賤の者のみであった。故に戦乱が治っても文教は起こらず、恵帝の時に始めて秦の時の挾書の律を除いたが、当時公卿はみな武功の臣のみで学問などを顧みるものはほとんどなかった。然るに文・景二代を経て武帝の頃に及んでは、漢初から六十余年を経過し、漢初における武功の臣は既に死に、その子孫の諸侯王に封ぜられたものも政治上に実勢力を有しない。かつそれすら武帝の頃までにほとんどその跡を絶つに至っている。

この間に政治の中心勢力を形成したものは、庶民出身の官吏である。それには新たに卑賤から身を起こしたものも多数あると同時に、庶民の官吏となったものの子孫が相継いでその職にあったものも相当あり、またその他、かつて官吏であって野に下ったものの子孫で、社会上優越の地位を維持するものもある。かくて官吏を中心として一種の身分が固定せんとする傾向を呈している。そしてこの時代には国初と異なり、官吏も次第に学問を修めるに至った。一体、庶民出身の官吏にしても、すでに支配者の側に立った以上、被支配者の庶民とは利害相反するに至るのは止むを得ぬところであり、社会がようやく安定するとともに、従来の庶民階級が徐々に上下の二層に分裂するのは、勢いの然らしめるところである。かつその支配的地位を得たものが、彼らの地位を是認し擁護するごとき理論を発見せんと努めるに至るのもまた当然である。

武帝の時代は、すなわちかかる情勢にあり、武帝の時に至り、始めて従来の放任政策を捨てて、着着と統一政策を採ることとなる。衛綰《えいわん》・董仲舒《とうちゅうじょ》らの建言にもとづく思想統一策もまた、その一である。すなわち儒家の教をもって国教とし、儒家以外の諸学派を排斥して、官吏を登用するにも儒家の学をもってすることとした。これは中国において儒家の学を正統の学として国家が公認した最初であって、そののち歴代これにならい、清末に至るまで、ほとんど二千年間変わるところのなかったものである。

儒家の学が何故に当時の国家公認の学となったかというに、上述の支配的地位を得た庶民階級、すなわち官吏を中心とした一種の身分の保持者が、自己の地位を是認し擁護するに最も都合よき理論を持つためにほかならない。この当時、国家の経費としては官吏の俸禄が主なるものであり、その経費はすべて農民の租税から取る。天子の経費は山川・苑池の税、関市の税のごとき特別税をもってあて、国家の財政とは無関係である。故に農民に最も密接に依存するものは官吏であり、農民の盛衰は官吏の死命を制する。また官吏の子孫でその職を世襲しない者は、多く土地所有者として地方で勢力を有する者であり、その農民に依存する点では現任の官吏と選ぶところがない。

前述の武帝の抑商政策は、それが庶民階級勃興時代における現象として不可解のごとく見えるが、上述したごとく当時の庶民階級はようやく二層に分かれていたことと、武帝のこの政策が、商人の圧迫から農民を救うことをもって自己の生存要件とした上層庶民、すなわち既に支配階級化しつつあった有力な庶民層によって支持せられたことを考える時、その成功はあえて怪しむに足らぬものがある。かく新たに興り来たった上層階級が経済的に農民に依存したことは、一旦擡頭せんとした商工業を抑え、ふたたび封建社会の経済状態への逆行を余儀なくせしめ、漢初に現われんとした近代的色彩は悉く消滅することとなる。

この新興の上層階級が、いわゆる士人階級である。前漢の武帝の時に固定し始めた士人階級は、後漢にその基礎を強固にし、魏晋南北朝に至っては官吏登用の制にも弊害を生じたため、多数の世襲貴族を生じ、その社会上の地位は天子の家を凌ぐものも現われた。唐に入って科挙の制が確立するとともに、従来の貴族は徐々に政治から退き、唐末に至ってはほとんど社会上の地位を失ったが、一方新しく出た士人の勢力が次第に伸長し、そののち宋元明を経て清朝末期に至るまで、庶民の中の優秀なものが代わる代わる政治の中心勢力を形成することとなり、一方これらの時代には原則として世襲の官職は認めないが、官吏の子孫が社会において世襲的勢力を保持するもの多く、これら社会上の有力者と現任官吏とが相結んで一種の貴族階級を作った。そしてその階級が経済上において飽くまで農民に依存したことは、歴代を通じて変わるところがない。

この貴族階級すなわち士人階級は、知識を独占する点と、階級内容の流通性を認める点において特徴を有する。漢のとき儒家の学をもって官吏を採って以来、士人は必ず学問と結びつき、士人階級とは読書人すなわち知識階級と同義である。近代社会においては、治者と被治者の間に、いわゆる知識階級が介在し、上下両階級のいずれかに依存するものであるが、中国古来の知識階級はこれと趣を異にし、知識階級自体がすなわち支配階級である。そしてこの士人階級は、科挙その他の官吏登用制度により、その内容が常に新陳代謝することを原則とする。それがために庶民階級の有為な者は常に士人階級に吸収せられることとなり、知識は常に士人階級に独占せられ、またこれが庶民階級の階級意識を未然に防ぐこととなる。

かく中国の社会に根を張った士人階級の地位に始めて動揺を来たしたのは、清末外国資本の侵入以来である。すなわちそれが従来の封建的農業経済、いいかえれば、その上に支配階級が依存したところの経済組織を破壊したのである。辛亥《しんがい》革命後、政治的には帝国が滅び、民国が現われたが、いまだ新しき社会がそこに確立するに至らず、混沌たる状態を続けている。今や士人階級はわずかに余喘《よぜん》を保つに過ぎない。近来、中国の学問の傾向が従来の解釈学から一転して、著しく批判的となったのも偶然ではない。恐らく社会構成の変化に伴い、漢の武帝以来二千年の学問が清算せられる時代の来るのも遠い将来ではあるまいと思う。

第二章　原始儒家思想

中国において比較的まとまった思想の起こったのは春秋末から戦国時代にかけてであって、それは周の封建制度の崩壊を中心として起こったものである。そしてその最も早く起こり、かつ影響の後世に大なるものは儒家の思想である。

第一節　孔子

儒家の学祖孔子は、名は丘《きゅう》、字は仲尼《ちゅうじ》、魯《ろ》の襄公二十一年[史記によれば二十二年]十月二十一日庚子《こうし》に生まれ、哀公十六年四月十一日己丑《きちゅう》に没している[前五五二年—前四七九年]。孔子は魯の人であって、その曾祖父が殷の後たる宋から魯に移住したものである。魯は周の礼制を定めた周公旦《しゅうこうたん》の始めて封ぜられた国であり、周の文化は魯において最もよく発達したといわれる。然るに孔子の時代においては、その一般の文化は他国に比して進んでいたが、当時他の諸侯には隣国を併呑して強大を致すものが現われ、魯はそれらに比して国小さく兵弱く、外にあっては隣国の斉から常に苦しめられ、内にあっては権力が三桓すなわち孟孫・叔孫・季孫の三家に移り、国内の秩序は全く乱れていた。孔子は魯に仕えてこれを改革せんとしたが、障碍があってその力を用い得ず、魯を去り諸国を周遊するも、至るところ用いられず、晩年魯に帰り、専ら学問・教育に身を委ねて一生を終わった。

孔子は生来学を好み、門人も早くから従う者があったと思われる。史記[孔子世家]には

　孔子以詩書禮樂教、弟子蓋三千焉、身通六藝者、七十有二人。

孔子は詩書礼楽を以って教う。弟子は、けだし三千あり。身、六芸に通ずる者、七十有二人なり。

とある。然るに孟子などには孔門七十子という。三千とは、多分その学派の者が後世誇張するところであろう。いったい、或る教義を開き、あるいは学派を立てた人は、後世その祖述者が元祖を偉大にするために、誇張した伝説を附け加えられるのが常であるが、孔子の場合もその例に漏れない。されば孔子の門流の編纂した『論語』に見える孔子と、百年後の祖述者孟子の書に見える孔子とは、その人格が著しく異なる。『論語』中にその弟子たちが孔子を聖人というところはほとんどなく、ただ一か所、大宰《たいさい》が子貢《しこう》に「夫子《ふうし》は聖人か」と聞いた時に、子貢が「天縦之将聖、又多能也」（天縦の将聖にして、又多能なり）と言っているのみである[子罕]。然るに『孟子』においては、孔子の弟子宰我《さいが》が

「以予観於夫子、賢於堯舜遠矣」（予《よ》を以って夫子《ふうし》を観るに、堯舜より賢《まさ》れること遠し）と言ったという伝説を引き〔公孫丑上〕、また孟子自身が古来の聖人を比較して「自有生民以来、未有孔子也」（生民ありてより以来、未だ孔子あらざるなり）という〔同上〕。降っては漢代の公羊《くよう》家のごときは、孔子を素王と称し、これに天子の地位を与え、讖緯《しんい》家においては孔子を予言者とし、神とするに至る。その時代の降るとともに孔子の人格は次第に変化向上し、孔子の学説として伝えられるものも次第に変化して、その内容が高尚になっている。

論語によれば、孔子の教育の課程は詩書礼楽の四であり、『易』と『春秋』は未だかつて與《あずか》り知らざるものである。この二者を孔子の教育の課程に加えて六芸《りくげい》または六経《りくけい》というのは、漢代に始まることであって、司馬遷が孔子世家において『易』『春秋』を孔子の学問の最も重要なものであるかのごとく述べているのは、畢竟その時代の孔子観に支配されたものにほかならない。

孔子の学説を知る材料として正確なものは、『論語』二十篇が存するのみである。『論語』の編纂者については種々の論議があるが、同じ『論語』の中でも上論下論において、その編纂者を異にすることが看取される。けだし上論は孔子再伝の弟子によって作られ、下論はさらにそれ以後に次第に附け加えられたものである。従って論語中の語といえども、必ずしも孔子の言葉のままであるとは断じ得ない。それを孔子ならびにその門流の思想を含むもの、すなわち孔子学派の説と見れば誤りがない。

『論語』のほかに、孔子ならびに孔子一家の事を伝えるものとして、『孔子家語《けご》』『孔叢子《こうそうし》』のごときものがあるが、後世の偽作であって、これをもって直ちに孔子研究の資料とはなし得ない。その他、『易』の十翼、あるいは『礼記』の中に孔子の語としてあげるものは相当多くあるが、これらといえども、上述せるところにより想像し得るごとく、必ずしも孔子自身の語として見るを得ない。要するに、孔子の学派の中で最も孔子に近い人々によって編纂されたところの『論語』が、孔子の本来の思想を知る上に比較的確かな資料であるということになる。

今孔子の思想を述べるに当たって注意すべきは、九流は王官に出《い》ずという説である。これは先秦諸学派の起原が周王室の諸種の官から出たものとする説であり、すなわち儒は司徒の官から、道家は史官、法家は理官、墨家は宗廟《そうびょう》の守から出たとするごときである。これは漢の劉歆《りゅうきん》の『七略』、及びそれを受けた『漢書』芸文志に始まる説であって、最近には劉師培《りゅうしばい》・章炳麟《しょうへいりん》らによって祖述せられた。しかしこれが全く根拠なきものであることは、胡適《こてき》らが論じているごとくである。また『史記』孔子世家《せいか》によれば、孔子は礼を老子に問うたとし、孔子の学問は老子から伝えたものとする。これは儒家の学者間にも相当信ぜられた説であって、『礼記』曾子問《そうしもん》には老子が礼に詳しかったことを述べている。しかしこの説は恐らく道家の学者が儒家に対する侮蔑の意味から唱えたものが、後世事実として喧伝されるに至ったものと思う。

けだし孔子には常師なく、孔子の思想の基礎をなすものは周の封建制度であり、周公の定めた礼制であったと思われる。論語にも「周監於二代、郁郁乎文哉、吾従周」〔八佾〕（周は二代に監《かんが》みて、郁郁《いくいく》として文なるかな。吾れは周に従わん）、「甚矣、吾衰也、久矣、吾不復夢見周公」〔述而〕（甚だしいかな、吾が衰えたるや。久しいかな、吾れまた夢に周公を見ず）とあるのを見ても、孔子の思想の根本が何であるかを想像し得る。孔子の思想は周の封建制度の維持に帰着する。孔子の学問において礼が最も重大なものとされるが、それは周の制度を維持することを意味する。もちろん孔子のいう礼は、制度自体のみならず極めて末節の儀礼にも及ぶが、その末節の儀礼も、周の封建的階級制度を前提として規定せられた秩序維持の方法であって、これを維持することはやがて周の封建制度の是認を前提としている。

然るに孔子が周の封建制度を是認するのは、その形式の方面から言うことであって、これを運用する精神は全く入れ換えようとするのである。すなわち従来行なわれた周の封建制度は権力にもとづく支配関係であるが、孔子はそれを道徳にもとづく風化の関係に改めんとする。けだし権力にもとづく支配関係は、権力の推移により下位の者が上位の者を犯すに至り、社会秩序を維持し得ないことを、孔子自ら目撃していたからである。

然らば孔子が採って封建制度の基礎とせんとする道徳とは如何なるものかというに、道は元来客観的存在であり、徳とはその道を各人が体得するところから名づける名称であって、本来一つのものにほかならない。この道は、儒家によれば何人も背き得ない拘束力を有すると同時に、何人もこの道に従うことによって人間としての本性を発揮し得るものとされる。しかして孔子はその道を仁の一字によって現わす。孔子のいわゆる仁が如何なるものであるかに関しては、古来幾多の解釈があるが、『中庸《ちゅうよう》』のうちに「仁、人也」（仁は人なり）というのが最も適切なものと思う。すなわち仁をもって人の人たる所以と解するのであり、今日の語をもっていえば完全なる人格を意味する。もっともこれは仁の外形的方面であって、その内容を明らかにしなければ仁の全体の意味は明らかではない。仁の内容は一言にしていえば、愛の一字に尽きる。樊遅《はんち》が仁を問うた時、孔子が「愛人」〔顔淵〕（人を愛す）というのは即ちそれであり、子游《しゆう》が孔子の語を述べて「君子學道則愛人」〔陽貨〕（君子は道を学べば、則ち人を愛す）というのも、道が即ち仁になることを考えればその意味が明らかであろう。これを要するに、孔子の仁は愛を内容とする完全なる人格ということに帰着する。

しかしてその仁の内容をなす愛は、儒家に反対の態度をとった墨子らの唱える兼愛すなわち平等愛とは異なり、墨子の語を借りていえば別愛すなわち差別愛である。墨子に従えば、おのれの父母と他人の父母との間、おのれの兄弟と他人の兄弟との間の愛に差等があってはならないのであるが、孔子の仁は、その究極の理想としてはその徳が遠近内外至らざるなきを期するも、そのこれを施すに当たってはおのずから差別がある。先ずおのれの父母兄弟を愛して、然るのち他人の父母兄弟に及ぼす。内より外、近きより遠きに及ぼして、その極致に至っては四海の内すべて同胞の親しみをもつこととなる。これを『中庸』に「親親之殺」［親親《しんしん》の殺《さい》――親しいものに親しむ際に生ずる等級差別］といい、『大学』では「本末輕重之序」（本末軽重の序）という。けだし周の封建制度は、前述のごとく宗法すなわち家族制度を基礎として組織せられたものである。孔子がこれを維持するために考え出したところの封建制度の精神が、また家庭道徳すなわち孝悌から出発することは極めて自然である。『論語』に

子曰、弟子入則孝、出則悌、謹而信、汎愛衆、而親仁、行有餘力、則以學文［学而］

子曰わく、弟子入りては則ち孝、出でては則ち悌《てい》、謹みて信あり、汎《ひろ》く衆を愛して仁に親しみ、行ない余力あらば、則ち以って文を学ぶ。

というのは弟子に対して学問の課程を示す語であるが、それは孝悌から出発しなければならないとする。また有子の語として、

其爲人也孝悌、而好犯上者、鮮矣、……君子務本、本立而道生、孝悌也者、其（爲）仁之本与［学而］

其の人となりや孝悌にして、しかも上を犯すことを好む者は鮮《すくな》し。……君子は本に務む。本立ちて道生ず。孝悌なる者は、其れ仁の本たるか。

というのは、孔子の意をうけたものであることは勿論であるが、この語は孝悌が封建的秩序を維持するに最も根本的な要素であることを言うのである。

かくのごとく孔子のいわゆる道徳は家族制度から出発するが、あたかも周の封建制度が王者の利己心にもとづいて組織せられると同様に、その道徳の内容には、依然として個人土義的要素がその根幹をなしていることを見逃し得ない。

孔子は以上のごとく道徳をもって封建制度運用の精神とせんとするものであるから、従来のごとき法刑をもって社会組織を維持しようとする支配的精神を極力排斥する。『論語』にも孔子の語として、

道之以政、齊之以刑、民免而無恥、道之以徳、齊之以禮、有恥且格〔為政〕

之を道びくに政を以ってし、之を斉《ととの》うるに刑を以ってすれば、民免れて恥なし。之を道びくに徳を以ってし、之を斉《ととの》うるに礼を以ってすれば、恥あり且《か》つ格《ただ》し。

とあり、法刑に代えるに道徳または礼楽をもって政治を行なおうとする。然るに道徳礼楽は秩序維持の一方法ではあるが、法のごとく強制力を有しない。されば道徳礼楽をもって政治を行なうには風化の及ぶに任《まか》すほかはない。

君子之徳風、小人之徳草、草上之風、必偃〔顔淵〕

君子の徳は風なり。小人の徳は草なり。草は、之に風を上《くわ》うれば、必ず偃《ふ》す。

あるいは、

遠人不服、則脩文徳以來之、既來之、則安之［季氏］

遠人服さざれば、則ち文徳を脩めて以って之を来たす。既に之を来たせば、則ち之を安んず。

また、

無爲而治者其舜也與、夫何爲哉、恭己正南面而已矣［衛霊公］

無為にして治むる者は、其れ舜なるか。夫《そ》れ何をか為さんや。己れを恭しくし、正して南面するのみ。

という。すなわち政治は支配者の道徳的感化の及ぶにまかせる。しかして儒家には今日言うがごとき国家観念はなく、政治の対象は天下すなわち世界であるゆえ、優れた有徳の君子の出る場合は、その徳化が全世界に及ぶ。これを政治の究極の理想としている。

次に孔子の理想とする封建制度は、一つの道徳的階級制度と称し得る。すわなち孔子の理想とする社会は依然として封建的階級を存続するが、その各階級をみたす人間は、単に権力の有無によって定めるのでなく、道徳の優劣がその標準となる。その社会にあっては、賢者すなわち道徳の優れた者が貴者であり支配者である。不肖者、すなわち道徳の修らぬ者が賤者であり被治者である。かつ治者階級に属する者においては、徳の優れた者ほど上位に居る。そしてその貴賤の地位は一定不変のものではなく、徳の有無高下によって常にその地位を変え得るものとする。されば聖人君子の名は、人格の完成せる者ないし道徳の優れた者を意味すると同時に、天子または支配者の階級をさす語であり、小人は徳の修らぬ者であると同時に、被治者・庶民を意味する。およそ如何なる社会組織においても、そのものの道徳的意義が高調せられる時は、その組織が欠陥を暴露し始めた時である。換言すれば、ある社会組織がますます固定するとともに、これを破壊する作用が必ずその組織の内部から起こり始め、かくてこの組織を維持するためにその組織の道徳性が高調される。孔子は周の封建制度に対して、正にこの役目をつとめたものである。

孔子の思想はもちろん社会の秩序を維持し、周の封建制度に新しき生命を与えんとしたものであろうが、それは当時においては、ほとんど何らの効果をもたらさなかったのみならず、一面かえって封建制度を破壊する作用をなしたとも言い得る。すなわち孔子は孝悌《こうてい》なる家庭道徳をもってその道徳説の基礎とする。かく家族主義を高調することは往々国家主義と相容れぬ結果をともなう。そして家庭道徳と国家主義とが衝突する場合には、孔子は国家主義に反しても家庭道徳を遂行すべきものとする。

『論語』に葉公《しょうこう》が、

吾黨有直躬者、其父攘羊、而子證之、

吾が党《むら》に躬《み》を直《なお》くする者あり、其の父が羊を攘《ぬす》めるに、子これを証せり。

と言った場合に、孔子は、

吾黨之直者、異於是、父爲子隱、子爲父隱、直在其中矣［子路］

吾が党《むら》の直き者は、是れに異なれり。父は子の為に隠し、子は父の為に隠す。直きこと其の中に在り。

と言ったとある。また公冶長《こうやちょう》が刑罰に触れて獄にある時、孔子は「雖在縲絏之中、非其罪也」（縲絏《るいせつ》の中に在りと雖も、其の罪に非ざるなり）といって自分の娘をもってこれに嫁したという話が教訓とせられている［公冶長］。

それを見ても孔子の立場がわかる。すなわちかかる場合には、法を無視し国家を無視するも、家庭道徳はこれを全うすべしとするのであり、国家的統制を破ること甚だしいものがある。また儒家の親より疎に及ぼす思想は、個人をもととして立てた考えである。この一点によっても儒家思想が如何に個人主義的傾向を有するかを推測することができる。

されば孔子は、一面において天下国家のために自己を犠牲にすることを奨励すると同時に、他の一面において、一朝おのれの信ずるところを遂行するのに障碍ある場合、個人主義に退却することをもまた容認する。時としては、むしろこれをもって尊敬すべき高尚な態度とする。『論語』に、

危邦不入、亂邦不居、天下有道則見、無道則隱［泰伯］

危邦には入らず、乱邦には居らず。天下道あるときは則ち見《あら》われ、道なきときは則ち隠る。

といい、「道不行、乗桴浮於海」〔公冶長〕（道行なわれず、桴《いかだ》に乗りて、海に浮ばん）、「子欲居九夷」〔子罕〕（子、九夷に居らんと欲す）という。また儒家の経典として尊重する『詩経』〔大雅烝民〕に、「明哲保身」をいうごとき類は、ある時代における個人主義への退却を是認する語である。かくのごときは国家統制の上からは甚だ不都合な思想といわねばならない。

一体、儒家の主張する家族主義は、周の王室のごとき或る一つの家においてこれを認める場合には、もちろん統一の一方法となるわけであるが、もし各人がそれぞれ己れの家族主義をもって、他の家族もしくは王室に当たる場合には、社会秩序はたちまち攪乱され、無政府の状態を招致する。また法律刑罰をもって支配するからこそ、封建的秩序が維持されるのであるが、これを風化の及ぶままに放任すれば、辺境の地に至るに従って君主の徳化の及ばぬところが多く存するのみならず、君主に近い社会においても、その上下の階層の間に既にその徳に化せられざるものがあり、これまたその無政府状態をさらに甚だしからしめる原因となる。従って、せっかく封建的秩序維持のために考えられた孔子の理想も、かえってこれを破壊する武器として用いられる可能性を有することとなった。要するに、その道徳の根幹において個人主義を容認することが、その因をなすものと言うべきである。

然るに漢代に儒家の思想が多少の修正を加えられた上で思想統一の具に供せられ、その後二千年の久しきにわたり、中国の社会がこの儒家の教えを支持しきたった主なる理由は、その教えの個人主義的かつ無政府主義的な点が、その時代を支配した士人階級に対して、最も適切な理論を提供したことに存すると言わねばならない。

〔参考書〕

論語集解　魏、何晏集解

　　　　　宋、刑昺疏　（十三経注疏）

論語正義　清、劉宝楠

論語義疏　梁、皇侃

（後漢鄭玄注は敦煌より出土す）

論語集注　宋、朱熹

論語徴　　荻生徂徠

論語古義　伊藤仁斎

第二節　孟子

以上の孔子の学を祖述したものは孟子である。孟子、名は軻《か》、字《あざな》は子輿《しよ》・子車《ししゃ》〔または子居〕その生卒年月は明らかではないが、周の烈《れつ》王の時代に生まれ、赧《たんおう》王の時まで生存したものの如く、孔子より百年ばかりおくれて生存した人である。閻若璩、『孟子生卒年月考。』狄子奇『孔孟編年』。崔述、『孟子事実録（東壁遺書）』

その生国は鄒《すう》であり、祖先は魯の公族の孟孫氏から出たという。鄒は魯に接近し、周の文化を代表する魯の影響をうけることの大であったことは言うを待たない。孟子は幼時から孔子の事蹟を聞いてその人となりを慕い、これを理想の人物としたことは、その書に明らかである。孟子も孔子と同じく天下を周遊して、おのれの理想を行なわんとしたが、当時の諸侯は合縦連衡《がっしょうれんこう》を悦び、富国強兵を競い、孟子の言を迂闊《うかつ》として用いず、孟子はついに意を政治に絶ち、門弟子万章《ばんしょう》の徒と道を論じて一生を終わった。この点も孔子と相似たものがある。

『孟子』七篇は他の古典と同じく後世の竄入は免れないが、大体はその門人が師の言を集めて作ったものと見ることができる。『史記』には、万章の徒と『孟子』七篇を作るとあり、『孟子』は孟軻の自撰であるとする説もあるが、採るに足らない。また『史記』によれば、孟子は業を子思《しし》に受けたとあり、趙岐《ちょうき》の孟子の注にも、孟子は親しく業を子思に受けたというが、子思と孟子とは年代が相及び得ない。むしろその門人に学んだとした方が時代においては相合する。もっとも『孟子』の中には、

予未得爲孔子徒也、予私淑諸人也〔離婁下〕

予《われ》未だ孔子の徒たるを得ざるなり。予私《ひそ》かにこれを人に淑《よ》しとするなり。

といい、かつその書の中に己れの師匠については言及するところがない。たとえ子思の門人に学んだとしても、孟子の学を決定するほどの有力なものではなかったことがわかる。けだし孟子をして孔子の道を祖述せしめたものは、単なる師承の関係に帰すべきではなく、孟子は一面において当時の紛乱せる社会状態から大なる刺戟をうけ、他面においてかかる紛乱の状態から脱却するために奮闘した孔子の事跡に影響せられ、この二者が相関連して彼のごとき思想を生み出すに至ったものと見るべきである。

宋儒は孔子（論語）曾子（大学）子思（中庸）孟子（孟子）の師承を考える。

孟子の思想は、一言でいえば王道の実現である。王道は覇《は》道に対する語である。覇道とは、支配者の利益のために、道徳の仮面を借りて実は力の政治を行なうことであり、これに反して王道とは、人民の利益のために力の政治を排して、真の道徳の政治を行なうことをさす。孟子の語をもって言えば、王道とは人に忍《しの》びざるの心をもって、人に忍《しの》びざるの政を行なうこと、すなわち仁心をもって仁政を行なうことである。王道の意義がかくのごときものならば、王道の第一の要素が民を貴ぶことにあるのは怪しむに足らない。孟子はそれを極言して「民爲貴、社稷次之、君爲輕」［尽心下］（民貴しとなす、社稷これに次ぎ、君軽しと為す）という。また湯武の放伐を論じて「聞誅一夫紂矣、未聞弑君也」［梁恵王下］（一夫の紂《ちゅう》を誅《ちゅう》するを聞く、未だ君を弑《しい》するを聞かざるなり）という。すなわち無道の君主は天命すでに絶えて独夫となった者であり、これを殺しても弑逆とはならない。然らば天命の絶えたことは何によって知るかというに、それは天下の人民の輿論《よろん》による。されば君主は人民の輿論に従って仁政を施すべしとするのが孟子の主張である。斉王が燕《えん》を取るの可否を問うに答えて、

取之而燕民悦、則取之……取之而燕民不悦、則勿取［梁恵王下］

之を取りて燕民悦べば、則ち之を取れ。……之を取りて燕民悦ばざれば、則ち取ることなかれ。

というのも、彼の民意を尊ぶ思想の現われである。

また、すでに心にもとづく仁政を主張する以上、力の政治を排斥するのは当然である。故に孟子の王道では戦争を排斥する。もっとも絶対的非戦論を唱えたのではないが、人主が富国強兵のために人民を殺すことの不可を主張する。

孔子はその道徳政治の理想をもって周の封建度を維持せんとしたが、孟子は必ずしもそれを維持する意志はない。もとより封建的な道徳的階級制度は是認するが、周室の如何は孟子にとって問題ではない。当時の人民の困窮を救うことを主眼とし、そのためには革命をも辞せぬ意気を示す。孟子が農

家者流の説に反対して、

有大人之事、有小人之事、且一人之身、而百工之所爲備、如必自爲而後用之、是率天下而路也、故曰、或勞心、或勞力、勞心者治人、勞力者治於人、治於人者食人、治人者食於人、天下之通義也［滕文公上］

大人の事あり、小人の事あり。且《か》つ一人の身にして百工の為す所、備わる。如《も》し必ず自ら為して後に之を用いんとせんか、これ天下を率いて路《つか》れしむるなり。故に曰わく、或いは心を労し、或いは力を労すと。心を労する者は人を治め、力を労する者は人に治めらる。人に治めらるる者は人を食《やしな》い、人を治むる者は人に食《やしな》わる。天下の通義なり。

というのは、道徳的階級制度を最も明確に言いあらわすが、この道徳的階級制度を徹底せしめれば、周室の存否が問題とならないのは当然である。けだし孔子の時代は、周室は衰えてはいるが、なお天下の君主であり、その道を得ればこれを盛時にかえすことが必ずしも不可能と考えられなかったであろうが、孟子の時代に至っては、周室は衰微を極め、ふたたび天下を統一して仁政を施すごときは、とうてい望み得ざるものであったことが、孟子の思想をかく徹底せしめた所以であろう。

なお孟子の主張する道徳も孔子のそれと同じく、家庭道徳から出発し、個人主義を容認するものであることは、

君子不以天下倹其親［公孫丑下］

君子は天下を以って其の親を倹せず。

といい、また門人桃応《とうおう》の問いに答えて、

舜視棄天下、猶棄敝蹝也、竊負而逃、遵海濱而處、終身訢然樂、而忘天下［尽心上］

舜は天下を棄つるを視ること、なお敝蹝《へいし》［やぶれぐつ］を棄つるがごとし。ひそかに（父を）負《お》いて逃れ、海浜に遵《したが》いて処《お》り、終身訢然《きんぜん》として楽しみて、天下を忘る。

ということによって明らかである。

王道の第二の要素は、人民の経済生活の保証である。孔子以下、儒家の思想によれば、政治は個人の人格を完成することを目的とすべきであるが、個人の人格の完成は、一般の場合においては経済的条件を離れて行なわれ得ない。されば孟子は「若民則無恒産、因無恒心」［梁恵王上］（民の若《ごと》きは、則ち恒産なければ、因りて恒心なし）という。すなわち経済上の保証があって始めて道徳が行なわれるべきものとする。

そして孟子は経済保証の具体案として井田法《せいでんほう》を主張する。井田法は当時唯一の生産手段であった土地を人民に均分して、平等にこれを利用収益せしめんとするものであり、九百畝の土地を　井とし、これを九等分して、中央の百畝を公田とし、他の八百畝を私田として八家に均分し、八家はおのおの私田百畝の収穫を私有し、公田は八家が共同に耕作してその収穫を上に納める。宅地は公田の一部にある。かくして一井の者が疾病相助け死亡相救い、この一井をもって社会生活の一単位とする。孟子はこれを周の遺制というが、歴史上の根拠はない。孟子はその端緒をあるいは当時辺疆の地に残存した原始共産体の遺制から得て、この理想案を案出したものと思う。

　もっとも孟子が人民の経済的条件を充実せんとすることは、彼の王道の第一段階をなすに過ぎないものであり、かくして経済生活を保証された人民を駆ってこれを道徳生活に入らしめるのが、その主眼である。彼は井田法の実施による経済充足の重要性を認めて、これを王道の始めといい、その上に学校教育を盛んにして道徳を教え、各人の人格を完成せしめることをもって王道の終りと考えた。この経済的条件をもって道徳に先行すべきものとする思想は、孔子においても認め得る。その門人冉有《ぜんゆう》との庶富教の問答、あるいは子貢に答えて「足食、足兵、民信之矣」［顔淵］（食を足《た》し、兵を足し、民をしてこれを信ぜしむ）という語によっても、孔子のそれに関する思想は看取し得る。孟子の時代には、孔子の時代よりはさらに人民の生活が脅かされることが甚だしくなったため、孟子は特にこの点を力説して、井田法のごとき具体案を案出したものと思う。

　孟子はさらにその王道の根拠として、性善の説を唱える。そもそも人性が善であるか悪であるかは、社会組織を論究する上に重要なことである。人の性の如何によって社会組織はおのずから異なる形を採らねばならない。もし人性が悪ならば、道徳政治のごときは行なわるべくもない。近世の社会主義的理論においても、人の悪をなす原因を社会組織の罪に帰するものは、意識的、無意識的に性善説ないし善をなす可能性を前提とする。孟子が性善説を主張し、特にその点に力を注ぐのは、畢竟その道徳政治論のために基礎を究明するものにほかならない〔告子上〕。

孟子に次いで荀子が出て性悪説を唱え、礼治を主張して孟子に対抗するにおよび、儒家の社会理想は判然と二派に分かれるに至った。孔子は性について多くを語ってはいない。子貢のごとき孔門の高弟でさえ「夫子之言性與天道、不可得而聞矣」〔公冶長〕（夫子の性と天道とを言うは、得て聞くべからず）という。ただ『論語』の中に「性相近也、習相遠也」〔陽貨〕（性相近し、習い相遠し）の語が見えるのみである。これによって孔子の思想を推測するに、孔子によれば人の生まれるやその性は何らの傾向を有しない。その始めに当たって人々相類似する性を有するが、境遇習慣などによってその性が色づけられ、善ともなり、悪ともなるとするものであろう。孔子は周の封建制度を道理あるものとせんとして、一面において権力に代えるに道徳をもってする政治を高調したが、他の一面において礼を尊重し、封建的階級制度を維持せんとした。その「性相近也」というのは彼の道徳政治の理論的基礎となるものであり、「習相遠也」とは礼による社会統制の観念の出発点となるものである。そして孟子はその道徳政治の面のみをとってこれを高調し、荀子はその礼による社会統制の方面のみを高調した。されば性の論においても孟子は「性相近也」を敷衍して性善説を唱え、荀子は「習相遠也」を敷衍して性悪説を導き出したのであり、二子の学説がある点において全く相反するのにかかわらず、同じく儒家の中に入る所以は、おのおの孔子の学説の半面を祖述する点にもとづくのである。

次に孟子の性善説は、すべての人が同じく善性を有するとするが、その性とは如何なるものかに関し、古来いろいろの説がある。後世、宋の程朱《ていしゅ》学派においては、性を本然の性・気質の性とに分かち、孟子の性善はその本然の性を言うものと解し、明《みん》の王陽明は、孟子の性善の善とは至善、すなわち絶対善であって相対的な善不善を超越したものとする。これら宋明の学者の説は深遠ではあるが、元来かかる哲学的な考えが孟子の思想の中に存するとは考えられず、孟子のいわゆる性は程朱学派のいう気質の性をさし、その善とはやはり相対的善であると思う。孟子の性がいわゆる気質の性に当たることとは、孟子の本文によって明らかである。例えば、

口之於味也、目之於色也、耳之於声也、鼻之於臭也、四肢之於安佚也、性也［尽心下］

口の味におけるや、目の色におけるや、耳の声におけるや、鼻の臭におけるや、四肢の安佚《あんいつ》におけるや、性なり。

といい、孟子は決して気質を離れて性を説かない。また孟子の善が悪に対する相対的な語であることは、その弟子公都子《こうとし》の問いに答えるところによって明らかである。公都子は当時行なわれた性に関す

るいろいろの説をあげて、

告子曰、性無善、無不善也、或曰、性可以爲善、可以爲不善、……或曰、有性善、有性不善、……今曰性善、然則彼皆非歟、

告子曰わく、性は善なく不善なきなり。或いは曰わく、性は以って善と為すべく、以って不善となすべしと……或いは曰わく、性の善なるあり、性の不善なるあり……今、性は善なりと曰う。然らば則ち彼皆非なるか。

と問うに対して、孟子は

乃若其情、則可以爲善矣、乃所謂善也〔告子上〕

乃《すなわ》ち其の情の若《ごと》きは、則ち以って善となすべし。乃ち所謂《いわゆる》善なり。

と答えている。情とは性の発動状態に名づける名であり、孟子の答えは、性の動いたところを見れば、人々みな善を為す要素を備えていることを意味する。孟子に従えば、人の性が純粋に善であるというのではなく、性の中に善をなす素質があるという。人の性はおのおの異なるが、その善を為す素質を有すること、すなわち道徳性をそなえる点は、すべて同一であるとする。従ってその言うところの善は、常に不善と相対的に用いられるものであることがわかる。

孟子のこの説は、その四端の説によって一層明らかになる。孟子によれば、いま人があって忽《たちま》ち小

児の井戸に陥らんとするのを見れば、誰でも怵惕惻隠《じゅってきそくいん》の心が起こる。これは利害の念から打算したものではなく、人々の心の底から自ら《おのずか》発する情である。同様に、人には羞悪《しゅうお》の心・辞譲《じじょう》の心・是非《ぜひ》の心がある。これらはいずれも人の中心から発する情であり、何人もこれを有せぬ者はない。それを

惻隱之心、仁之端也、羞悪之心、義之端也、辭讓之心、禮之端也、是非之心、智之端也、人之有是四端也、猶其有四体也［公孫丑上］

惻隠の心は、仁の端なり。羞悪の心は、義の端なり。辞譲の心は、礼の端なり。是非の心は、智の端なり。人の是の四端を有するは、なお其の四体を有するがごときなり。

という。ここで端とは端本の意である。仁義礼智の四徳はすなわち善であり、惻隠・羞悪・辞譲・是非の心は善の本である。この四端は外部から我々に附け加えられたものではなく、我々がこれを固有するものである。すなわち我々は善の本を有する。その本を「拡充」すれば、その徳がもって四海を保つに足り、これを拡充せざれば、もって父母に仕うるに足らずという。

もっとも朱子は四端を端緒の意に解し、人々が本来具有する仁義礼智の性が、惻隠・羞悪・辞譲・是非の情によって、たまたまその端緒を現わしたものとする。換言すれば仁義礼智は人の本来の性であり、外より伺い知り得ない。四端は情であって、性から発露する。この情のかくのごときを見て、推して本然の性の善なるを知ると解する。しかし宋学者の見解は、畢竟、孟子のいう仁義礼智を性と

解する誤謬より来たものである。前述のごとく、孟子の性善とは、ただ何人にも善すなわち仁義礼智の四徳を行なう素質があることをいうのであって、仁義礼智が性であるから従って性は善であるというのではない。

また孟子は、実践道徳の方面で、不動心を養う方法として、養気と知言を説くが、なかんずく養気の法は畢竟、集義に帰すると説く。集義とは善を積むことである。人のなすところが義に合しない時は気が飢える。そのなすところが義に合する場合は、いわゆる浩然の気が生ずるという。ただ、この善を積むことは、ただ一つの善を為すことではなく、間断なく善を積み重ねなければならない。間断ある時は気が飢える。この点からも孟子のいわゆる性善は、本来人性が純粋に善であるという意味ではないことがわかる。

さらに孟子は「良知良能」を言い、また「萬物皆備於我矣」〔尽心上〕(万物皆我に備われり)と説く。これまた四端の説と同じく性善説の根拠を示す。曰わく、

人之所不學而能者、其良能也、所不慮而知者、其良知也、孩提之童、無不知愛其親者、及其長也、無不知敬其兄也、親親仁也、敬長義也、無他、達之天下也〔尽心上〕

人の学ばずして能くする所の者は、其の良能なり。慮わずして知る所の者は、其の良知なり。孩《がい》提《てい》の童も、其の親を愛するを知らざる者なし。其の長ずるに及ぶや、其の兄を敬うを知らざるな

きなり。親に親しむは仁なり。長を敬うは義なり。他なし、之を天下に達するのみ。

と。ここにいわゆる良知良能とは、学問思弁によらずして、人が自然に善を知り、善を行なう能力あることをいう。「達之天下也」とは、その性の中の善を天下に拡充することを意味する。また「萬物皆備於我矣」の語の下に、

反身而誠、樂莫大焉、強恕而行、求仁莫近焉、

身に反りて誠ならば、楽しみ焉《これ》より大なるはなし。強恕して行なう。仁を求むるに焉《これ》より近きはなし。

とある。その「反身而誠」「強恕而行」という点より見て、その「萬物皆備於我矣」という意味は、人々みな万事に処する道徳的素質を具有するという意味以外に解釈し得ず、特に哲学的な意味はない。然るに王陽明は良知の二字を取って、その一家の学説に名づけ、良知を天理と解する。それを時間空間を超越した実在とし、「萬物皆備於我矣」の語については「心外無物、心外無理」(心外に物なく、心外に理なし)と唯心論的解釈を施すが、これは陽明の哲学であって、孟子の本意ではない。また朱子の解するごとく、人々本来仁義礼智の性を固有するものならば、その性を維持する方法、すなわち存性の工夫は、彼の言うごとく復初でなければならない。然るに孟子は、存性の工夫として常に拡充または集義を言って、復初をいわない。もし本来具有するものならば、これを拡充することは意味を

なさない。ことに復初説は、もと老仏の唱えるところであり、儒家で始めてこれを唱えたのは唐の李《り》翺《こう》〔復性書〕である。

さて以上のごとく人が善を行なう素質を有するにもかかわらず、不善をなす者の多い所以は、孟子によれば境遇習慣が然らしめるものである。例えば、

富歳子弟多頼、凶歳子弟多暴、非天之降才爾殊也、其所以陥溺其心者、然也〔告子上〕

富歳に子弟頼《らい》多く、凶歳に子弟暴多きは、天の才を降すこと爾《しか》く殊なるに非ざるなり。其の、その心を陥溺せしむる所以の者、然るなり。

というのはその境遇の影響を示すものである。また「牛山の木」〔告子上〕の喩えを引いて、牛山の木は斧斤これを切り、たまたま蘖《ひこばえ》の生ずるものがあっても、牛羊従ってこれを牧することをしたために、今日のごとき濯々たる禿山となった。今日、牛山に木がないからとて、それが本来その山の性とはいえない。人の性もこれと同じく、その本来有する道徳性を日夜反覆して梏亡するならば、ついに本来の性を失って禽獣と相隔つること遠からざるものとなる。しかし、かかる状態を見て、本来人間に道徳性なしとするのは誤りであると言っている。これは習慣によって善性を亡失するものを言うのである。孟子が上述の経済的条件の平等ならびに充実を力説するのも、畢竟その性を存するための手段にほかならないことがわかる。

なお孟子は、前述のごとく、天命の絶否を知るは人民の輿論《よろん》によるとして、政治上輿論の尊重すべきを説くが、これまたその性善説との関連において了解し得る。すなわち天下の人みな同じく善を行なう性を有することは同一である。かく天下の人みなその性を同じくするならば、その好悪もまた相等しかるべき道理である。従って天下の人の一致する意見は、すなわち天下の人の同じく具有する善性にもとづくものであるとの見解に立つものと思う。

然るに孟子は、かく輿論の尊重を説くにもかかわらず、為政者が輿論を聞く方法については何ら議していない。依然として独裁的な形式を採っている。けだし儒家の道徳政治の理想からいえば、治者たるべきものは聖人賢人であり、それは天下の同じく然りとするところを然りとするものである。換言すれば、聖賢は天下の輿論を代表するものと言い得るものであり、かかる輿論の代表者が政治を行なう場合は、別に輿論を代表せしむべき機関の必要を感じないこととなる。しかし、ここに道徳政治論の融通性があり、その悪用せられる危険が存する。この融通性あるがために、儒家思想が永く中国の社会に順応性を有したとも言うことができる。儒家の道徳政治論と漢以後の社会状態とを対照すれば、この間の消息はおのずから明らかになる。

以上は孟子の性善説およびそれに関連する諸思想であるが、性の説については孟子以前すでにこれを唱えるものがあり、孟子以後においても永く儒家の間に問題となった。王充《おうじゅう》の『論衡《ろんこう》』の中に、周人世碩《せいせき》が人の性に善あり悪ありと唱えたといい、また宓子賤《ふくしせん》・漆雕開《しっちょうかい》・公孫尼子《こうそんじし》のごときもこれと同説であったが、孟子に至って始めて性善説を主張するに至ったと述べている。孟子の時代にも、上述の公都子によって引用せられた種々の説が行なわれ、なかんずく告子《こくし》は孟子の論敵として、孟子の中に多く引用せられている。

孟子以後、孟子に対して全く反対の立場に立つものは荀子《じゅんし》の性悪説であるが、下って前漢の揚雄《ようゆう》は、

　人之性也、善悪混、脩其善、則爲善人、脩其悪、則爲悪人〔『法言』修身篇〕

　人の性なるものは、善悪混ず。其の善を脩むれば、則ち善人となる。其の悪を脩むれば、則ち悪人となる。

と言い、董仲舒《とうちゅうじょ》は聖人の性・中民の性・斗筲の性の三を区分する〔『春秋繁露』実性篇〕。『中庸』には、

　或生而知之、或學而知之、或困而知之、……或安而行之、或利而行之、或勉強而行之、

　或いは生まれながらにして之を知り、或いは学びて之を知り、或いは困《くる》しみて之を知る。……或いは安んじて之を行ない、或いは利として之を行ない、或いは勉強して之を行なう。

の三を分かつ。後漢の王充は、その宿命論にもとづき「人の性には自ら善あり、悪あり、善悪混ずるあり。また代うべからず」とし、荀況《じゅんきょう》は「性に三品あり、上下は移らず、その中は即ち人事存す」という。唐の韓愈《かんゆ》〔原性篇〕が「性に上中下三品あり。上は善のみ、中は導きて上下せしむべく、下は悪の

み、導き化すべからず」というのは、董仲舒《とうちゅうじょ》以来の三分説を継承するものである。孟子の性善説は、悪の原因を究めることが粗略であったため、不徹底を免れず、後世いろいろの攻撃をうけた。この点について宋明の学者の解釈は、孟子の本意ではないが、またもって性善説に有力なる根拠を与え、道徳政治論の基礎を固くするものと言うことができる。

孟子の書は、漢代では荀子と同じく諸子略に列した。後漢の趙岐《ちょうき》は、これに注を作ってその旨を宣揚したが、王充は刺孟篇によって孟子をそしった。唐に至り、韓愈が孟子を尊び、孟子は孔子の正統を得たものと言う〔原道〕。宋に至って、李覯《りこう》〔常語〕司馬光《しばこう》〔疑孟〕晁説之《ちょうえつし》〔詆孟〕馮休《ふうきゅう》〔刪孟〕などが、盛んに孟子を攻撃したが、同時に余允文《よいんぶん》は「尊孟弁」を書いて孟子を弁護し、朱熹《しゅき》は「続尊孟弁」を著わしてその説を敷衍《ふえん》している。殊に宋代は神宗以後に『孟子』をもって経に加えて十三経を整え、また一面において程伊川《ていいせん》は『礼記』の中から大学・中庸の二篇を抜き、これに『論語』『孟子』を合わせて『四書』を作り、子弟の教課書とした。朱子はこれを受けついで『四書』を表彰し、そのために集注を作るに及んで、『孟子』は他の三書とともに永く程朱学派の尊崇するところとなった。また程朱学派以外にも、王陽明のごときは孟子を尊崇し、その語をとって自己の学説に名づけたことは上述せるごとくである。

かく孟子に対する是非の論が古来盛んであったことは、孟子の中に含まれる思想が、時代を異にし、あるいは政治上の立場を異にするに従って、採用し得ないものを含むためである。

〔参考書〕
孟子注疏　後漢趙岐注、宋、孫奭疏
孟子正義　清、焦循
孟子集注　宋、朱熹

第三節　荀子

荀子《じゅんし》、名は況《きょう》。荀卿《じゅんけい》というのは当時の人の尊称である。漢代に孫卿というが、当時の音が相通じたため、借り用いたのが誤ったものであろう。趙《ちょう》の人で、年五十にして斉《せい》に行く。斉の湣王《びんおう》の末年に当たり、当時斉の学者はたいてい死亡している。荀子は先師として尊重せられ、三たび祭酒に挙げられた。のち秦・趙に行き、ついに楚に遊ぶ。春申君《しゅんしんくん》がこれを貴び、蘭陵令《らんりょう》とした。のち春申君は殺され、荀子も廃せられたが、蘭陵にとどまり、その地に終わった。史記では孟子の伝に附け加えられているが、孟子の事跡よりもさらに簡単で、その生卒年代は確定し難い。ただ春申君の殺されたのは楚の考《こう》烈《れつ》王二十五年[紀元前二三八年]秦始皇九年であって、その後幾年か生存したことは明らかである。その事跡から見て、よほど高年に終わったものであろう。孟子とは時代が相継ぎ、荀子の生まれた時は、孟子はなお生存したもののごとくである。

荀子の書は現存するもの三十二篇。これは後人の編纂にかかり、そのうち大略・宥坐《ゆうざ》・子道の諸篇のごとく雑然と諸種の記録を集め、原本でないことの明らかなものもあり、また非相《ひそう》篇の末段は非相と関係なく、天論の末段も天論とは関係がない。また今本『荀子』の中には、『礼記』『大戴礼《だたいれい》』『韓詩外伝』などに収めるところと同一の篇が多い。荀子を弁護する者は、『礼記』などの書が『荀子』から取ったものと考えるが、或いは『荀子』がこれらの書から抜き出して補足されたものであるか、或いは両方とも第三の書から取って編纂されたものかは、考証することが困難である。これを要するに荀子の書も一人の著とは言い得ず、後継者によって或いは補われ、または誤って編入されたものもあることは争われない。従ってその中に現われる思想に、矛盾撞着《どうちゃく》の多いこともやむを得ない。

荀子の学は、孟子と同じく孔子を祖述するが、孟子とは傾向を異にし、孟子の主張する道徳政治の説は、荀子に従えば、社会秩序を整える所以でないのみならず、ますますこれを混乱に導く所以であると考え、孔子の思想の中から礼の一面を取ってこれを高調し、もって孟子の説に対抗している。荀子によれば、人間が万物より優れて自然界を征服し得ているのは、そのよく群するがため、すなわち

社会を組織する能力を有するがためである。曰《い》わく、

（人）力不若牛、走不若馬、而牛馬爲用、何也、曰、人能群、彼不能群也［王制］

（人）は力は牛に若《し》かず、走るは馬に若《し》かず。しかも牛馬、用を為すは何ぞや。曰わく、人は能く群し、彼は能く群せざればなり。

と。然るに荀子に従えば、人は生まれながらにして欲望を有し、欲望があれば必ず求むるところがある。求めて得ざれば争乱が起こる。けだし人の際限なき欲望を養い、その求めを満たすことは、限りある物質をもって到底行ない得ないからである。それにもかかわらず、人が社会を組織し得る所以は、社会の各人の間に分を設けて、これを統制するによるのであり、そしてその分は礼によって定まる。

先王悪其亂也、故制禮義以分之、以養人之欲、給人之求、使欲必不窮乎物、物必不屈於欲、兩者相持而長、是禮之所起也［礼論］

先王、其の乱るるを悪《にく》む。故に礼義を制して以って之を分かち、以って人の欲を養い、人の求めを給《み》たし、欲をして必ず物を窮めず、物をして必ず欲に屈《つく》さざらしむ。両者相持して長ず、是れ礼の起る所なり。

といい、人間が強力な社会を組織する所以は、各人の欲望に分限を立て、それぞれ身分相応の欲求を満たさしめて、その範囲を超えしめず、かくて欲望とそれを満足せしむべき物資との平衡を保ち、も

って争奪の心を制するにありとする。

しかしてその分階を立てる方法は、一言にしていえば階級制度を確立することに帰する。すなわち貴賤の等・長幼の差・智愚不能の別を明らかにして尊卑の地位を定め、人々をして各々その地位に応ずる仕事をせしめると同時に、その地位に応じてそれぞれ異なった経済上の満足を与えることに帰するのであって、荀子は『尚書』呂刑《りょけい》の「維齊非齊」（維《こ》れ斉《ひと》しきは、斉《ひと》しきに非ず）の語を引いて、かかる社会的階級があり、差別が存することが、社会を斉一ならしめる所以としている。されば荀子の説は、貴賤長幼智愚などの人間の境遇または材質の不斉に応じて、欲望満足の程度に等差を設けるのであり、荀子はこれを儀とも名づける。

荀子の書の中に正名《せいめい》の篇があり、荀子の論理学を述べたものであるが、何故に正名の必要があるかといえば、「上以明貴賤、下以辨同異」〔正名〕（上は以って貴賤を明らかにし、下は以って同異を弁ず）といい、その正名の目的は一つには社会の階級を明らかにするにある。『墨子』の中にも論理学を述べた箇所があるが、これは同異を弁《わか》つことはあっても、貴賤を明らかにするということはない。この点においても、如何に荀子が階級に重きをおいたかがわかる。かく荀子によれば、階級に応じてその度量分界を定め、これによって各人の欲望に制限を加え、欲望と物資との均衡を維持することが、やがて社会結合の基礎を強固にする所以であるとするが、この度量分界を定めるところのものは即ち礼である。かくて荀子のいう礼は、制裁力を伴うにあらざれば用をなさざるものであり、法家などでいう法と極めて近いものとなる。以上は荀子の礼治論の根本概念である。

荀子はかくのごとく形式上の礼を重んずる結果、後王《こうおう》説を主張する。後王なる語については注釈家の説が一致していないが、これはその時代の制度を定め、それについて制裁力を有する帝王の意味に解すべきである。すなわち周ならば文王・武王、漢代ならば高祖のごときがそれである。荀子は後王を貴ぶの説をなして、

欲観聖王之跡、則於其粲然者矣、後王是也、彼後王者、天下之君也、舎後王而道上古、譬之是猶舎己之君而事人之君、〔非相〕

聖王の跡を観んと欲すれば、則ち其の粲然《さんぜん》たる者においてす。後王《こうおう》これなり。彼の後王なる者は、天下の君なり。後王を舎《す》てて上古を道《い》うは、これを譬《たと》うるに、是れなお己れの君を舎《す》てて、人の君に事《つか》うるがごときなり。

という。けだし礼を始めて制したのは、もとより先王であり、礼の原理は万古不易であるが、礼制自体は制裁がなければ行なわれず、従って古代の王者の礼は礼の用をなさない。社会秩序を維持するためには、後王すなわち現に制裁力を有する者の礼に従わねばならないとするのである。孟子の説はもとより自己の理想を述べるのであるが、これを言うに当たって、これを先王にもとづけることがしば

しばある。この点においても、荀子と全く反対の立場に立つ。

荀子は一面において歴史的進化を認めず、「古今一度也」（古今は度を一にす）、「欲觀千歳、則數今日、欲知億萬、則審一二」[非相]（千歳を観んと欲すれば、則ち今日を数う。億万を知らんと欲すれば、則ち一二を審らかにす）という。それにもかかわらず、先王の礼と後王の礼とに差等を認めるのは、一見矛盾するごとくであるが、礼制自体はその内容が古今同一であっても、その制裁力の点からみればこれを同一視し得ず、荀子としてはこの間に差別を設けて不都合はない。

次に荀子はその礼治論の根拠として性悪説を唱える。曰わく「人之性悪、其善者、僞也」[性悪]（人の性は悪なり。其の善なる者は、偽なり）と。彼の性悪説をみるに、第一に人は生まれながらにして利を好み、生まれながらにして耳目の欲がある。これらはその性悪が外に現われたものであり、これらの性に従って放任するならば、社会はたちまち救うべからざる混乱に陥る。ここにおいてか、人為的の道徳律を設けてこれを抑え、もってようやくその秩序を維持し得る。また孟子は人が学問をするのはその性善なるがためであると言うが、荀子はこれに対し、孟子は性と偽の差別を知らぬものであるとする。荀子に従えば、人の学をなすのは性悪なるがためである。もし善ならば、その性のままに放任してよく、学問の必要はないと言う。また学問の対象も人の作った礼儀であって、人の性とは何ら関係がない。性は学び得ず、人の作った礼儀であればこそ、これを学んで進歩し得るという。また孟子は人が悪をなすのはその性を喪失したものと言うが、荀子はこれを自家撞着《どうちゃく》の言と評する。もし孟子の言うごとく人の善性が固有のものならば、これを失うことはないはずであり、これを失うことは性の悪なるを意味するにほかならない。

次に荀子は性と偽との区別を述べて、性に固有な事柄はこれをなすことが容易で努力を要しない。然るに人為のものは、単に感情のみをもってこれを行ない得ず、必ず強い意志を必要とすると言い、また人間はすべて己れの有せざるものを補充せんとする欲望を持つ。例えば貧なれば富を願い、賤なれば貴を願う。かく己れの有せざるところを満たさんとするのは人間固有の欲望であり、人間が善をなそうと欲するのも、またその性悪なるがためであるとする。

これを要するに、孟子の性善説が、荀子の指摘するごとく、悪の原因を説明することが不十分であったと同じく、荀子の性悪説は、またその性悪なる者が善を行ない得る所以の説明が甚だ薄弱である。殊に人の善をなさんと欲するのはその性悪なるがためであると言うに至っては、詭弁の甚しいものであり、もしこの論法を許せば、世人に悪をなす者の多いのは、その性善なるがためであるとも言い得る。ただ孟子と荀子との思想の根本的相違を言えば、孟子が性善を言うのは、これを自然にもとづけんとするものであり、自然に従うことをもって真とする。荀子はこれに反し、人為を自然よりも貴び、人為をもって自然に打ちかつべきものとする。この点に両者の根本的相違を見出すことができる。

最後に、荀子の天に関する思想を略述する。中国では古来道徳の淵源を天に帰する思想がある。

『詩経』に、

天生蒸民、有物有則、民之秉彜、好是懿徳〔烝民〕

天、蒸民を生ず。物あれば則《そく》あり。民の彜《い》を秉《と》る。是の懿徳《いとく》を好む。

といい、『尚書』に

天乃錫禹洪範九疇、彜倫攸叙〔洪範〕

天乃ち禹《う》に洪範九疇《こうはんきゅうちゅう》を錫《たま》う。彜倫《いりん》の叙する攸《ところ》なり。

というごとき、いずれも道徳の淵源が天なることを言う。孔子は天命・天道・天のごとき語を用いるが、天が如何なるものかは説明していない。ただ孔子が天をいう各々の場合について考えるに、孔子は天について極めて素朴な宗教的解釈を下したのみで、これについて哲学的考察は全然試みてはいない。孟子に至っても、この点に関し、孔子より大なる進境を認めない。ただ孟子は政治上、天命の存否を高調するが、それも天意は畢竟民意に帰する点よりみれば、はたして天意の尊重が主眼であったか疑わしい。漢代には、いわゆる天人の学が盛んになり、その災異・讖緯《しんい》の説は儒家思想に迷信的色彩を与えるのに力があったが、降って宋代におよび宋儒のいわゆる性理の学は天を理と解し、儒教の原理に汎神論的ないし無神論的基礎を与えることに努力したため、儒家における天はそれ以後ようやく哲学的考察の対象となるに至った。

荀子は漢代の天人の学がいまだ起こらざる前に出ているが、その所論によって察するに、当時すでに天に関する迷信的解釈が相当行なわれたもののごとく、荀子はそれに反対の態度をとり、極力これを論破せんとしている。彼は天をもって単なる必然的な自然現象とのみ考え、当時の宗教的または神秘的な天の解釈を全く排斥する。されば道徳を天より導き出す説に対して、彼は

道者、非天之道、非地之道、人之所以道也〔儒効〕

道とは、天の道に非ず、地の道に非ず、人の道とする所以なり。

といい、道が人為的のものにほかならぬことを道破する。

天人の間に密接の関係があるとする説に対しては、

天行有常、不爲堯存、不爲桀亡、應之以治則吉、應之以亂則凶、彊本而節用、則天不能貧、養備而動時、則天不能病、脩道而不貳、則天不能禍、……故明於天人之分、則可謂至人矣〔天論〕

天行は常あり。堯《ぎょう》の為に存せず、桀《けつ》の為に亡びず、之に応ずるに治を以ってすれば則ち吉、之に応ずるに乱を以ってすれば則ち凶なり。本に彊《つと》めて用を節すれば、則ち天も貧ならしむる能わず。養い備わりて動くに時あらば、則ち天も病ましむる能わず。道を脩めて弐《たが》わざれば、則ち天も禍いする能わず。……故に天人の分に明らかなれば、則ち至人と謂うべし。

といい、君主の徳性如何によって天が災異を降すことのあり得べからざるを痛論する。また、

雩而雨何也、曰、無何也、猶不雩而雨也、日月食而救之、天旱而雩、卜筮然後決大事、非以爲得求也、以文之也、故君子以爲文、而百姓以爲神［天論］

雩《う》して雨ふるは何ぞや。曰わく、何も無きなり。なお雩《う》せずして雨ふるがごときなり。日月食して之を救い、天旱《ひでり》して雩《う》し、卜筮《ぼくぜい》して然る後に大事を決するは、以って求むることを得と為すには非ざるなり、以って之を文《かざ》るなり。故に君子は以って文と為し、百姓は以って神となす。

といい、政治上に天人の関係を高調するのは、すべて為政者の政策・欺瞞なることを論ずる。

もちろん自然現象にも不可思議なことはあるが、それらは恐るるに足らない。最も恐るべきは自然現象の怪ではなくして、人祆《よう》であるという。しかして人祆とは、

羅貴民飢、道路有死人、夫是之謂人祆、政令不明、擧錯不時、本事不理、……夫是之謂人祆、禮義不修、内外無別、男女淫亂、則父子相疑、上下乖離、寇難並至、夫是之謂人祆、祆是生於亂、三者錯、無安國［天論］

羅《てき》貴く民飢え、道路に死人あり。夫れ是れをこれ人祆《じんよう》と謂う。政令明らかならず、挙錯《きょそ》時ならず、本事理《おさま》らざる、……夫れ是れをこれ人祆と謂う。礼義修まらず、内外別なく、男女淫乱《いんらん》すれば、則ち父子相疑い、上下乖離《かいり》し、寇難《こうなん》並び至る。夫れ是れをこれ人祆と謂う。祆は是れ乱を生ず。

三者錯《まじ》われば、安国なし。

といい、社会の秩序が乱れ、人々生に安んぜぬのが人祆である。これが最も恐るべき現象であるという。

かくのごときは今日からみて如何にも常識的な議論に過ぎないが、荀子ののち両漢時代を通じて、荀子の排斥する天に関する思想が盛行したことを考えれば、彼が当時すでにかかる啓蒙的な説を出したことに非常な意義を認めなければならない。

このような考えは、荀子以前にはかつてないことで、荀子以後においても、これを祖述するものは、はなはだ乏しい。ただ後漢の王充が、その『論衡』で、天人の関係を否定し、当時行なわれた神秘説を痛烈に攻撃したのは、荀子の思想を継承したものと見ることができる。

〔参考書〕

荀子　　唐、楊倞注

荀子集釈　清、王先謙

荀子増注　久保愛

読荀子　　荻生徂徠

第三章　原始儒家に対立せし諸家の思想

第一節　墨家

墨家とは、墨子《ぼくし》を祖とする学派である。墨子、名は翟《てき》、その事跡は甚だ不明瞭であり、その生存の時代についても種々の説がある。史記には「或いはいう、孔子の時に並ぶ。或いはいう、孔子の後にあり」と疑いを存し、漢書には「断じて孔子の後にあり」といい、後漢の張衡《ちょうこう》は子思《しし》と同時代という［後漢書本伝］。清朝にいたり、畢沅《ひつげん》は、墨子は六国の人で周末なお生存したという［汪中述学］。これらの説を比較するに、その最も早いものと最も遅いものの間には二百余年の差がある。いま墨子の書に現われる事実より判断すれば、墨子が公輸般《こうゆはん》や魯陽文子《ろようぶんし》などと問答していることを記し、また斉の田和《でんわ》に会見し、或いは斉の康公《こうこう》が享楽を好むといい、楚の呉起《ごき》の死に遇っている。しかしそれらはすべて孔子没後の事柄であり、墨子が孔子以後なることは動かし難い。かつその前後の関係より推すに、彼は周の定王《ていおう》の初め（前四六八年頃）に生まれ、安王の末（前三七六年頃）に没し、八九十歳の寿を保ったものと思われる。張衡のいう子思と同時代説が、ほぼ真に近い。

墨子の生国についても確説なく、或いは宋人、或いは魯人、或いは楚の魯陽などという説がある。しかし宋人とするのは、墨子がかつて宋の大夫となったことを誤り伝えたものと思われ、魯陽説も他の文献から考えて妥当ではない。その書の中に「自魯即齊」［貴義］（魯より斉に即《つ》く）といい、あるいは越王が車五十乗を以って墨子を魯から迎えたこと［魯問］を言うことより推すに、彼が魯人であったことは事実であろう。

墨子の学説は一時非常に流行し、儒家を圧する勢いのあったことは、孟子がその書の中で極力これを排撃することから想像され、墨子の書の中にも弟子禽滑釐《きんかつり》ら三百人といい、これに従う者の多かったことが知られる。また韓非子《かんぴし》には「孔墨之後、儒分爲八、墨分爲三」［顕学］（孔墨の後、儒分かれて八となり、墨分かれて三となる）とあり、戦国末においても、なお盛んな学派の一つであったことがわかる。然るにその学は漢以後全く衰え、わずかにその書が伝わったに過ぎず、これを研究する者はほとんどなく、いわんやその思想に共鳴する者は絶無であったが、清末に至って墨子の研究が東西の学者の間に盛んになり、またその思想を祖述する者も僅かながら現われる形勢となった。

清朝では諸子をもって経を証する方法が盛んとなったため、墨子が研究せられるに至った（孫詒譲、墨子間詁）。思想上からは墨子に自然科学的思想のあること（経・経説）、及び宣教師らがその思想がキリスト教社会主義に似ているとしたため西洋で注目せられるに至った。フランスでは、Solidalité の思想として紹介せられた(David, Alexandra ; Socialisme Chinois, Le Philosophe Meh-ti et l'Idée de Solidalité, 1907)。墨子の飜訳としては、Faber, Ernst ; Die Grundgedanken des alten chinesischen Socialismus oder die Lehre des Philosophen Micius, 1877. が最初であり、Forke, Alfred ; Mê Ti, 1922. は墨子間詁により全訳した。

墨子の書は、今日七十一篇の目録を存しているが、実際に存在しているのは五十三篇である。この書は全体が墨翟の自著ではなく、その学派の者が次第に記録に残したものを統一したにほかならない。その最古の部分は尚賢・尚同・兼愛・非攻・節用・節葬・天志・明鬼・非楽《ひがく》・非命・非儒の諸篇であって、これらは各々三篇に分かれ、その内容はほぼ同一のことを述べている。これは『韓非子』にいわゆる墨家が三分した時代に、各学派の有したテキストをのちに綜合編纂したもので、これが墨子の思想の重要な部分を伝えていることは疑いない。ただしこれとても勿論墨子自ら草したものではなく、後学の者が墨子の意を解して記録に止めたに過ぎない。従って各学派により、言葉は必ずしも同一ではないが、精神はすべて一致する。このうち非楽・非儒の二篇は、すこぶる後人の加筆が多いと思われる。

次に経上下・経説上下・大取・小取の諸篇は、要するに墨家の論理学であり、『荘子』天下篇にいう別墨のテキストである。その時代は恐らく恵子《けいし》・公孫竜《こうそんりゅう》などの時代にまで降すべきである。耕柱・貴義・公孟《こうもう》・魯問《ろもん》・公輸の諸篇は、その学派の者が墨子一生の言行を集めて編纂したもので、前の尚賢・尚同以下の部分に次いで墨子の思想を窺うに重要な部分であり、殊に墨子の事跡はこの諸篇により始めて考証し得る。

備城門より襍守《ざつしゅ》に至る諸篇は、城を守り敵に備える法を述べるが、古来墨子は戦争において城を守るに長じたという伝説があり、これらの篇は戦争に関する技術の記録が、後世墨子に附会編入されたものと思う。

なお墨子には最初の部分に親士《しんし》以下三弁《さんべん》に至る七篇があり、そこに現われる思想は儒家思想に近いものが多く、殊に親士・修身・所染の三篇には墨家の思想は見えない。かくのごときは後世儒家思想が圧倒的勢力をもつに至って、末学の者がその思想を取入れ、もって墨家思想の生命を保持せんとした結果である。墨子の書のうち、最も後に加わったものに相違ない。従ってこれらの篇に現われる思想により墨子を見るならば、大きな誤りを犯すことになる。

『漢書』芸文志に、墨家は清廟の守より出たとするが、採るに足らない。漢志には、『史佚』二篇をあげる。そこで墨家の思想は史佚より起こるとするものもあるが、誤りである。墨子の思想も時代の現状から生まれたものである。

墨子の学説の基礎観念は兼愛である。兼愛とは別愛に対する。兼愛は人を愛し人を利することであり、別愛とは自ら愛し自ら利することである。墨子は別愛をもって天下の大害の本とし、兼愛が天下の大利を生ずる所以と考えた。もっとも墨子に従えば、「義、利也」〔上経〕（義は、利なり）とあるごとく、墨子のいう利には道徳的意味が含まれる。むしろ利自体が道徳であると解する方が適切である。ただその利は、個人的な利、もしくは一部の階級の利ではなく、社会全体からみての利である。社会全体の立場からみた利を計ることが、墨子のいう義、すなわち道徳と一致する。

然るに墨子の時代の社会を見るに、大国は小国を攻め、大家は小家を乱し、強者は弱者を脅かし、多数は少数を圧し、富貴は貧賤に傲《おご》る状態であり、かくては社会の幸福をもたらすことは望み得ない。そしてその原因は、すべての人が別愛の観念で動くためである。さればかかる社会の不合理を除き、社会全体の大利を興すには、自利自愛の念に代えるに、他を愛し他を利する兼愛主義をもってするのほかはない。そしてその兼愛の方法は、人の国を見ること己れの国を見る如く、人の家を見ること己れの家を見る如く、人の身を見ること己れの身を見る如くするにある。要するに自他の区別を設けないことに存する。

前述のごとく、儒家の仁も窮極に至っては平等愛を理想とするが、そこに到達するまでには順序がある。すなわち己れの親を愛して、推して他人の親に及ぼし、己れの妻子を愛して、推して他人の妻子に及ぼすというごとく、自己から出発して遠きに及ぼすもので、その根底に利己心を容認する。然るに墨子の考えでは、利己心を全然滅却して、初めからすべてを平等に見る。これすなわち孟子が「無父無君」として排斥した所以である。中庸には儒家の礼制の基礎を「親親之殺《さい》、尊賢之等」とするが、墨子では「尊賢之等」〔賢者を尊ぶ際に生ずる等級差別〕はあるが「親親之殺」〔親しいものに親しむ際に生ずる等級差別〕はない。これ儒家と墨家の思想の差違の最も著しい点である〔墨家の説が孔子から出たという説の取るに足らぬことは明らかである。〕。

以上述べるところによれば、墨子の兼愛説は単に実践道徳的な立脚点をもつのみのごとく見えるが、実はそうではなく、墨子はその思想の根底に一つの宗教的信仰をもっている。すなわち彼は宇宙の統率者として天を信ずる。この天は常に人類の行動を監督し、これに対し賞罰禍福を降す人格的神である。天は公平無私の心をもって万物を養育し、同時に人間に対しては、天のごとく公平無私に万物を養育することを要求する。これは兼愛の理想を天意にもとづけるものであり、この思想は天志篇に反覆説明されている。

墨子はこのほかに鬼を信じている。鬼に三種ある。一は天の鬼、二は山川の鬼、三は人鬼である。ここに天鬼というのは、思うに前に述べた天のことであって、ただ形態上の天と区別するために天鬼といったものと思われる。これら三種の鬼は、幽界から人間の行動を監視して人間に賞罰をあたえる。墨子の考えによれば、天下が治まらないのは、人が天を信ぜず、鬼神が賞罰を行なうことを知らないがためであるとし、無鬼論者に対して例証をあげてその存在を証明している[明鬼]。

かくのごとく墨子は、天または鬼神に対し、一種の宗教的信仰をもつと同時に、宿命説を排斥している。儒家においても宿命説が或る程度において信ぜられているし、道家の中にもその一部分に宿命の思想がある。ひとり墨子がこれを排しているのは、これら諸家と趣きを異にするところである。論者によれば、墨子自身が鬼神を信じながら、しかも宿命を排斥するのは矛盾であるとする。然しながら墨子が宿命を排するのは、天志を信ずるがためであって、すなわち前に述べたごとく、天は幽界から人間の行動を監視して、よくその善を賞し悪を罰するものである。人がよく天志に従い、鬼神の理に反しない行動をするならば福を受け、これに反すれば禍を受ける。この禍福は全く各人の行為にもとづくものであって、畢竟各人の自由意志によって招致するものである。これを宿命というのは当たらない、とするのであろうと思う。

墨子がこの理想を実現せんとする方法は尚賢である。彼は社会の起原を論じて、次のごとくいう。

天が始めて人類を作った時、未だこれを支配するものはなかった。当時、人々は各々その義を異にし、一人一義、十人十義、人いよいよ多くなればその義もますます多くなる。かくて各人己れの義を是とし、他人の義を非として闘争が行なわれる。ここに社会の義を同一にする必要が生じ、彼らの中の賢者を選んで立てて天子とした。然るに天下の広き、人民の多き、一人の天子のよく治むべきところではない。そこでその次を立てて三公とする。しかし天下は博大であり、なお遠国異土の民情を尽くすに足らないので、万国を区分し、諸侯を立て、さらにその次を選んで郷長里長をおき、これによって始めて社会の義を一にし得たという〔尚同〕。その場合、賢者を選択する者が誰であるかを明言しないが、これは人民が互いに選ぶと解するほかはない。何となれば、もし天がこれを選ぶのであれば、墨子のいわゆる天は全智全能の神であり、社会の紛乱収拾すべからざるを待って賢者を選ぶ理はないからである。

これは一種の社会契約説であり、墨子はこの社会契約説にもとづいて、賢者を中心とする尚同〔同上〕の社会を立てようとする。ここに賢者とは、よく天志を奉じ兼愛を実行し得るものをさすことはもちろんである。尚同とは上に同じうすることであり、里長は一里の人民の模範となって上《かみ》郷長に同じくすべく、郷長は一郷の人民の模範となって上《かみ》諸侯に同じくし、諸侯はその国の人民を率いて上《かみ》天子に同じくすべく、天子は天下の人民を率いてさらに上《かみ》天に同じうすべきをいう。かくて上は大子より下は人民に至るまで、行為の標準は一に天の意志を遵奉《じゅんぽう》することに帰着すべく、これを尚同一義といい、天下一統の政治はここに至って始めて実現し得るという。これは封建制度の形骸を存するが、その実、民主的色彩を帯び、かつ宗教を基礎とする支配的組織であり、同じく賢者を尚《とうと》ぶとしても、賢者の内容に相違があるため、儒家の道徳的階級制度とは異なる。むしろヨーロッパ中世の教会政治の思想に傾く可能性が多い。

墨子の兼愛思想の中には、当然社会のすべてのものの生活を安定せしめることが含まれなければならないが、墨子は如何にしてそれを達成せんとするかというに、彼は経済上各人の分を均しうすること[均分]が、社会組織の根幹をなさなければならないとする。墨子の思想を社会主義的思想と比較して論ずる者のあるのは、かかる点による。墨子に、

古者文武爲正、均分、賞賢罰暴、勿有親戚弟兄之所阿、即此文武兼也、雖子墨子之所謂兼者、於文武取法焉[兼愛下]

古えは、文[王]武[王]は正を為し、分を均しくし、賢を賞し、暴を罰し、親戚弟兄の阿《おもね》るあることなし。即ち此れ文武の兼なり。子墨子《しぼくし》の所謂兼《けん》なる者と雖も、文武において法を取れり。

という。これによれば墨子の兼愛は親戚兄弟に私するところなく、賢者を尚《とうと》ぶことと、経済上各人の分を均しうすることとを、社会生活上最も必要なこととする。

しかしてその均分の方法は、一言にして言えば賢を尚ぶことの中に包含される。曰わく、

爲賢之道、將奈何、曰、有力者疾以助人、有財者勉以分人、有道者勸以教人、若此、則飢者得食、寒者得衣、亂者得治、若飢則得食、寒則得衣、亂則得治、此安生生、［尚賢下］

賢たるの道、はた奈何《いかん》。曰わく、力有る者は疾《と》く以って人を助け、財有る者は勉《つと》めて以って人に分かち、道有る者は勧めて以って人に教う。此くの如くすれば、則ち飢うる者は食を得、寒《こご》ゆる者は衣を得、乱るる者は治を得ん。若し飢には則ち食を得、寒には則ち衣を得、乱には則ち治を得れば、此れ生生に安んずるなり。

と。これによれば墨子は賢者を尚ぶことによって、同時に分を均しうする政治を行ない得ると考えた。すなわち墨子に従えば賢者はよく天の意志を遵奉する者である。そして天は公平無私に万民を兼愛する。されば人間社会にあっても、よく人を兼愛し分を均しうし得るものは賢者である。かかる賢者を賞し貴んで一般人民の帰向すべき標準を示し、かつその選択せる賢者をして一般人民を誘導感化せしめることに努めるならば、分を均しうする政治はおのずから行なわれるとする。すなわち墨子においては尚賢と均分は畢竟二にして一である。

もっともこの均分の思想は墨子の兼愛主義から当然出てくる思想であるが、しかし彼はかくの如き精神的感化誘導の手段を講ずると同時に、一面においてまた国を富ます策を考えている。すなわち物

質的方面からも社会改革に着手せんとしたのである。ただ彼の富国策は要するに人民の貧困を救う策たるにほかならず、現在の経済組織に手をつけ、これを改廃することを考えたものではない。

墨子の富国策としてあげるものに二ある。一は勤労主義、一は節用主義である。墨子は極端な勤労主義者であることが古くから伝えられ、例えば『荘子』の中にもその学徒が非常な勤労をなして自ら苦しんだことを言っている〔天下篇〕のを見ても、その一斑を知り得る。現存の墨子の書にも、至るところに勤労主義を前提とする議論がある。彼が非命篇において宿命説を排斥するごときも、一面においては天が人々に禍福を降すのは各人の行為にもとづくものであり、畢竟各自の自由意志がこれを招くものであるという宗教上の解釈にもよるのであろうが、同時に人々が宿命を言って勤労の効果を無視する弊風を排除し、その生産力を十分発揮せしめんとする用意の存することも認めなければならない。

墨子のいわゆる節用は、詳しく言えば無用の消費を去り、生産の障碍となるものを除かんとするのである。当時にあって無用の消費、生産の障碍となるものは、富貴なる者の日常生活の奢侈《しゃし》・戦争・音楽および厚葬・久葬の礼をもって、その主なるものとする。墨子は当時の王侯大臣などの生活が奢侈を極め、その左右の者までこれに倣《なら》い、そのため財が社会の一部の者の間に濫費せられ、一般人民は飢渇を免れず、国の貧しく民の治め難いのは、かかる貧富の懸隔が存する結果であるとして、王侯大臣といえどもその衣食住は最小限度において満足すべきものであるという。それは既成の財を無用に濫費するの非を言うのであるが、さらにこれを生産の方から考えて、奢侈品の生産に力を用いれば、同時に必需品の生産を妨げる結果となり、それが貧民の生活を苦しめることを論ずる。

次に戦争が墨子の兼愛主義と相容れないことは、もとより言うまでもない。墨子には特に「非攻」の篇があって、戦争の道徳上罪悪たることを縷述《る》している。また同時に、戦争は財物を靡《つい》やし、生産を妨げ、経済上よりみても甚だ不利なる所以を力説する。もっとも墨子は絶対に戦争を排斥するのではなく、戦争において攻と誅を区別し、人々が私欲を逞《たくま》しくせんための攻伐は極力排斥するが、社会を毒する悪人を除去するための誅討は、治安維持の上からやむを得ないものとして、これを認める。また他国から攻撃をうけた場合の防禦戦は、自衛上当然のこととするのであり、それはただ理論の上で是認するのみならず、彼自身が防禦の戦術に長じ、墨守の語はそれから出たとする説さえあるほどである。

次に音楽は、天下の利を興すにおいて益なく、かえって天下の害をなすものとされる。彼によれば、およそ人民に三患があり、飢者が食を得ないこと、寒者が衣を得ないこと、労者がいこうことを得ないことが、人民の大患であるが、音楽は一もこれを救うに足らず、かつ音楽は奢侈を助長し、上下ともに怠惰に導き、生産力を害すること甚だしいものがあるという。

さらに墨子は当時の厚葬久葬の礼が如何に無益に財を消費し、生産を妨げているかを指摘し、かくのごとき風習を一掃して、葬式は極めて簡単にし、喪の期間を廃する説を立てる［節葬］。この厚葬久葬の排斥と、前の音楽を禁止せんとすることは、儒家の礼楽尊重の思想と正面から対立するものである。以上の四者は平時における節用の主なるものであるが、なお凶歳に処する法として貯蓄の必要を説き、国用尽くる時は、仕官する者は大夫《たいふ》以下その食禄を減じて、これに処すべきであるという。

墨子のいう富国策は、後述の法家などの富国とは異なり、孔子らのいうところと同じく、救貧の意味にほかならない。すなわち国内の人民を貧困から救うことが、すなわち国を富ます所以と考えている。墨子は一方において勤労主義をもって生産を奨励し、他方節用主義によって既成の生産物の濫費を防ぎ、生産力の障碍を除く、この両方面から貧富の生活を平均に導き、救貧の目的を達せんとする。

以上は墨子の思想の大略であるが、彼の時代は周室ようやく衰微し、諸侯貴族が専横を極め、侵略争奪を事とし、人民はその苛政に耐えず、生計ますます困難に陥る状態であった。彼の学説はこの時代情勢に刺戟せられて現われたのであるが、この思想は一時を風靡《ふうび》し、これに従うもの皆火に赴き、刃を踏んで、死して踵《きびす》を廻《めぐら》さず、後世いう任侠の基を開いたといわれるところを見れば、それはよほど宗教的な情熱をもったものであったことが想像せられる。周秦の際、儒墨または儒侠として、法家の徒から儒家とともに排斥せられているのは、その当時なおその学が多少行なわれた証拠であるが、漢以後に至っては殆どこれを顧みるものがない状態となった。

唐の韓退之《かんたいし》は「孔子必用墨子、墨子必用孔子」（孔子は必ず墨子を用い、墨子は必ず孔子を用いん）といい、儒墨の類似を述べているが、儒家が周の制度を是認して文質併せ採るに反し、墨子は周の制度を是認せず、文を斥け、質のみを採った。両者の思想に多少類似の点が存するとしても、根底において両者は到底相容れぬ関係にある。孟子が極力墨子を攻撃するのもあえて怪しむに足らず、漢以後、儒家の学が支配的勢力を有するに至り、墨子の学はおのずから衰滅してこれを奉ずる者がなかったことは、また当然といわなければならない。

〔参考書〕
墨子間詁　清、孫詒譲《そんいじょう》

第二節　農家

農家の書は今日伝わるものがない。『漢書』芸文志に農家として、神農・野老・宰氏《さいし》・董安国《とうあんこく》・尹《いん》都尉《とい》・趙氏《ちょうし》・氾勝之《はんしょうし》・王氏・蔡癸《さいき》のごとき書をあげたあとに、

農家者流、蓋出於農稷之官、播百穀、勸耕桑、以足衣食、故八政、一曰食、二曰貨、孔子曰、所

重民食、此其所長也、及鄙者爲之、以爲無所事聖王、欲使君臣並耕、誖上下之序、

農家者流は蓋し農稷の官より出《い》ず。百穀を播し、耕桑を勧め、以って衣食を足らす。故に八政に、一に食と曰い、二に貨と曰えり。孔子曰わく、重んずる所は、民の食なりと。此れ其の長ずる所なり。鄙《ひ》者の之を為すに及びては、以って聖王に事《つか》うる所無しと為し、君臣をして並び耕せしめんと欲し、上下の序を誖《みだ》る。

という。これは農家の本旨は耕桑につとめるにありとし、その末流に及んで社会革命の説をなすに至ったとする。

この漢志にあげる農家の書は、他の書物に引用せられている断片を除いては、今日一つとして伝わるものがなく、その内容を確かめ得ないが、他の書に引かれるそれらの断片や、班固の右の語からみれば、これらの書はいずれもただ農業に関する著書にほかならないことを推測し得る。しかし前述のごとく、周末の諸学派はその時代の社会情勢に刺戟されて起こるのであり、周の王官から起こるものではない。したがって農家のごときも単に農事を詳らかにする学派でなく、他の学派と同じく一つの社会理想を述べたものであり、班固が農家の正統と考えたものはその末流で、末流と考えたものがかえってその正統と見るべきものである。班固がかかる説をなすに至ったのは、九流は王宮に出《い》ずとの仮定にとらわれた結果にほかならない。

農家の思想は、今日その全体を伺うに足る資料が伝わっておらない。尸子《しし》・呂氏春秋・淮南子《えなんじ》などの書に神農の教えが引かれており、農家が神農を祖とするところから、これを農家の思想の断片と見る者もあるが、これらの中には諸家の思想が雑然と取入れられており、そのいわゆる神農の教えが農家の思想であるかは疑わしい。ただ孟子の中に神農の言をなす者許行《きょこう》の説を挙げて論評しているのが、わずかに農家の学説の梗概を存するものと思われる。孟子の記すところによれば、農家の元祖は一見神農氏であるかのごとく思われるが、すべて戦国時代の諸子は自ら理想を立てて社会の改革を唱導するに当たり、多く古人に託してその説を尊くする。しかして他の諸子に在っては、あるいは堯舜を称し、あるいは黄帝を引くが、農家はさらに遡《さかのぼ》ってその説を神農氏に附会したものである。いったい神農氏は戦国時代に始めて世にあらわれた伝説中の人物であり、おそらく実在の人物ではない。その事蹟として伝えられるところが、この学派の理想にかなうものがあるため、それを採って元祖としたまでである。

然らば農家の説を始めた者が誰であるかについては、種々の説があるが、いずれも臆説《おくせつ》であって確証はない。今日のところでは、農家の説をなす者として許行のあったことが確かめられるのみで、その伝統はわからない。ただその思想の内容より見て、それが戦国時代に始まり、それ以前に遡るものでないことだけは断言し得る。或いは許行自身がその主唱者であったかも知れない。

孟子の農家に対する批評は、孟子と陳相《ちんしょう》との問答によって発せられている。陳相は、もと儒家の陳《ちん》良《りょう》の門人であったが、その弟辛《しん》とともに耒耜《らいし》を負うて宋《そう》から滕《とう》に行き、そこで神農の言を為す者許行《きょこう》に会い、大いにその説を悦び、ことごとく従来の学を捨てて許行に学んだといわれる。陳相は孟子に会い、許行の言を述べて、

滕君則誠賢君也、雖然、未聞道也、賢者與民並耕而食、饔飧而治、今也、滕有倉廩府庫、則是厲民而以自養也、悪得賢［滕文公上］

滕《とう》君は則ち誠に賢君なり。然りと雖《いえど》も、未だ道を聞かざるなり。賢者は民と並び耕して食し、饔《よう》飧《そん》して治む。今や滕には倉廩《そうりん》府庫あり、則ち是れ民を厲《れい》して以って自ら養うなり。悪《いずく》んぞ賢なるを得ん。

という。ここに「與民並耕而食、饔飧而治」というのが、農家思想の根底をなすものであり、漢志の君臣並耕がこれである。その主旨とするところは、滕国の君主のごときも自ら耕作し自ら炊事をし、その余暇で政治を行なって始めて賢君と称するを得るが、人民の筋骨を労して得た生産物を奪って、これを倉廩府庫に納め、これに衣食して敢えて怪しまないのは、いまだ真に道を知る者といい得ないとの意味である。もっともこれはひとり君主に対してのみ筋肉労働を強いるものではなく、君主すでに然り、君主を助けて政治に当たる士大夫の階級にある者は、それを必要とすることもとよりいうま

でもない。『漢書』にいう君臣並耕が君臣ともに民と並び耕すの意味であれば、この語は当たっているわけである。

この語によって許行の言葉の意味を測るに、彼は一面天下のすべての人に対し筋肉労働に服せずして他人の労働の結果に衣食する者を極力排斥せんとする。彼はもとより筋肉労働のほかに精神労働のあることを知らぬわけではないが、精神労働に対しては、筋肉労働に対するごとく重要性を認めない。何人かが筋肉労働の余暇に、これにたずさわって然るべきものと見ているようである。なお各人が自己の筋肉労働の結果に衣食すべきものであるとする考えには、単に筋肉労働を尊重し、各人の労逸をひとしくせんとする以外に、財の不平等な分配を防ぎ、不公平な社会の階級を打破し、天下の貧富をほぼ等しくせんとする用意の存することを知らなければならない。それは次の物価斉一論と対照することによって、その意味がおのずから明らかになると思う。

陳相が孟子に語ったところの許行の説には、次の物価斉一論が含まれている。すなわち、

從許子之道、則市賈不貳、國中無僞、雖使五尺之童適市、莫之或欺、布帛長短同、則賈相若、麻縷糸絮輕重同、則賈相若、五穀多寡同、則賈相若、屨大小同、則賈相若［滕文公上］

許子の道に従わば、則ち市の賈《あたい》弐せず、国中偽りなく、五尺の童をして市に適《ゆ》かしむと雖も、之を欺くもの或《あ》るなし。布帛の長短同じければ、則ち賈《あたい》相若《ひと》しく、麻縷糸絮《まるしじょ》の軽重同じければ、則

ち賈《あたい》相若《ひと》しく、五穀の多寡同じければ、則ち賈《あたい》相若《ひと》しく、屨《くつ》の大小同じければ、則ち賈《あたい》相若《ひと》し。と。この意味を要約すれば、天下のもろもろの貨物で、その質量の相等しいものは、その価格をほぼ一定せんとするのである。その長短・多寡・軽重・大小を言って、精粗善悪を言わざる故をもって、単に量を論じて質を問わないものであるとするのは曲解である。恐らく品質の同じきものということを前提としたものであろう。同種の貨物で質量が同じければ価を同じくして、各人の暴利を貪《むさぼ》ることを禁ずるのである。かくて不労所得は禁ぜられ、自由競争は制限され、各人はすべて自己の労働に相当する対価を得て生活する結果、財が一部の者の間に集中して貧富の懸隔を生ずることはあり得ないこととなるわけである。

　農家が筋肉労働を尊重することは上述のごとくであるが、その学派が農をもって名づけ、民と並び耕することを本旨とするため、その筋肉労働が農業労働に限るごとく想像されないでもないが、しかし必ずしもそうではない。もとよりその労働は、当時の経済状態から見て、農業労働を主眼とするものであるが、なお他の労働を認めないのではない。もし農家の説が専ら農業労働に限るならば、その居住は定処があって耕作に従わねばならない。然るに許行は楚《そ》より滕《とう》に行き、その住所を常にするものではなく、かつ滕の文公も唯これに一廛《てん》〔一軒の家〕を与えて民としたのみで、これに土地を与えて耕作せしめたことはない。また孟子には「其徒數十人、皆衣褐、捆屨織席以爲食」〔滕文公上〕（其の徒数十人、皆褐を衣《き》、履を捆《つく》り、席《むしろ》を織りて、以って食を為す）とある。これは当時の実情を写すものであり、この点から見れば農家の徒が必ずしも農業を以って業とするに限らないことがわかる。またその陳相の語に「百工之事、固不可耕且爲也」〔滕文公上〕（百工の事、固《もと》より耕し且《か》つ為すべからざるなり）といい、分業の必要を認める点から見て、農家の主張するところ必ずしも農業労働に限るものでなく、ただ農業労働を主とする点から農家と名づけたものと解するのが妥当であろう。

以上の農家の思想に対して孟子の与える批評を一応略説する。孟子は「與民並耕」の説に対しては、有大人之事、有小人之事、且一人之身、而百工之所爲備、如必自爲而後用之、是率天下而路也、故曰、或勞心、或勞力、勞心者治人、勞力者治於人、治於人者食人、治人者食於人、天下之通義也〔滕文公上〕

大人の事あり、小人の事あり。且つ一人の身にして、百工の為す所、備わる。如《も》し必ず自ら為して後に之を用いんとせんか、是れ天下を率いて路《つか》れしむるなり。故に曰わく、或いは心を労し、或いは力を労すと。心を労する者は人を治め、力を労する者は人に治めらる。人に治めらるる者は人を食《やしな》い、人を治むる者は人に食わる。天下の通義なり。

と批評する。これは上述の百工と農民との間に分業の必要あることから説き起こして、それと同じ論法で、精神労働に従事する者と筋肉労働に従事する者との間、換言すれば支配者と庶民との間にも、当然分業がなくてはならず、そしてその場合に支配者が庶民から養われ、庶民が支配者を養うことが、天下の通義であるとするのである。しかし孟子が筋肉労働のほかに精神労働の重要さを説いたことはよいとしても、精神労働に服する者が支配者の地位に立ち、庶民から養わるべきものとする論は、道徳的階級制度を是認する儒家の間では通用するものであろうが、かかる制度を承認しない農家においてこれを天下の通義と考えるはずはない。この点において孟子の批評はその根本の問題に触れないといわねばならない。

次に物価斉一論に対して、孟子は

> 夫物之不齊、物之情也、或相倍蓰、或相什百、或相千萬、子比而同之、是亂天下也、巨屨小屨同賈、人豈爲之哉［滕文公上］［巨は粗、小は細の意である。］
>
> それ物の斉《ひと》しからざるは、物の情なり。或いは相倍蓰《ばいし》［二倍・五倍］し、或いは相什百し、或いは相千万す。子は比《なら》べて之を同じくせんとす、是れ天下を乱すなり。巨屨《く》と小屨と賈《あたい》を同じくすれば、人豈《あ》に之を為《つく》らんや。

という。しかし農家の本来の主旨は、決して等しからざるものの価を一にするのではない。この点において孟子の攻撃は要点に触れない。かりに農家がただ量のみを見て、質を考えることを閑却していたとしても、もしこの孟子の説を聞いてその説を補正し、質量ともに相等しいものの価を一律にすることに改めたならば、農家の理想には動揺を来たすことはなく、むしろその根底を固くするに反し、孟子は農家を攻撃する立場を失い、物価斉一の論を是認しなければならぬのではないかと思う。

農家の思想は、戦国時代にあっても、よほど他学派とは異なった思想であるが、かくのごとき思想が戦国時代に起こったことについては、当時の社会情勢が大体如何なるものであったかもほぼ推測し得る。要するに、かくのごとき社会思想を生み出すべき根拠が当時の社会に存したことは想像に難くない。然るにその思想が他の諸家の盛んなるに及ばず、いくばくならずしてその跡を絶つに至ったのは、如何なる理由によるかというに、その理想が貧富を均しくし階級を打破し、すべての人間に筋肉労働を強いることであるため、当時の知識階級の最も忌むところとなったことと、一面において、かかる学説を支持すべきはずの庶民階級が、当時いまだ自覚の域に達しなかったこととに原因するのであって、要するに農家の説はその時代の社会情勢の生み出したものであるが、その思想の創説者があまりに時代の情勢に敏感であったために、当時の社会からは受け容れられぬ思想を作り出したものと見なければならない。農家の思想が君権を蔑視する点から、当時の君主の忌諱《きき》にふれ、非常な圧迫を受けたためにたちまち消滅したと見るのは、恐らく当を得ないであろう。

第三節　道家

第一項　老子

道家は、いわゆる老荘の学派である。道家の元祖は普通に老子《ろうし》と考えられているが、老子がはたして実在の人間であるか否かに関して古来相当議論があり、また老子の伝えたと称せられる老子の書も、はたして道家の思想を開いた根本の書であるか否かについて古来議論がある。

『史記』には老子の列伝を載せている。それによれば老子は諡《おくりな》を聃《たん》といい、孔子よりは少し先輩であって、孔子は周に行って老子に礼を問うた。そして孔子は老子に対して非常な尊敬の意を表わし、老子を評して「それなお竜のごときか」と言ったとある［老聃列伝 孔子世家］。しかし司馬遷の時代は、文帝景帝の時代を経て道家の思想が支配的であった後をうけ、老子が孔子よりも偉大な人物であるとする伝説が特に行なわれた時代である。司馬遷はかかる伝説を無批判に取り入れたところが多いと思う。これは司馬遷のみならず、礼記の諸篇［曾子問］を見ても孔子が老子に礼を問うたことを是認しており、それは漢代の儒家の間にも当時行なわれた伝説がいつとはなく事実として入りこんでいる証拠である。

『史記』には、老聃の年代を考えて、老子は伝記のごとくすれば百数十年も生存したこととしなければならないと述べ、また老子の書を著わしたのは老莱子《ろうらいし》とする説もあると述べ、極めてその事蹟が曖昧《あいまい》であることを言外に示している。同時に儒家の書を見ても、孟子のごときは当時儒家に対立した学派はすべて余力を残さず攻撃しているが、老子ないし道家の思想に対しては全くふれるところがない。かかる点から見て、老子がはたして実在の人物か否か、或いは実在したとしても、その時代は孔子よりはるかに下るものでなければならないとする考えが相当行なわれているが、老子を実在の人間として、その生存時代をいつに定めるかについては、意見が区々として定説がない。また老子の書についても、老子が晩年西のかた関を越えてその行く所を知らず、そのとき関令の尹喜《いんき》が老子に請うて、その思想を書写してもらったものが道徳経五千言であるとされているが、その説がすでに怪しむべきである上に、老子の中に現われる思想から見て、よほど後世的なものを含んでいることが伺われる。

老子の書は荘子の書から抜き書きして作ったものとの説を為す者もある。また『荘子』の中には老子の名があるが、荘子には寓言が多く、その人物が必ずしも実在の人物とは限らない。かつその思想から見て、むしろ荘子より老子を後にするのが穏当と考える者がある。

まず老子は歴史上存在した人物でなく、その書は戦国末か漢初に荘子より盗んで偽作したとする説は、伊藤蘭《らん》嵎《ぐう》の唱えるところで、その門人張静の著『老子是正《ろうしぜせい》』の序に見える（紹衣稿にもあり）。その要は、老聃はかつて存在せず、老聃の名は荘子が始めてその書の中で自己の学説を尊くするために寓するところである。孔子は先賢を列序したことが論語の中に見えるが、一言も老聃に及ばぬのは、老子のなかったためである。孟子は楊朱《ようしゅ》・墨翟《ぼくてき》を排し、告子《こくし》・於陵子《おりょうし》を難じ、神農の言をなす許行に至っては痛くこれを攻撃するが、老子には及ばない。その人なき故である。荀子の非とするところ十二子あり、老聃のこれにあずかるなきは、その証拠である。ただ荀子の天論に、「慎子有見於後、無見於先、老子有見於詘、無見於信」というが、この老子は田子《でんし》の誤りであることが、非十二子篇に慎到《しんとう》・田駢《でんべん》を列ねているところから知られる。司馬遷は荘子の寓言を信じ、当時、黄帝老子を唱えた者に和して列伝を書いたもので、言うところ皆妄言である。されば今伝える老子の書は、けだし漢初に挾書の律が除かれ、書を献ずる者に賞が与えられたため、人或いは荘子の意をとり、その語を剽竊《ひょうせつ》して、老子・列子の二書を作り、恩沢を求めたものである。もし然らざれば、或いは楊朱の書を以って老子の書に擬したのである。老と朱は篆文《てんぶん》が似るため、この誤りをなしたのかもしれないという。この説は山片蟠桃《ばんとう》『夢の代《ゆめしろ》』に引く所では、戦国の末に老子の書が出来たとしている。後には、時代を引下げたものであろう。

次に伝記には触れないが、老子の書は正しく戦国のもので、『荘子』を剽竊して作ったとの説は、我が国では帆足万里の『入学新論』の説がそれであり、『老子』の本文と『荘子』の本文とを対照して、老子が荘子をとったものであることを、文体の上から一々論じている。

さらに清の崔述《さいじゅつ》の『洙泗考信録《しゅしこうしんろく》』には、史記に見える孔子と老子の問答に疑いを挾み、並びにその著述が後世の偽作たることを述べている。その説によれば、孔子が礼を学んだ老聃《ろうたん》は孔子の先輩であり、このことは『礼記』の曾子問にも見えて疑う余地がない。しかし『史記』に言うごとき老聃の語は、戦国に諸種の学派が競い興った際、皆古人に託してその説を尊くせんとしたものである。老聃のごときも、楊朱の学派の者が、儒家の孔子を祖述するに対抗するために、孔子の先輩たる老聃を引出し、かつ老聃の語として孔子をそしるごとき言葉を振り廻したものであり、『史記』は誹謗の辞をとり入れたに過ぎない。『道徳経』五千言も何人の作るところかを知らないが、必ずや楊朱門下の仮託して作るところである。もしその説が果たして老子に出たとすれば、老子は楊墨の前になくてはならない。孟子がその説を攻撃せず、ひとり楊墨のみを攻撃するはずがないという。

次に老子と『道徳経』とは全く関係なく、道徳経の著者は大史儋《たん》であるとするのは、清の汪中《おうちゅう》の『述学』である。

また老子の存在、及びその著が『道徳経』なることを疑わないが、『史記』の言は偽りであって、戦国末に起こった伝説に過ぎず、『礼記』の語とは関係なきものであるとするのは、斉藤拙堂の『老子弁』である。

最後に、老子及びその学を印度伝来とするのは、西洋の学者（ラクーペリー、ダグラス）の説である。老子の深遠なる思想は、実践道徳を主とする中国思想と趣きを異にし、バラモン教・仏教と通ずるところが多い。かつ『史記』にいう楚の人ということも、楚はビルマ・印度に近い。またその生まれた年を言わず、老子というところを見れば、老人になってのち中国に来たものであり、その終わる所を知らずというのは、中国に来て教えを広め、のち印度に帰ったのである。『神仙伝』には老子の容貌を記して、身の丈八尺八寸、色黄色、眉美しく耳長く、口は方、肩が厚いというが、その特徴の中に中国人らしくないところがある。かつ老子の諡《おくりな》を聃というが、聃とは耳輪のことであり、古代ビルマ人に耳輪の風習があったことを連想せしめ、その姓の李は老子以前中国人にはない。これ中国人でなかった証であるという。

かく老子の事蹟および著述については古来疑われており、これを明らかにした上でなくては、その思想を十分に述べ得ず、その時代との関係などを見ることができない。以下、私の考えを述べるに、まずその事蹟については、『荘子』『列子』に現われる老子は、とうてい実在の人物として信用し得ない。これらの書に見えるところは、一般に多くは仮想の人物、もしくは実在の人物に対して、勝手な伝説を附会したものである。その書物の中で、老子と対談する人物などを根拠として年代を定めることは当を得ない。『礼記』の曾子問《そうしもん》に、孔子が老子に礼を問うたことを載せるのをもって、孔子と同時代に老子の実在した有力な証拠とする者もあるが、『礼記』の製作時代を考えるならば、必ずしもその説を信じ得ないことがわかる。『礼記』が今日の形に編纂されたのは前漢であり、漢初には道家思想が最も盛行し、儒家のごときその下風に立っていたのであり、『礼記』の編纂はかかる時代の後を受ける。したがって道家をあげて儒家をおとす種々の捏造説が行なわれたことは想像しうることであり、かかる説がいつか儒家の中に侵入し、『礼記』の編纂者によって採録されたものなしとしない。『論語』のごときは、戦国時代に幾回にもわたって孔子の門流により編纂せられたが、後の方に孔子を非難する語が集録されている。これは『論語』の最後の編纂において、孔子に関して行なわれた風聞を無批判に収録した結果と思う。『礼記』の編纂に関しても同様のことなしとはいえない。殊に『礼記』に見える孔老の問答は、礼の繁文末節に関することであり、いわゆる道家思想とは全然関係がない。これは畢竟、孔子が礼を老子に問うたという道家側の伝説が広まった後に、製作された作り話しであることは明らかである。したがって、かりに孔子の時代に老子がいたとしても、それは今日の『道徳経』の著者とは別人でなければならない。

次に『史記』の老子伝・孔子世家も、孔老の会見を言う点では、全く信用し得ない。司馬遷の『史記』は孔子の『春秋』に倣《なら》うと自らいい、この点においてはすこぶる孔子を尊崇するごとくであるが、これは歴史を書く筆法においてのみ然るのであって、その内容をなす材料については、必ずしも儒家思想を尊重しない。けだし司馬遷は、史家としてあらゆる史料に比較的公平な立場をとったのであろう。かつ当時の情勢は、董仲舒《とうちゅうじょ》の献策により儒教を国学と定めたとはいえ、その以前において道家ないし道家より派出せる法家の学が、朝廷においても尊重された時代である。遷の父司馬談《しばだん》のごとき、道家を尊崇した一人である。かかる情勢の下においては、司馬遷をして道家思想に感染せしめたものは少なくないと思う。現に『史記』について見るに、老子列伝には孔子世家と同じく、その子孫を詳らかにし、またその論賛の中にも老子の語を引く所が往々ある。これらは道家思想の影響とみるべきであろう。然らば孔子が礼を老子に問うたというごとき伝説は、当時道家の徒が儒家に対抗するため唱えたところであって、司馬遷により無批判に採入れられたものと考えられないではない。

また『史記』に老子の子孫を示しているものは甚だ疑わしい。前述のごとく、孔子伝には孔子の後裔を記しているが、それは明晰であり、名・字《あざな》・行年を記し、ところどころに簡単な事跡をはさんでいる。老了伝ではその事跡を叙すること極めて簡略で、八代のうち三代までその名を記さない。これ疑わしき一である。次に孔子の子孫は、世家の末に現わすもの十三代である。その間に兄弟相通ずるもの一代あるから、十二代となる。老子の子孫は、老子以後、司馬遷まで僅か八世、しかもそのうち三世は名を欠く。いま孔子の没年から司馬遷の筆を史記にたてたまでは約三百六十年となる。この間、孔子の子孫は十二世であるから、一世平均三十年であり、最も普通の世数に合する。然るに通説において、老子は孔子の先輩とされるにもかかわらず、司馬遷に至るまで僅かに八世とすれば、その間誤りがありはしないかと疑われる。

漢初には種々の学派が己れを尊くするため、学問の伝統を唱えるが、その間、学問伝授の代数において事実に合せざるものが往々ある。それは事実なきところに附会をなしたためである。老子の子孫のごときも後世の附会ではないかと疑われる。その八世ということを根拠にして、司馬遷の時代からそれを合理的に逆算して、老子の年代を定めるのは必ずしも妥当といえない。老子の事跡を云々するものは、主として以上の書物を根拠とするものであるが、それらが必ずしも信ずるに足らぬとすれば、従ってその事跡または老子が実在したか否かについて、今日肯定的決断を下すことを躊躇せざるを得ない。

次に著述についていえば、その書の体裁が秦以前の書物の体裁と異なっている。先秦諸子においては、その編纂が門流の手に成る関係もあって、多くは問答の体をなしている。問答体をなさぬものも、多くは「某子曰」として、著者以外の者の記した体裁になっている。老子は、伝説によれば関尹喜《かんいんき》の要求により、老子自ら著わしたとされ、したがって問答体をなしていない。「老子曰」と冒頭するものもない。先秦の書といわれる書にも、他にかかる体裁がないわけではないが、かくのごときは、多くは戦国末秦初の作か、或いはその著述に疑いを挾まれるもののみである。もし老子の著述に関する従来の伝説を念頭におかずにみれば、それは戦国末期より遡り得ないものと思われる。

次にその内容について二三の点を見るに、老子は「仁義」の語を例にとって儒家を攻撃するが、孔子は仁を言うも義を言わない。仁義を連用するのは、儒教においては孟子に始まる。また老子には「陰陽」を言うところがある。陰陽思想は戦国末に起こったもので、孔孟のいまだ言わざるところである。また老子の学説の中心をなす

「道」の意味を考えるに、後述するごとく、非常に哲学的な根拠から出発し、孔孟の道が常行の道であるのと大いに趣を異にする。儒家においては、ただ『中庸』にいう道のみが哲学的意味を附加されているが、『中庸』の製作時期は孔孟以後で、むしろ道家思想の影響をうけて生じたと見るべきで、道家の先駆をなすとは見得ない。かつ、その全体の色彩より観察すれば、儒墨が従来の封建制を是認し、これを理想化し、もしくは改善せんとする立場に立つと全く趣きを異にして、老子はすべて政治組織を破壊し、無政府社会の上に自然の生活を打ち立てんとする。これは従来の封建制が到底収拾すべからざるものとみきわめての上のことである。思想発達の順序からいえば、かかる思想は儒家墨家の思想におくれて発達するのが当然であろう。

以上の数点から推して、私は道家思想は儒家墨家に次いで起こったもので、その時代は戦国末期であろうと思う。ただ『老子道徳経』の著者が何人なりや、或いはそれが『荘子』などの文句を綴り合わせて仮託されたものなりやについては、なお幾多の考慮を要する点があり、ここに明言することができない。（本文の有韻無韻の箇所については、時代の上からは大した相違はないと思う。）

老子の思想は、周末の社会状態に刺戟されて起こった一の社会改革論であり、その理想とするところは、当時の人為的頽廃的な社会を否定して、純樸な自然社会に復帰することである。老子の学説の根本は道の一字に尽きる。道とは自然である。老子に従えば、人間の最上の善は道に従うこと、すなわち自然に順応することである。しかし老子のいう自然は、今日一部の学者が考えるごとく、人間の欲望を際限なく増長し自由競争に放任するものではなく、かえってこれと反対に、無欲と不争をもって自然の重要な要素と考える。

然るに老子は、また一面万物の根源は無であるとして、「天下萬物生於有、有生於無」〔四十章〕（天下の万物は有より生じ、有は無より生ず）という。かかる点より見れば、老子の見た宇宙の本体は、これを形式的には道というが、実質上は無である。この道すなわち無は、万物に超越すると同時にまた万物に周行しており、宇宙間の森羅万象は一としてこの道すなわち無の作用でないものはない。老子はこのことを「道常無爲而無不爲」〔三十七章〕（道の常は無為にして、しかも為さざるなし）と言いあらわす。ここに老子はその理想とする非文化主義をもとづけんとするのである。『史記』に司馬談の六家要指の道家の批判を引いて「其術以虚無爲本、以因循爲用」〔大史公自序〕（其の術は虚無を以って本と為し、因循を以って用と為す）というのはそのことを指すのである。そののち老子に限らず道家の思想を目して虚無思想というのはこれに始まる。

この無は何者からも制約せられない自存自立的なものであるところから、老子ではこれを自然とよぶ。もっとも儒家思想においても、多くは道徳の淵源を天に帰し、人間界の法則を自然界の法則と合致せしめることを理想とするが、儒家のいわゆる道徳すなわち仁義礼楽は、老子からいえば元より自然でも道徳でもない。

大道廢有仁義、智慧出有大僞、六親不和有孝慈、國家昏亂有忠臣〔十八章〕

大道廃れて仁義あり、智慧《ちえ》出でて大偽あり、六親和せずして孝慈あり。国家昏乱《こんらん》して忠臣あり。

故失道而後徳、失徳而後仁、失仁而後義、失義而後礼、夫礼者、忠信之薄而乱之首也〔三十八章〕

故に道を失いて後に徳あり、徳を失いて後に仁あり、仁を失いて後に義あり、義を失いて後に礼あり。それ礼なる者は、忠信の薄きにして、乱の首《はじめ》なり。

というのは、儒家のいわゆる道徳を攻撃するものであり、かかる道徳を否定することは同時に当時の社会を否定することである。

老子は当時の社会において人々が人為的な技巧を弄し、偽をかまえ、争奪相継ぐことの原因を究めて、まずこれを人間の欲望に帰する。前述のごとく、老子の道は無である。されば人間の行為も当然、恬淡《てんたん》無欲・謙下《けんか》不争が主旨でなければならないが、現実はこれに反し、あくなき欲望を満たさんがために競争排擠《はいせい》する状態である。老子はこれが堕落せる社会を出現せしめる根本の原因であって、欲望さえ抑えるならば、人々をして本来の自然に復帰せしめ、純樸な社会を形作らしめることが可能であると考えた。したがって老子の学においては、無欲の論が主要な地位を占める。例えば「禍莫大於不知足、咎莫大於欲得」〔四十六章〕（禍は足るを知らざるより大なるはなく、咎《とが》は得んことを欲するより大なるはなし）、「知足不辱、知止不殆」〔四十四章〕（足るを知れば辱《はずか》しめられず、止まるを知れば殆《あや》うからず）、

「知足者富」[三十三章]（足るを知る者は富む）という。すなわち欲望を満たさんとして努力することは満足を得ざるのみならず、たまたま以って災禍屈辱を得る。欲望を抑えれば財は増さずとも満足は大となり、人生の幸福を享受し得るというのである。

かくの如く、今日人々が財を貴び、互いに相争い、災禍屈辱に陥るのは、欲望あるがためであるが、老子はその欲望を人間の知識にもとづくものとする。されば人間をして欲望を棄てしめるには、まずその知識を断滅しなければならない。「絶學無憂」[二十章]（学を絶てば、憂いなし）、「絶聖棄智、民利百倍」[十九章]（聖を絶ち、智を棄つれば、民の利百倍す）

古之善爲道者、非以明民、將以愚之、民之難治、以其智多[六十五章]

古えの善く道を為《おさ》むる者は、以って民を明ならしめんとするに非ず、将《まさ》に以って之を愚にせんとす。民の治め難きは、其の智多きを以ってなり。

という。すなわち無欲とともに、無知が要求せられる。のちに法家が民を愚にしようとする政策は、全くこの思想を悪用したものにほかならない。

儒家においても、墨家においても、賢を貴ぶことが政治の要件であるが、老子はこれをもって民を競わしめるものとして採らない。ただ人民に対しては、その心志を弱くし、その肉体を強くし、その原始的な欲望のみを満足せしめる[三章]。それは君主が人民を治めるための心得であるが、君主自身も

その聖智を用いず、干渉を行なわず、いわゆる無為にして化する態度をとらねばならない。そうすれば、

我無爲而民自化、我好靜而民自正、我無事而民自富、我無欲而民自樸［五十七章］

我れ無為にして、民自《おのずか》ら化す。我れ静を好みて、民自ら正し。我れ事とする無くして、民自ら富む。我れ無欲にして、民自ら樸なり。

となるという。

なお君主の心得として老子の要求するところは「生而不有、爲而不恃、功成而不居」［二章］（生じて有せず、為して恃《たの》まず。功成りて居らず）ということである。けだし老子のいわゆる道は非人格的、無意志的のものであり、その活動して成し遂げた結果を自己に有する意志もなく、その功に誇る意志もない。したがって君主たる者は、まさにこれにならうべきであるとする。

次に老子は、同時に次のごとき理想社会を描いている。

小國寡民、使有什佰之器而不用、使民重死而不遠徙、雖有舟車、無所乘之、雖有甲兵、無所陳之、使民復結繩而用之、甘其食、美其服、安其居、樂其俗、鄰國相望、雞犬之声相聞、民至老死不相往来［八十章］

小国寡民、什佰《じゅうひゃく》の器あるも用いざらしめ、民をして死を重んじて遠徙《えんし》せざらしむ。舟車ありと雖

も、之に乗る所なく、甲兵ありと雖も、之を陳する所なし。民をして結縄を復して之を用いしむ。其の食を甘《うま》しとし、其の服を美とし、其の居に安んじ、其の俗を楽しむ。隣国相望み、雞犬の声相聞こゆれども、民は老死に至るまで相往来せず。

と。これは全く文化を有しない原始社会への復帰である。この一文のみによれば老子は、かかる小部落が個々に独立して統一なく散在する状態を、究極の理想とするごとく見えるが、他の部分においては、或いは天下を取ることを論じ、大国を治める方法を述べ、また侯王の政治の心得を説くなど、全篇を通じて統一者の支配を予想する口吻《くちぶり》をもって満たされている。されば前の理想社会は、統一国家の一単位と解するほかはないが、それにしては余りに統一者の支配から独立し過ぎている。けだし統一国家の形態を認め、同時に原始社会への復帰を願うところに、その不徹底の原因が存するのであろう。

これを要するに、老子の政治思想は、儒家や墨家と同じく、国家を認め、君主を認め、また政治を認めるが、ただその政治の目標ならびにその方法が、儒家や墨家のそれと異なるのみである。前漢の初め、文帝・景帝の時代には、秦の余りに統一的な政治を繰り返すまいとして、寛大な政治を行ない、老子の思想が実際政治の上に応用せられたというが、上述のごとくその思想が統一者の支配を予想する点から見て、実際政治に応用されることは少しも怪しむに足らない。

〔参考書〕

老子王弼注

老子河上公注

老子翼　竑焦明

老子覆詁　民国、馬叙倫

老子全解　太田晴軒

老子特解　太宰春台

第二項　荘子

『史記』によれば、荘子は名は周、蒙《もう》の人、かつて蒙の漆園《しつえん》の吏となったとある。その時代は梁《りょう》の恵王、斉《せい》の宣王と同時であり、その学問は老子に基づいたもので、著書十余万言、大抵寓言《ぐうげん》であって、孔子の徒を排し、老子の学術を明らかにする、と述べている。この史記の記載の通りであれば、荘子の時代は正に孟子と同時代になるはずであるが、然るに孟子はかつて荘子を言わず、『荘子』にも孟子のことが見えない。そこで昔からこの点について疑いを挿《はさ》む者が多い。

『史記』では荘周が楚の威王の聘《へい》を退けたことを記しているが、威王はあたかも梁の恵王や斉の宣王と同時であるから、したがってかかる判断を下したものである。荘子が楚王の聘を退けたことは、『荘子』の秋水《しゅうすい》・列禦寇《れつぎょこう》の二篇に見えているが、秋水篇にはただ楚王とあるのみであり、列禦寇篇には何人に聘されたかを記していない。従って、これを楚の威王であるとするのは、司馬遷の伝聞の誤りではないかと思われる。

『韓詩外伝』には、このことを楚の襄《じょう》王のこととしている。襄王の即位は、威王の没後三十年のことである。もしこの記事に従うならば、荘子は孟子とやや時代を異にし、孟子が荘子を知らなかったのは当然のこととなるが、しかし荘子の中に何故に孟子を言わないかは、依然として説明できない。

要するに荘子の中にある話は、史記にも言っているように、多くは寓言《ぐうげん》であって、必ずしもその事実があったと見ることはできない。荘子が楚王の聘を退けたということも、ただ荘子の心境を言い現わした寓話であって、これを威王とか襄王とかいうのは、後世これを解する者の想像説であるかも知れない。従って、いずれが正しいとも断定することはできないが、ただこの記事を事実として考えた場合には、襄王説の方がやや合理的であると言えるだけである。

荘子の生国については、韓退之などはこれを楚の国であるとしている。次に朱子は、やはり荘子は楚の国の人で、孟子とはその居所が隔たっていたために相会わなかったものであろうとしている。かくのごときは一つの想像説で、何ら事実に根拠していない。『史記』にある蒙というのは、今の河南省の帰徳府の西にある蒙城であって、これは戦国時代では宋の国であり、史記で老子の故郷としている苦《こ》県とも遠くはない。同じく黄河流域の地方にある。

　日本では、中国の思想に南北の二系統があるとし、老荘は南方思想の代表者、孔孟は北方思想の代表者であるという考え方が、早くからあるが、これは誤りである。これらの説をなす者は、すべて『史記』の記事を根拠とするのであるが、かりに『史記』の記事を正しいとしても、老子と荘子とが生まれた所は中国の中央部であって、孔子や孟子が活躍した斉魯の地方とは極めて近い距離にある。その思想の上に大きな差異があるのは、地理的な関係ではなく、その時勢が異なり、その時勢に対する観察の仕方が異なっていた結果であると見なければならない。

　次に荘子の書について見るに、今日行なわれているものは晋《しん》の郭象《かくしょう》が撰定したものであって、三十三篇本である。そのうち内篇七、外篇十五、雑篇十一となっている。然るに、それ以前の荘子の本文は如何なる風になっていたかというに、陸徳明の『経典釈文《しゃくもん》』によれば、司馬彪《しばひょう》注本と孟氏注本との五十二篇本、崔譔《さいせん》注本と向秀《しょうしゅう》注本の二十七篇もしくは二十六篇本があり、後者は内篇七、外篇二十で、雑篇はない。これをもって見れば、今日伝わる『荘子』の本文は、必ずしもその書の編成せられた当時の面目をそのまま伝えたものでないことがわかる。郭象が三十三篇を選び出したとき、重複を削り、あまりに荒唐無稽な部分を削り去ったために、今日の荘子は比較的整った面目を存しているが、漢代に現われた荘子は、恐らく今少し雑駁なものであったであろうことが想像される。

右のうち内篇の七篇は、その内容が最も優れていて、これは従来荘子の自筆になったものと言われている。外篇・雑篇は、その内容が雑駁であるために、これはその門流の者が述べたところを集めたものであるという。荘子のうち内篇が最も純粋であるというのは、もとよりその通りであるが、ただそれがその故をもって必ず荘子の自筆であるとは言えない。ただ比較的荘子の原意に近いものが伝えられているというほうが、妥当な見方であろうと思う。内篇のうちでも、逍遙遊と斉物論との二篇は最も優れたものである。

以上の通りで、荘子の生存した時代については、今日明確な証拠となるものはない。またその著書とされるものも、いつの時代に編纂されたものであるかということも明瞭でない。ただ今日我々がこれについて明らかにし得る事柄は、荘子は戦国の末期に生存した人であり、その書はその門流によって伝えられたものを、漢の初めになって編纂したものが基礎となり、その後しばしば改訂を経て、今日見るが如き形のものになったであろうということだけである。

『荘子』と『老子』もしくは『列子』との関係については、これまた今日定説があるわけではないが、戦国末に行なわれたいわゆる道家言が、その編纂者を異にするによって、かかる異なったものとして現われてきたと見る方が妥当であろう。

荘子の中にも、上述の老子の思想と全く同様のことを言う部分が少なくない。しかし、かかる思想を包含するのはその外篇以下であり、荘子の原形と思われる内篇にあっては、よほど事情を異にする。内篇に見える荘子の思想を概言すれば、非社会的、独善的である。彼は生を養う方法を説いて、

爲善無近名、爲悪無近刑、縁督以爲經、可以保身、可以全生、可以養親、可以盡年［養生主］

善を為すも名に近づくことなかれ。悪を為すも刑に近づくことなかれ。督《とく》に縁《よ》りて以って経《つね》と為さば、以って身を保つべく、以って生を全うすべく、以って親を養うべく、以って年を尽すべし。

というが、これは畢竟「常因自然而不益生也」［徳充符］（常に自然に因りて、生を益さず）という自然生活に帰着するものと思う。

そしてそのいうところの自然生活とは、要するに不材の二字にある。すなわち社会的に無用の人間になることである。荘子は次の喩えをもって、そのことを説明する。斉の国に櫟社《れきしや》の樹があり、その大きさは牛を隠す。これを測れば百囲、その高さは山に臨み、十仭《じん》にして始めて枝を生ずる。然るにこの木は船に作れば即ち沈み、棺にすれば早く朽ち、器に作れば早く壊れ、門戸に作れば樹脂が出るという不材の木である。故にかく長生を得ている。彼の相梨橘柚果蓏《そりきつゆうから》の属は、果実熟すればその皮裂かれ、枝は折られ、その天年を終えずして、中道にして枯死する。その才能あるによって世俗から掊《ほう》

撃《げき》せられ、その生を苦しめるのである。荘子によれば、櫟社の樹は無用なるが故その生を全うし、柤梨の属は有用なるが故にその生を害する。人間もまた不材の人となり、社会的に無用の人となることが、自然によって生を養う所以であるとする〔人間世〕。

荘子はまた支離疏《しりそ》の寓話をあげる。支離疏は頤《あご》が臍《へそ》をかくし、肩は頭頂よりも高い不具者であるが、国に大賦役があっても嘗って労役に服したことがなく、君主が病人に米粟を施す場合には、常に恩恵に浴する。荘子は、

夫支離其形者、猶足以養其身、終其天年、又況支離其徳者乎〔人間世〕

夫れ其の形を支離にする者すら、なお以って其の身を養い、其の天年を終うるに足る。また況んや其の徳を支離にする者をや。

といい、その才能を不具にし世間に用なき者が、如何に人間として真の生活を享楽し得るかを示している。その他、彼は哀駘它《あいたいだ》のごとき醜貌の者、闉跂支離無脤《いんきしりむしん》のごとき生来の不具者、及び王駘《おうたい》・申徒《しんと》嘉《か》・叔山無趾《しゅくさんむし》のごとき刑罰によって足を切られた者など、普通の人間の形態を具えない者を列挙して、かかる人間に特に敬愛の意を表わしているのは、かかる形態的不材をもって精神的不材を代表せしめたものである。これらの点から見れば、荘子の生を養い、或いは生を全うするということが、如何に非社会的、独善的であるかがわかる。

荘子の言葉は、支配者を予想していない。また支配者のために政治の心得を説かない。堯《ぎょう》から天下を譲《ゆず》られんとして拒絶した許由が、最も彼の理想にかなう人物である。彼は現在の社会が如何なる組織を有し、そこに如何なる道徳が行なわれていても、それに手をつけて自己の理想に従ってこれを改廃することは考えない。かかる組織や道徳は全然否定せず、そのままにして、自分だけがそれから抜け出して超然としていようとする。彼の思想は個人主義的であり、無政府主義的である。無政府主義的とはいえ、消極的・逃避的であり、むしろ貴族的・高踏的であって、少しも危険を伴わない。かかる個人主義・無政府主義は、程度の差こそあれ、儒家思想の中にも現に包含せられるところである。魏晋時代に至り、道家思想の流行を見たのは、荘子の思想が当時の有閑不平の徒の好みに投じたのであり、同じ道家思想の流行にしても、漢初に老子の思想が政治的意味において尊重せられたのとは大いに趣を異にする。

老子においては、天地自然の法則が、人間生活の法則でなければならず、この自然の法則に従える生活をなすためには、まず人の欲望を排斥しなければならないと説くが、荘子においても人間の欲望を排斥することは老子と同様である。荘子に従えば、人間は一の我に拘束せられ、そのなすところ自己一身のために功や名を求めることに苦しんでいる。かくて一生の間、瞬時も愉快を得ることがない。もし人間がこの世から快楽の境地を求めんとすれば、我・功・名の三を去らねばならない。「至人無己、神人無功、聖人無名」［逍遙遊］（至人は己れなく、神人は功なく、聖人は名なし）という。この至人・神人・聖人とは宇宙の真理の体得者をさす。すなわち自然そのものと一致せる行動をとり得る者をいう。人がもしかかる境地に達し得れば、虚無自然の境に遊ぶことができる。この境地を無何有之郷・広莫之野という。

然るに人の欲望は単に功と名のみではない。これを推して考えれば、我々の経済生活自体が一の欲望満足の手段にほかならない。もし欲望が自然に反するものならば、衣食住に対する欲望も自然に反するものであり、同時に排斥すべきものと考えられる。老子はこの点について極めて楽天的な叙述しかしていないが、荘子では、結局我々の経済生活を否認することが、我々の最大幸福をもたらすものとしているようである。

夫大塊載我以形、労我以生、佚我以老、息我以死［大宗師］

夫れ大塊は我れを載するに形を以ってし、我れを労するに生を以ってし、我れを佚《いっ》するに老を以ってし、我れを息《いこ》わすに死を以ってす。

といい、この世界はすべて苦痛に満ち、死のみが唯一の安息所なりという。換言すれば、経済生活を否定せるところに、始めて安楽の境地ありとする。

この点を特に敷衍するものは至楽《しらく》篇である。これは外篇にあるが、大宗師《だいそうし》篇の意味を解説したもの

と思われる。これによれば、荘子が楚に行き髑髏《どくろ》を見るが、夜半に髑髏《どくろ》が夢に現われ、死者の安楽境を述べて、

死無君於上、無臣於下、亦無四時之事、従然以天地爲春秋、雖南面王樂、不能過也、

死は、上に君なく、下に臣なく、また四時の事なし。従然《しょうぜん》として天地を以って春秋となす。南面王の楽と雖も、過ぐる能わざるなり。

というが、荘子はその語を信ぜず「司命をして再び汝に形を与え、骨肉肌膚を与え、汝の父母妻子をも返さしめたならば、汝はこれを欲するか」と問うたところが、髑髏は「我れいずくんぞ南面王の楽をすてて、ふたたび人間の労をなさんや」と答えたという。けだし人間の社会において尊ぶものは富貴である。然るに富を得るためには身を苦しめなければならない。かつ多くの富を蓄えてみても、悉く費やすこともできない。身分の貴い者は、日夜心を労すること多く、休む時がない。されば真に幸福を得んとすれば、富貴よりこれを求めるのは誤りである。一体、生とは仮宅であって、暫らくこの地に留るのみで、やがて真宅に帰らねばならない。この真宅に帰り、始めて真の幸福、真の安息を得るとしている。荘子自身、妻を失ったとき盆を打って歌い、門人の問いに答えて、人は本来生なきものであるといったという伝説があるほどである。以上をもって見れば、荘子にあっては、その無欲論を徹底せる結果、人間の経済生活にまで、これを厳密に適用することになったのである。

このように荘子が死をもって無上の安楽と考えたとすれば、荘子が一面において説いているところの養生ということは、これと矛盾せる考えでないかとの疑問が起こる。然るに荘子は次のごとく説明する。すなわち死はもとより我々の最後の安息所であるが、我々が既にこの世に生を享けている以上、みだりにこれを害わないことが、また自然の道理である。ただ我々がこの生を有する間は、外界の事物により本心を攪乱されることなく、自然に順応することのみを心がけねばならない。ここにおいて養生を説く必要があるという。かくて荘子は社会的に無用の人間になることが、人間本然の性を全うする所以であり、自然に従って生を全うする所以とする。荘子は先きに生を否定して死を得、今また死を否定して生を得た。しかして今得たところの生は、先きに否定せる生ではない。けだし荘子の死を選び生を養う思想の矛盾は、ここに至って弁証法的に統一せられたものでないかと思う。

次に荘子の知識論を少しく考察するに、老子は知識が欲望を誘発するとの理由から、欲望を排斥すると同時に知識をも排斥したが、荘子の知識に対する見解は、かかる単純なものではない。荘子はそれを斉物論の中で反覆論述する。それによれば、世俗の説をなす者は、いずれも自己の狭隘な経験を基礎として、甲論乙駁する。これ物論の極まるところを知らぬ所以である。およそ人の知るところは、知らざるところの範囲の大なるに及ばず、その生存する時間は、その生存せざる時間の悠久なるに比すべくもない。その至小の智をもって、その至大の時空を究めんとする故に、迷乱して自得するを得ない。一体、是非・可不可は相対的の語である。その立場を異にするに従い、是非・可不可はそれぞれ異なる。例えば人間は地上に住み湿地に居れば、腰疾偏死するが、鰌《しゅう》は泥の中に悠然と楽しむ。人は樹の上に登れば惴慄恂懼《ずいりつしゅんく》するが、猨猴《さる》は樹の上に生活する。この三者いずれが天下の正処を得るや。人は芻豢《すうかん》を食うが、麋鹿《びろく》は草を食い、蝍且《むかで》は蛇を甘しとし、鴟鴉《しあ》は鼠を食う。この四者いずれが天下の正味を得るや。猨は猵狙《へんそ》を以って雌とし、麋《び》は鹿と交わり、鰌《しゅう》は魚と游ぶ。毛嬙《もうしょう》・麗姫《りき》は人の美とするところであるが、魚はこれを見て隠れ、鳥は高く飛び、麋鹿《びろく》は駆け出す。この四者いずれか天下の正色を知らん。かくのごとく、すべての是非・可不可はそれぞれ立場を異にするに従い相異なるが、これを弁別する方法はない。汝に同じき者をしてこれを正さしめれば、すでに汝と同じ、何ぞよくこれを正さん。我と同じき者をしてこれを正さしめんか、すでに我と同じ、何ぞよくこれを正さん。すなわち我と汝と人とともに相知ること能わず、さらに第四者に従わんか、これまた同じ道理である。

　これを要するに彼我ともに是とし、彼我ともに非とし、何人もこれを可とし、何人もこれを不可とするごときことは、世界にあり得べきではない。されば、それら各々の立場を超越して、是非・可不可を統一せるところが、すなわち真の知であり、荘子はこれを名づけて道枢または両行などという。これは論理上、是非・可不可を包含して、その上に立つ超越的態度であり、彼はそれを根拠として社会的平等観を導き出さんとしたものではなく、またそういうことは当然にはないし得ない。

要するに荘子のいわゆる自然に因り生を全うする超越的生活態度が、知識の上においてもかかる超越的な態度を要求するのであり、その故に彼の知識論は、老子のそれのごとく単に私を去り知をすてるのみのものたり得なかったのである。

〔参考書〕

荘子　晋、郭象注

荘子注疏　晋、郭象注　唐、成玄英疏

荘子集釈　清、郭慶藩

荘子義証　民国、馬叙倫

解荘　宇津木益夫

第三項　列子　楊子

道家の書として荘子と並び称せられるものに、列子の書がある。これには荘子の書と相出入する点が多いが、中にはそれらの思想を展開せしめて、かえって老子・荘子の思想とは逕庭のあるものとなっているものも少なくない。この書物は、従来その製作年代について異議があるが、思想上から見ても相当いかがわしい点があり、列子の中に含まれる特長ある部分は、魏晋時代の作であるとするほうが妥当と思う。従ってこれに関する叙述は略する。

なお道家の一派と考えられているものに楊朱がある。孟子の中に「楊子取爲我、抜一毛而利天下、不為也」[尽心上]（楊子は我が為にするを取る。一毛を抜いて天下を利するも、為さざるなり）とあり、その学説は徹底せる為我説で、兼愛主義と両極端をなすものとして、孟子から極力排撃されているが、私の見る所によればそれは道家思想発生以前のものであって、これをもって道家の一派と考えることはできない。現存の列子の書の中に楊朱篇があり、これが孟子のいう楊朱の説を伝えるものと考えられているが、これは荘子の個人主義的思想を浅薄な方向に導き、これを楊朱の学説に託したものである。その中には種々の思想が混入しているが、これまた後世の附加であって、これを以って先秦の思想と見ることはできない。

第四節　法家

普通に今日法家の書として伝わっているものに、『管子』『商子』『申子』『慎子』『韓非子』などがある。

『管子』は斉の管仲の書であるといわれる。もしそれが真であるならば、諸子の書の中で最も古いものとなるわけである。然るにその内容を検討するに、甚だ雑駁で、中には漢の時代になって初めて附加された部分も少なくない。その最も古いといわれる経言《けいげん》の中にも、戦国時代でなければ存し得ない事実または思想が、多分に含まれている。朱子もその語類の中で、「管子の書は雑なり、管子は功業を以ってあらわるるもの、恐らく未だ書を著わさず」といっている。思うにこの書は戦国の末に斉の学問が発達するに従い、その国の偉人であったところの管仲に附会して編纂されたものであって、そののち秦漢の時代にわたって幾多の附会がなされたものであろうと思われる。

『商子』は、衛の商鞅《しょうおう》の書であるといわれている。商鞅は秦へ行って孝公に仕え、秦の覇業の基礎をきずいた人である。『申子』は、申不害《しんふがい》の著といわれている。申不害は韓の昭公に仕えて宰相となった有名な政治家である。しかしながら、この二書が果たしてこの両人の著述であるかについては、はなはだ疑わしい点があって、これもまた戦国末以後において、これらを有名な政治家に仮託して作られたものと見るべきであろう。

『慎子』は、趙の人の慎到《しんとう》の作といわれているが、慎到の説は荘子や韓非子の書のうちに引かれていて、それが戦国の末に一つの学派をなしていた人であるということは明らかであるが、しかし今日に伝わるところの慎子の書が果たして当時の慎子をそのまま伝えているかどうか、これまた甚だ疑わしいものがある。

『韓非子』に至っては、これら数種の書に比べると、よほど信用するに足るものを多分にふくんでいる。『韓非子』は、韓の公子非《ひ》の理想を載せたものであるが、韓非子が秦に行って始皇にまみえ、獄死するに至ったのが紀元前二三三年であるから、韓非子の書のうちで、その思想を忠実に伝えている部分は、やはりその時期の思想であると見ることができる。しかしながら韓非子の書の中にも、その内容に疑わしい部分があり、特にその初めの数篇と、最後の数篇のごときは、最も信をおきがたいものである。その中間に存するものについて見ても、後世の竄入《ざんにゅう》と思われる部分もまた少なくない。いまは、これらの書の本文批評の詳細を述べることを避け、その内に盛られている内容のうちから、戦国末および秦の時代にかけて行なわれたと思われるものを抜き出して、これを概説するに止めたいと思う。

ただ一言しておきたいことは、法家の思想の中には道家の思想が多分に含まれていると同時に、道家思想の中にも法家思想を相当にまじえているように見えることである。しかしながら、これはある一つの学派の思想から、他の学派が生じたという風に見るのはよろしくない。漢の初めにおいては、道家思想と法家思想とが同時に盛んに行なわれ、そのいずれもが当時の支配者階級によって採用されたために、現存のこれら両学派のテキストの上においては、双方の思想が歩みよった点が多分に見られるのである。

また法家思想の中には、儒家、特に荀子の礼治思想の影響が多分にあるように考えられているが、これは韓非子が、かつて荀子の門人であったという事実から、その間に師承関係があることを認めようとするものである。しかし、前にも述べたように、ある学派の思想は、それが他の学派の影響もしくは師承ということのみによって成立するものではなくて、その時代の背景が主たる原因を与えているものと考えなければならない。戦国末から秦初にかけては、周の封建制度は完全に崩壊し、これに代って中央集権が打ち立てられようとする時である。この間にあって法家思想が起こってくるということは、他の学派の影響や、あるいは師承の関係を考慮に入れなくとも、十分に説明できるのである。

法家思想の究極の目的は、一種の国家主義である。そのいわゆる国家主義を少しく解剖したい。まず国家と個人との関係については国家の利益と個人の利益とは到底相一致しないことを認め、個人は国家の利益のために手段として存在するに過ぎないとしている。もっともその思想の中には一見国家が個人の利益を尊重するごとく見える場合がないではない。例えば「凡治國之道、必先富民」〔『管子』治国〕（凡そ国を治むるの道は、必ず先ず民を富ます）がそれであるが、しかし何故に民を富ます必要があるかといえば、すなわち「民富則易治也、民貧則難治也」（民富めば則ち治め易く、民貧しければ則ち治め難きなり）とあり、支配者自身の利益よりするものである。この点をさらに明瞭にすれば、

計上之所以愛民者、爲用之愛之也、爲愛之故不難毀法虧令、則是失所謂愛民矣〔『管子』法法〕

上の民を愛する所以の者を計るに、之を用いんが為に、之を愛するなり。之を愛するが為の故に、法を毀《こぼ》ち、令を虧《か》くことを難《はば》からざれば、則ち是れ所謂《いわゆる》民を愛するを失うなり。

という。さればかかる国家においては、国家の利益と個人の利益の相一致するのは、ただ国家の利益において人民が利用せられている範囲においてである。個人の力が増大し、真に各自の利益を考察するに至れば、それが忽ち国家の利益と衝突を来たすは明らかである。そこで国家を強くするためには、人民の力を弱くすることが必要である。この点を最も露骨に現わすものは『商子』であり、

民弱國強、國強民弱、故有道之國、務在弱民〔『商子』弱民〕

民弱ければ国強く、国強ければ民弱し。故に有道の国、務め民を弱くするに在り。

という。すなわち国家主義と個人主義とは究極において相容れないことを明白に示したものである。

この国家主義は、また家族主義とも両立しない。もっともこの場合にも、いかにも国家主義が家族主義と並行するごとく見えるが、前の場合と同じく家族主義が国家の利益を助長する限度内において両立するに過ぎず、究極において両者相一致するものでないことは、次の語によっても明白である。すなわち、

魯人従君戰、三戰三北、仲尼問其故、対曰、吾有老父、身死莫之養也、仲尼以爲孝、擧而上之、

以是観之、夫父之孝子、君之背臣也、……仲尼賞而魯民易降北［『韓非子』五蠹］

魯人、君に従って戦うに、三戦して三たび北《に》ぐ。仲尼、其の故を問う。対《こた》えて曰わく、吾れに老父あり、身死すれば之を養うなし、と。仲尼以って孝と為し、挙げて之を上す。是れを以って之を観るに、夫れ父の孝子は、君の背臣なり。……仲尼賞して、魯の民降北し易し。

また、

凡戰者民之所悪也、能使民樂戰者王、彊國之民、父遺其子、兄遺其弟、妻遺其夫［『商子』画策］

凡そ戦いなる者は、民の悪《にく》む所なり。能く民をして戦いを楽しましむる者は王たり。彊国の民は、父は其の子を遺《わす》れ、兄は其の弟を遺れ、妻は其の夫を遺る。

とある。かくのごとく国家主義と家族主義との一致を欠く時は、家を捨てて国に殉ずるのが法家の要求である。これは要するに弱民主義である。すなわち国家をもって至上のものとし、これを強大にすることをその目的とし、個人または一家は、その国家の目的を達する手段として、その存在を認めるに過ぎない。かくのごときは、儒家の正統において、政治は人民のために存し君主のために存すべからずとし、儒家が家庭道徳たる孝悌が為政の基礎でなければならないとするのと全く反対である。

以下、法家のいうところの国家の語の内容を少しく吟味する必要がある。儒家においては治国平天下を唱え、天下すなわち世界の平和を維持することを理想とし、国家は封建制度の下における一行政区画としか考えないが、法家のいわゆる国または国家はそれと異なり、周末戦国時代に諸侯がおのおの独立して一国家をなせる場合のそれを意味し、事実においては今日の国家とほぼ同一のものを考えた。故に彼らが国または国家という場合、漠然と土地人民および主権者を予想するごとくであるが、しかしその国家をもって主権者の私有物と考える結果、国家の利害は要するに支配者たる君主の利害と同様に考える。されば国家を強大にすることは、換言すれば支配者たる君主の権力を強大にすることにほかならない。

然らば以上述べるところの法家の弱民政治は、如何にしてこれを実行するかというに、その学派に名づけるごとく、法が最も重要な手段であり、法による強制が根本の要素となる。しかしてそのいわゆる法とは、現に支配者の地位にある君主の作為せるものである。

夫生法者君也、守法者臣也、法於法者民也［『管子』任法］

夫れ法を生む者は君なり。法を守る者は臣なり。法に法《のっと》る者は民なり。

とは、それを言うのである。次にその法を作る君主は如何なるものかというに、必ずしも徳行によって貴いものでなく、その地位にあり権力を有するが故に貴しとするのである。

凡人君之徳行威嚴、非獨能盡賢於人也、曰人君也、故從而貴之、不敢論其徳行之高卑、有故、爲其殺生急於司命［『管子』法法］

凡そ人君の徳行威厳は、独り能《よ》く尽《ことごと》く人より賢なるに非ざるなり。曰《い》わく人君なり、故に従いて之を貴ぶ。敢《あ》えて其の徳行の高卑を論ぜず。故あり、其の殺生は司命よりも急なるが為なり。

というのはその間の消息を説明する。すなわち法は有徳者によって作為せられるのではなく、権力者によって作為せられるものである。

かく法が権力者の意志により自由に作為せられるが故に、それが道理に合するや否やは問うところでなく、ついに「法雖不善、猶愈於無法、所以一人心也」［『慎子』威徳］（法は不善なりと雖も、なお法無きに愈《まさ》る。人心を一にする所以なり）というに至る。されば法が専ら支配者の立場から制定せられ、人民を強制するものであることは想像に難くない。

以上のごとくである故、法家では他の学派のごとく道徳の重要性を認めない。『韓非子』にも

不恃賞罰、而恃自善之民、明主弗貴也、何則國法不可失、而所治非一人也、故有術之君、不随適然之善、而行必然之道［顕学］

賞罰を恃《たの》まずして、自善の民を恃むは、明主貴しとせざるなり。何となれば則ち国法は失う可からずして、治むる所は一人に非ざればなり。故に有術の君は、適然の善に随わずして、必然の道を行なう。

という。すなわち世間の学者のいう道徳は、或る特殊の人間のみの行ない得るところであり、これを

一般人民に要求することはできない。したがって、それがために一般人に適用すべき法を廃するがごときことは不可能であるとする。されば法を去り、道徳をもって政治を行なえば、国家は忽ち混乱に陥るという。もっとも、かくいうも法家において絶対に道徳を排斥するとはいえない。例えば『管子』のごときは明らかに諸所に道徳を論ずるところがあるが、しかしそのいうところによれば「所謂仁義禮樂者、皆出於法」〔任法〕（いわゆる仁義礼楽なる者は、皆、法より出《い》ず）とし、その道徳は法の認むる範囲内に限られ、他の学派でいうところの道徳とは全くその性質を異にすることを知るのである。

次に人民をして上述のごとき法を遵奉せしめる手段は、法家によれば賞罰を明らかにすることに帰着する。それは人民の賞を欲し刑を恐れる心理を利用するものであり、従って君主は務めて人民をして刑を恐れ賞を欲する念を盛んならしめ、已れはこの賞罰の二柄を握って人民を法に駆らざるべからずという。例えば、

明主之所導制其臣者、二柄而已矣、二柄者刑徳也〔『韓非子』二柄〕

明主の其の臣を導制する所の者は、二柄のみ。二柄とは刑徳なり。

という。かつ、その賞も薄ければ民は利とせず、罰が軽ければ人が恐れない。故に賞はこれを重くし、罰はこれを厳にして、始めて民その力を尽くして敢えて法を犯さざらしめるようにすることができる

という。なかんずく罰を厳にすることはその最も重きをおく所であって、

安國在乎尊君、尊君在乎行令、行令在乎嚴罰〔『管子』重令〕

国を安んずるは、君を尊くするに在り。君を尊くすることは、令を行なうに在り。令を行なうは、厳罰に在り。

夫嚴刑重罰者、民之所惡也、而國之所以治也、哀憐百姓、輕刑罰者、民之所喜、而國之所以危也〔『韓非子』、姦劫弑臣〕

夫れ厳刑重罰なる者は、民の悪む所にして、国の治まる所以なり。百姓を愛憐し、刑罰を軽くする者は、民の喜ぶ所にして、国の危き所以なり。

などといい、刑罰を軽くし人民の喜ぶ政治を行なうのは、君権を強大にして国家を強固にする理想に反するものとする。

法家の思想においては、法のほかに、「術」を高調する。法家はこの術を道から導く。この道は万物の始めであり、是非の紀《のり》である。ここをもって明君はその始めを守って万物の源を知り、その紀を治めて善敗（功過）の端を知る。故に虚静にして以って待ち、臣下をして自己の意見を述べしめ、その意見に従ってこれに事を与えて実行せしめる。虚なれば実の情を知り、静なれば動の正を知るという。またいう、君はその欲する所を示すなかれと。君主がその欲望のある所を示せば、臣下はそれに

従って自己を修飾する。君主は自己の意志を外に現わしてはならない。君主がその意志を示せば、臣下はそれに対して君主に取り入る方法を講ずるという。また君主は、

寂乎其無位而處、寥乎莫得其所、明君無爲於上、羣臣竦懼乎下［『韓非子』主道］

寂として其れ位無くして処《お》り、寥《りょう》として其の所を得るなし。明君は上に無為にして、群臣は下に竦懼《そっく》す。

でなければならないという。『管子』の心術、九守の篇の思想を綜合するも同様のものである。もっともこれは主として君主がその仕臣に対する態度であるが、これをもって見ても、君権を強大にするためには、法家は如何なる手段をも辞せぬことがわかる。

前述のごとく、道家においては宇宙の根本原理を道と名づけ、道の属性を虚静無為無欲とする。道家はこれをもって一種の道徳を教えたのであるが、法家ではこの道を政治の術に利用し、従って虚静というも真の虚静ではなく、無為無欲というもその実大いに為さんとし大いに欲する所がある。これは法家に道家思想の混入せる一例であるが、それは混入すると同時に本来の意味からはよほど隔たったものとなり終わっている。

さらに法の実行について一言しなければならないのは、法家の画一主義である。この画一主義はもちろん法によって遂行せんとするものであり、「夫法者上之所以一民使下也」［『管子』任法］（夫れ法とは、上

の民を一にし、下を使う所以なり）という。されば法家においては、現在の支配者の法と相反する理想を述べて現状を打破せんとするがごときは、その最も忌むところである。従って法家はすべて学者を退ける。殊に儒家が先王の道を称して道徳政治の理想を述べるごときは、政治に害ありとして極力これを排斥する。例えば『韓非子』では学者を五蠹《と》の中に数え、

其學者則稱先王之道、以籍仁義、盛容服而飾辨説、以疑当世之法、而惑人主之心［五蠹］

其れ学者は則ち先王の道を称し、以って仁義を籍《か》り、容服を盛んにして弁説を飾り、以って当世の法を疑わしめ、人主の心を惑わす。

故明主之國、無書簡之文、以法爲教、無先王之語、以吏爲師［五蠹］

故に明主の国には、書簡の文なくして、法を以って教と為す。先王の語なく、吏を以って師と為す。

といい、『商子』には

民不貴學則愚、愚則無外交、無外交、則國勉農而不偸、民不賤農、則國家不殆［墾令］

民、学を貴ばざれば則ち愚なり。愚なれば則ち外交なし。外交なければ則ち国農に勉めて偸《とう》せず。民、農を賤しまざれば、則ち国家殆《あや》うからず。

という。これはいわゆる民を愚にする政治であり、同時に国家を強大にする所以の術である。

この点においても法家は道家の思想に類似するところがある。すなわち老子に「古之善爲道者、非以明民、將以愚民」〔六十五章〕（古えの善く道を為《おさ》むる者は、以って民を明ならしめんとするに非ず、将《まさ》に以って民を愚にせんとす）というが、道家の民を愚にする所以は、愚を以って人間本来の美質としてその愚を貴ぶのである。然るに法家の愚民は、これをもってただ支配者の安利のための犠牲に供するのみであって、そのいわゆる弱民政治は、また実に愚民政治である。

次に法家は国家主義を主とする結果、他国に対して如何に自国を強大ならしめるかを考える。すなわち大帝国の理想を抱く。その理由とするところは、畢竟、君主の尊栄を計るはかの何物でもない。例えば『管子』法法篇に「凡大國之君尊、小國之君卑」（凡そ大国の君は尊く、小国の君は卑《いや》し）といい、その大国の君が尊い所以は、これが用をなす者が多いからであり、小国の君が卑しい所以は、これが用をなす者が少ないからであるというのを見ても、その理由とするところをほぼ想像し得る。さらに大帝国の理想を抱けば、勢い他国を侵略しなければならない。されば法家はすべて軍国主義に傾く。『管子』にも、

夫兵雖非備道至德也、然而所以輔王成霸〔兵法〕

夫れ兵は備道至徳に非ずと雖も、然れども王を輔《たす》け覇を成す所以なり。

といい、商子・韓非子などにも盛んに強兵策を唱える。しかしその強兵の方法は、一には賞罰を明ら

かにして勇士を進ましめ、他面、国を富ますことと相俟って、これを実現せんとする。この富国と強兵とは、実に法家思想の重要なモットーとなっている。

次にその富国策は如何というに、それはとりもなおさず農業を奨励することである。すなわちいわゆる兵農主義である。されば『管子』に、

凡爲國之急者、必先禁末作文巧、末作文巧禁、則民無所游食、民無所游食、則必農、民事農則田墾、田墾則粟多、粟多則國富、國富者兵彊、兵彊者戰勝、戰勝者地広［治国］

凡そ国を為《おさ》むるの急なる者は、必ず先ず末作文巧を禁ず。末作文巧禁ずれば、則ち民は游食する所なし。民游食する所なければ、則ち必ず農す。民、農を事とすれば則ち田墾《ひら》く。田墾くれば則ち粟多く、粟多ければ、則ち国富む。国富む者は兵彊《つよ》く、兵彊き者は戦い勝ち、戦い勝つ者は地広し。

といい、その他『商子』農戦《のうせん》篇、『韓非子』五蠹《ごと》篇にも兵と農を結びつけ、かつ極端に農を重んじ、商工を退ける。もっとも『管子』の他の部分では、必ずしも極端に商工を卑しめないところもあるが、それはその書の雑駁なためである。

かく法家が農を重んじ商工業を排する理由は、当時の経済思想が幼稚であって、農業のごとき原始産業のみが真に富を作る所以なりとし、商工業のごとく加工交換などによって物の価値を増加する産

業を、富を作るものと考えなかったのにもよるが、そのほかに法家一流の民を愚にする政策が含まれていることを忘れてはならない。『商子』の農戦篇によれば、商工業が発達すれば人民は知巧になる。知巧になれば、上の命令に従って戦争に従事することを嫌う。農業を奨励して民を愚にしておけば、ただ上の思うままに守戦せしめ、死に赴かしめ得るという。儒家においては、天下すなわち世界の平和を理想とするため、いわゆる国境の観念がない。従って大帝国の理想はもとよりおこり得ない。かつ中国では一般に軍事を軽んじ、儒道墨の諸家いずれも原則として戦争を否認するが、ひとり法家のみは、その国家主義の立場より、非常に軍事を重要視している。

なお法家の経済に関する政策について一言する。『韓非子』のごときは、均分の説は力倹の者から奪って侈惰の者に与えるものであり、甚だ不合理であるとして、極力これに反対するが[顕学]、『管子』の軽重篇の中には、盛んに富の分配をよくして貧富の懸隔を和らげんとする政策が見える。しかるにこれらの政策とても、もちろん君権もしくは国家を強大ならしめることを主眼とし、要するに社会に甚だ貧なる者、甚だ富める者があることは、国家統治の上に障害をなすとの理由に帰着する。かくのごとく法家のいわゆる分配政策は、人民統治上の便宜からすると同時に、また一面において国家自身の収入を計る手段である。この国家自身の収入を計るということが、法家の分配政策の特色であり、儒家の学者が仁政の名の下に人民の利益を主眼とする社会政策的施設を唱導するのとは似て非なるものがある。
　これを要するに、法家においては国家すなわち或る特殊の者によって支配せられる国家の利益は、到底個人または一家の利益と一致するものではないとの前提の下に、如何にすれば支配者の利益を伸長して、個人または一家の発展を抑え得るかを考えたものである。この法家の説は秦の始皇が天下を一統した時、その政治の指導精神となったものであり、漢以後においては儒家の思想をもって政治の表面を粉飾したため、政治の態様が甚だ複雑に見えるが、実際政治を指導したものは、後世においてもこの法家の思想である。ただ後世になるほど、それが周秦の際の法家のいうごとく露骨でなく、種種の修飾を加えるため、容易にその本体を見出されぬに過ぎない。

〔参考書〕

管子　唐、尹知章注（偽作）
管子義証　清、洪頤煊
管子校正　清、戴望
管子纂詁　安井息軒
韓非子集解　清、王先謙

韓非子翼毳　太田方（漢文大系本）
韓非子纂聞　蒲坂円（崇文叢書）
韓非子校注　依田利用
読書雑志　清、王念孫
諸子平議　清、兪樾
二十二子全書（浙江書局）
百子全書（崇文書局）

第四章　第二次の儒家思想

第一節　易

ここに第二次の儒家思想というのは、儒家思想の発展にともない、第二次的に儒家に採り入れられた思想の意味である。従って儒家の元祖孔子自身では全く予想せざるところに属するばかりでなく、その祖述者たる孟子・荀子においても恐らく知らざるところであり、少なくともその中心思想をなすものではなく、漢代の儒家によって始めて高調されたところのものである。

それは『易』と『春秋』と五行との思想である。これらは、社会秩序の変化に伴い、かつは儒家が他の学派との対立上、その政治思想の内容を充実発展せしめる必要に迫られた結果、儒家とは本来関係のない材料を採り入れて、これを孔子に附会し、それに依拠して儒家の新思想を唱導したものである。孔子に最も近い門流によって編纂せられた『論語』によれば、孔子の教課は「詩書礼楽」の四科に止まるにもかかわらず、漢代に入っては、これに『易』『春秋』を加え〔史記孔子世家、礼記経解〕また五行をもって『尚書』の洪範に附会した。それ以後、孔子のかつて知らざる『易』や『春秋』は、孔子の最も重きをおいた経典とせられ、従来の「詩書礼楽」の教は『易』『春秋』の二書にその優位を奪われることとなり、同時に儒家の元祖と仰がれる孔子は、本来の常識的な政治思想家から、一躍して予言者、哲学者の地位に押し上げられ、その後二千余年の久しきにわたり、その地位に変動を生ずることがなかった。

いま、まず『易』について述べる。易は従来の通説に従えば、伏羲《ふくぎ》氏が始めて八卦《か》を画し、神農《じんのう》氏がこれを重ねて六十四卦としたが、卦あって未だ辞なく、周に至って文王が卦辞（彖辞《たん》）を繋け、周公が爻辞《こう》（象辞《しょう》）を繋けた。そこで上下経が成立した。そののち孔子がこれに｜翼（彖伝上下・象伝上下・繋辞伝上下・文言伝・説卦伝・序卦伝・雑卦伝）を付加して、ここに始めて今日伝わる易の経典が出来上がったというのである。

八卦とは、☰乾《けん》 ☱兌《たい(だ)》 ☲離 ☳震 ☴巽《そん》 ☵坎《かん》 ☶艮《ごん》 ☷坤《こん》 であり、六十四卦とは、八卦のそれぞれに更に八卦を重ねたもので、それを重卦という。例えば ䷪のごときであり、その☱を上卦または外とし、☰を下卦または内とする。それぞれの重卦にも、また乾坤屯蒙震巽といったふうに、すべて名称が付してある。普通、易の卦という場合には、この重卦を指していう。八卦のおのおのは三画から成り、重卦は六画から成っているが、そのそれぞれの画を爻《こう》と名づける。重卦のそれぞれについている説明の言葉が卦辞（彖辞）であって、重卦を構成するそれぞれの爻についている説明の言葉が爻辞（象辞）である。十翼とは、彖伝上下、象伝上下、繋辞伝上下、文言伝、説卦伝、序卦伝、雑卦伝であって、これは易義を敷衍したものである。

伏義が八卦を画したとする説は、易の繋辞伝に見え、神農が重卦したとする説は、後漢の鄭玄《じょうげん》などの唱えるところであるが、もともと伏義や神農などは、伝説中の人物を理想化したもので、実在の人物ではないから、その説の当否などは穿鑿《せんさく》の限りではない。また文王が卦爻の辞を繋けたとするのは、『史記』に文王が羑里《ゆうり》に囚われて周易を演ずとあるのに本づき、周公が爻辞を繋けたとする説は、馬《ば》融《ゆう》・陸績《りくせき》などの唱えるところであり、孔子が卦爻の辞をかけたというのは、近頃の公羊《くよう》学者などの言うところである。これらの説は、いずれも後世になってから易の価値を大ならしめんがために作り出された伝説であって、架空の想像説にすぎない。十翼をもって孔子の作となすのは、司馬遷が『史記』の孔子世家にいうところであるが、宋の欧陽脩《おうようしゅう》が『周易童子問』を著わし、それが孔子の作でないことを弁じてから、今日ではそれが動かすべからざる定説になっている

易が儒家思想と本来関係があるものか否かは、孔子の言行を輯録した『論語』、およびその学を祖

述した孟子・荀子の書によってこれを見ることが最も正確である。『論語』を見るに「加我數年、五十以學易、可以無大過矣」〔述而〕（我に数年を加え、五十以って易を学ばば、以って大過なかるべし）とあり、これが『史記』の孔子世家に「孔子晩而喜易」（孔子、晩にして易を喜ぶ）、「讀易、韋編三絶」（易を読み、韋編三たび絶つ）とある伝説に結びついて、孔子の晩年の円熟した学説は、その易説に現われているとする説のもととなっている。しかるに孔子の生国である魯の学者によって伝えられた魯論語〔魯論〕の本文には、「易」を「亦」に作り、「学」で句を切っている。また宋の洪适《こうかつ》の『隷《れい》釈《しゃく》』に載せてある漢人の墓碑の中にも、『論語』のこの語を「五十以学」まで引いており、従って今日通行の『論語』に、これを「易」に作るのは怪しむべきものといわねばならない。

　このほか『論語』において易と関係ある語は、子路篇に、

　　南人有言、曰、人而無恒、不可以作巫醫、善夫、不恒其德、或承之羞、子曰、不占而已矣、

　　南人言えるあり、曰わく、人にして恒《つね》なくんば、以って巫医を作すべからずと。善いかな。其の徳を恒にせざれば、或いは之に羞《はじ》を承《すす》むと。子曰わく、占わざるのみ、と。

とあり、その「不恒其德」、「或承之羞」の二句は、今日の『易』の恒の卦に繫りてある語に同じい。しかし『論語』では「易に曰わく」として引かず、その出所は明らかでない。したがってこれは、かかる語が世間に流行していて、それが一面『論語』の中に引かれ、他面『易』の中にも採り入れられ

たとも見られ、或いは『易』の卦辞が漢初頃に今日の形に整頓せられたものと見れば、『論語』の語を取って『易』の中に入れられたとも見ることができる。殊に子路篇は下論のうちにあり、孔子を去ること漸く遠い時代の門流によって編纂されたものであるから、かりにそれが『易』の語であるとしても、そのために直ちに孔子と易とを結びつけることは早計である。

かりに孔子の当時に、素朴な形で『易』があって、孔子がその一句を引用したとしても、それだけで孔子の思想態度に易の原理が重要性を有していたと見るのは早計である。

なお『易』の艮卦の象伝には「君子以思不出其位」(君子以って思うこと其の位を出でず)という語がある。この語は『論語』の憲問篇には、曾子の語としてあげてある。孔子が作ったと言い伝えられている象伝の中に、孔子の弟子の語が入っているということは、不可解なことと言わねばならない。こういう点を見ても恒の卦辞の信用し得る程度がわかる。

以上は『論語』の一字一句についての考証であって末梢的のことであるが、これを『論語』に現われた思想から見れば、今日『易』の原理と考えられている思想は論語の中には全く見当たらない。易の解釈としては剛柔または陰陽の二元によって宇宙を説明する考えが基礎となっているが、かかる哲学的な思想は論語の中には全然現われていない。易には「一陰一陽之謂道」〔繫辞上〕（一陰一陽、之を道と謂う）の語があるが、論語にいう道はかかるものではなく、日用常行の道を指すことというまでもない。したがって孔子は勿論、孔子に近い門流すなわち論語の編纂に与《あずか》ったごとき門流の間にも、易の思想の存在を認めることはできない。

次に孟子は、孔子を祖述すること最も厚く、かつ生民あってより以来孔子のごとき優れた人物はないとして、これを尊崇すること至れり尽くせりであるが、その孔子の思想を述べるに当たってはかつて『易』に言及せず、また孟子自身の思想の中にも易の影響を受けたと思われる点は全然見られない。ただ荀子の書に至っては、『易』と関係する文句が三条ある。その一は非相篇に「易曰、括囊無咎無譽、腐儒之謂也」（易に曰わく、囊《ふくろ》を括《くく》る、咎《とが》もなく誉れもなしと。腐儒の謂なり）とある。これは易の坤卦の六四の爻辞を解いたものであるが、その象伝には「括囊無咎無譽、慎不害也」（囊を括る、咎もなく誉れもなしとは、慎しめば害あらざるなり）といい、文言伝では「蓋言謹也」（蓋《けだ》し謹しむを言うなり）とある。すなわち易の伝ではすべてこれを謹慎の意味に解している。然るに『荀子』ではこれと違って「談説文飾を好まず口を箝《かん》するは腐儒なり」との意に解している。されば宋の王応麟《おうおうりん》の『困学紀聞』には、この語を引いて「爲是説者、其未見彖象文言歟」〔巻一〕（是の説を為す者は、其れ未だ彖象文言を見ざるか）といっている。王応麟のいうところを言い換えてみれば『荀子』

の非相篇の出来た時には、いまだ易伝は出来ていなかったこととなる。もし出来ていたならば、易伝は孔子が作ったといわれているから、その解釈に従うべきであるというのである。しかもこの非相篇の文はその篇の後半すなわち後世の竄入《ざんにゅう》と考えられているところにある。してみると、その竄入の際にさえも、なお易伝が孔子の作として存在しなかった証拠となるのである。

次に『荀子』の大略篇に、

易之咸、見夫婦、夫婦之道、不可不正也、君臣父子之本也、咸感也、以高下下、以男下女、柔上而剛下、

易の咸は、夫婦を見《あら》わす。夫婦の道は正しからざるべからざるなり。君臣父子の本なり。咸とは感ずるなり。高きを以って下《ひく》きに下り、男を以って女に下り、柔は上にして剛は下る。

といい、これは易の咸卦を解説するもののごとく、その象伝の文と大同小異である。また同じ大略篇に「易曰、復自道、何其咎、春秋賢穆公、以爲能変也」（易に曰わく、復《かえ》りて道に自《よ》る、何ぞ其れ咎《とが》にあらんと。春秋に穆《ぼく》公を賢とするは、以って能く変ずることを為せばなり）とあり、『易』の小畜の初九の爻辞に「復自道、何其咎、吉」とある語と一致する。然るに大略篇は『荀子』の最後の篇であり、『荀子』のうち最も雑駁な部分であって、すべて後人の附加したものとなっている。これをもって荀子の生存中に書いたものとすることはできない。それればかりでなく『荀子』の他の部分を見て

も、その学説の中に易の思想は少しも採り入れられていない。であるから『荀子』の中に易を引くものがかくのごとく三条あっても、これによって荀子が易の学を伝えたと見ることは不可能である。

要するに孔子より孟荀二子に至るまで、時としては易に関する文字がそのテキストの中に散見することはあっても、易をもってその学派の学問の組織の中に採り入れている形跡は全くない。かつこれと同時に、秦の始皇の焚書をも考えねばならない。それがどの程度に行なわれたかは問題であるが、それは要するに儒家の学説を圧迫し、その書の流通を禁じようとするものであることは明らかである。然るに伝うるところによれば、易は占筮《せんぜい》の書であるとの理由により、医薬種樹の書と共に焚棄を免れ、完全に伝わったといわれる。もし易が、秦の始皇の時において今日一般に考えられているごとく、孔子以来の儒家の経典であったとしたならば、その際『詩』『書』とともに秦火の災厄を免れ得なかったはずである。その災厄を免れたと伝えられることそれ自体、易がその当時儒家の経典でなかったことを証明して余りあるものと思う。

以上の点より見て、易が今日の形にまとまったのは早くとも漢初のことと考えて大なる誤りはあるまい。従って『易』の中に含まれる理論は漢代の思想を反映するものが多く、従来の学者の考えるように、これを孔子の時代もしくはそれ以前のものと見ることはできない。されば儒家の経典としての位置も、それが一般に考えられるごとく原始的のものでなく、第二次的に儒家の思想の中に採り入れられたものの一つにほかならないのである。

以下、易の中に含まれている思想を略説する。従来易を説く者に二派がある。一は易をもって占筮《せんぜい》の書となすものであり、その学派においては易を解するに専ら象数《しょうすう》をもってする。他は易をもって宇宙の理法を説いた書とするものであり、易を解するに専ら義理を主とする。前者は孟喜・京房《けいぼう》・鄭玄など漢儒の採るところであり、後者は王弼《おうひつ》・程伊川[易伝]などの採るところである。

易伝　　　宋、程伊川
周易本義　宋、朱熹――伝義本
周易集解　唐、李鼎祚
周易述　　清、恵棟

易が本来占筮のために起こったことは歴史的発達から考えて固《もと》より疑いのないところであるが、それは単に易の用の方面のみを見たものであって、占筮そのものを生み出した思想、及び占筮によってその吉凶禍福を判断する標準に至っては、その根底に何らか一定の義理の存するものがなければならないことは説明を待たない。されば易を見る者は、義理あってここに象数あり、象数の中に義理が自ら備わっていることを閑却してはならない。清朝の学者らは、漢儒が象数をいうのによって、易の本義は専ら象数にありとし、義理の解釈を排斥するが、その漢儒の象数の解釈の前に、すでに易の十翼があり、それは易に関する義理の解釈である。この点より見れば、易の解釈としては、義理の解釈がむしろ象数のそれよりも早く発達したといわねばならない。かくのごとく易の解釈は本来二つに大別せられるところから、後世さらにその支派を生じ、その説定まるところを知らない状態であるが、ここでは漢初の思想を知ることを主とする故、当時に作られたと思われる十翼によってその意味を説明したい。

『易緯乾鑿度《けんさくど》』によれば、易は一名にして変易《へんえき》・不易《ふえき》・簡易《かんい》の三義を兼ねる。けだし自然界のあらゆる現象ならびに社会百般の事象は、千変万化してやむことがない。易はこれら変化の理法を示すもの故、易は変易であるという。然るにこれら宇宙の現象、社会の事象の変化も、これを仔細に観察する時は、変化の間に整然たる一定不易の理法が存することを発見することができる。この点から、易を不易という。そしてこれらの理法は、一見極めて複雑深遠なるごとく見えるが、その実至って簡易明白である。この点から、易を簡易という、といっている。これは漢儒一流の解釈であって、もちろん首肯すべき点がないではないが、しかし易本来の意味は、恐らく変易の一義に存するものと思う。

易の構成については繋辞伝に、

易有太極、是生兩儀、兩儀生四象、四象生八卦、八卦定吉凶、

易に太極あり。是れ両儀を生ず。両儀は四象を生じ、四象は八卦を生じ、八卦は吉凶を定む。

という。すなわち宇宙の本源を太極とし、太極から天地の両儀が生じ、両儀から四象すなわち四時の諸現象が生じ、その四象がさらに分かれて八となり、それが万物のシンボルとして用いられるのが八卦である。すなわち八卦とは、自然現象ならびに社会現象のすべてを象徴する符号である。例えば、

☰乾、天、父、馬、首、健
☱兌、沢、少女、羊、口、説
☲離、火、中女、亀、月、麗
☳震、雷、長男、竜、足、動
☴巽、風、長女、雞、股、入
☵坎、水、中男、豕、耳、陥
☶艮、山、少男、狗、手、止
☷坤、地、母、牛、腹、順

然るに自然界または人間界のあらゆる現象を示すためには、八卦のみでは十分でない。ここにおいて各々の卦をさらに重ねて六十四卦を作り、各々の卦の爻もそれぞれ何物かを代表することとなり、

これによって八卦をさらに複雑にした現象を示すことになる。これを重卦という。かくてこの六十四卦すなわち三百八十四爻をもって、自然界ならびに人間界の万事万物を現わす象とし、それの変化錯綜する関係を見て、自然界・人事界のあらゆる現象を解釈することとしている。かくのごとく易の構成の基礎は八卦にあるといい得るが、その八卦については、これを古代の文字であるとする説が古来ある。

宋の楊誠斎（万里）の『誠斎易伝』のごときそれである。郭沫若も八卦を古代文字であるとするが、その説は牽強附会である。ラクーペリーはバビロンの古代文字であるというが、確証はない。

私の考えによれば、八卦は古代文字でもバビロンの文字でもなく、本来は奇数と偶数を代表するシンボルであろうと思う。⚊⚋の二つを組合わせて八卦六十四卦となったものであって、奇数偶数のシンボルによって宇宙の現象を代表せしめるものであろう。

古来易を説く者は必ず陰陽をいう。繋辞伝にも「一陰一陽之謂道」（一陰一陽、之を道と謂う）といって易の根本原理は陰陽の原理であるとし、陰のシンボルは⚋、陽のそれは⚊となっているが、これは易の理論がよほど整理された時代の考えであって、易の構成の始めに当たっては、陰陽の考えはなかったものであろう。戦国末に陰陽家が起こり、陰陽説を唱えたが、漢代にはその学が絶えて、それが如何なるものであったかを知り得ないまでに至っている。けだし陰陽家の説は易の解釈の中に全く移入され、易の根本原理が陰陽説によって説かれるとともに、陰陽家それ自体は消滅に帰したものと考えられないではない。これは発達の順序から見た一つの考察であるが、漢初に至っては、上述のごとく、陰陽の二つの原理を易の基本的な説明として用いている故、今日見るごとき易の説明としては陰陽をもって解釈することに何の妨げもない。されば上掲の「易有太極、是生両儀」ということも、それを陰陽の二原理と見て差支えない。そしてそれが八卦に発展する過程を理論的に説明すれば、次のごとくである［周濂渓・邵康節らの説明は左図のごとし。］。

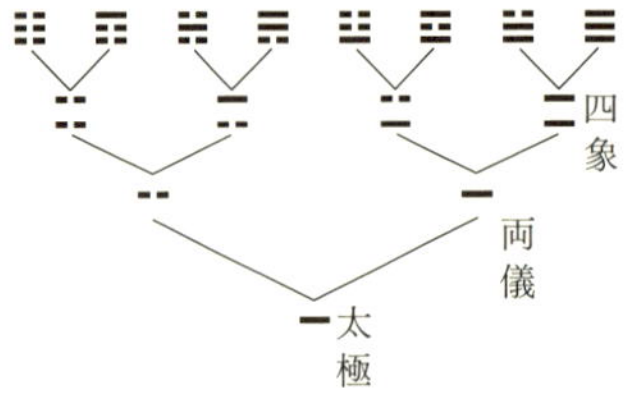

ここに陰陽のよって起こる本としての太極を言うが、太極とは如何なるものであるか。太極とは、絶対無差別なる宇宙の根本原因に名づける名であり、周濂渓《しゅうれんけい》はその太極図説において、その上に無極の二字を加え「無極而太極」（無極にして太極）といい、ますますその意味を明瞭ならしめている。

これは宇宙を本体的な方面から見たものであるが、これを現象的方面より考察すれば、易は宇宙を二元的なものと考える。すなわち陰陽の両儀がそれであり、この陰陽両儀は相対的、差別的のものである。この二気の交感によって我々の見るごとき現実の世界を作り出しているとする。そしてこの陰陽の二気は本来対立して存在するものでなく、むしろ互いに相補う性質を有し、この両者の和合が宇宙現象の基本となるものである。

されば易においては、宇宙間の万事万物を、その性質上から陰陽の二気に配し、例えば

陰　月、夜、女、静、柔、弱、暗、裏、屈

陽　日、昼、男、動、剛、強、明、表、伸

のごとくする。すなわち相対的性質を有する陰陽は互いに消長するものであり、陽が長ずる時は陰が消し、陰が長ずる時は陽が消する。その消長変化が万物の発展となり、万事の錯綜となる。そしてこの消長変化は、窮すれば変じ、変ずれば通ずるものであり、これがいわゆる変易の名のよって来たるところである。

以上は易に現われた根本原理の要領である。易はこれらの理法をもって単に自然界すなわち天地の現象を説明するのみならず、その理法がそのまま人間社会に行なわれるものとする。繋辞伝に、

易之爲書也、廣大悉備、有天道焉、有人道焉、有地道焉、兼三材而兩之、故六、六者非它也、三材之道也、

易の書たるや、広大にして悉く備わる。天道あり、人道あり、地道あり。三材を兼ねて之を両にす。故に六あり。六なる者は它に非ざるなり。三材の道なり。

とあり、説卦伝にも、

昔者聖人之作易也、將以順性命之理、是以立天之道、曰陰與陽、立地之道、曰柔與剛、立人之道、曰仁與義、兼三才而兩之、故易六画而成卦、分陰分陽、迭用柔剛、故易六位而成章、

昔は、聖人の易を作るや、将に以って性命の理に順わんとす。是を以って天の道を立つ、曰わく陰と陽。地の道を立つ、曰わく柔と剛。人の道を立つ、曰わく仁と義。三才を兼ねて之を両にす。故に易は六画にして卦を成す。陰を分かち陽を分かち、迭《たが》いに柔剛を用う。故に易は六位にして章を成す。

という。これらはすべて人間をもって天地と徳を等しくするものと考え、天地と参《まじ》わってその化育を助け得るものとする所以である。

これはいわゆる天人合一の思想であり、漢初における儒家に共通のものである。易の文言伝に、

夫大人者、與天地合其徳、與日月合其明、與四時合其序、與鬼神合其吉凶、先天而天弗違、後天而奉天時、天且弗違、而況於人乎、況於鬼神乎［乾］

夫れ大人なる者は、天地と其の徳を合し、日月と其の明を合し、四時と其の序を合し、鬼神と其の吉凶を合す。天に先きんじて天違わず、天に後《おく》れて天の時を奉ず。天すら且つ違わず。況んや人に於いてをや。況んや鬼神に於いてをや。

というのは天人合一の極致を説くものであって、自然界を支配する法則と人間の行為を支配する法則とは本来一であり、したがって人間の行為の標準は天にあることを示すものである。また繫辞伝に「一陰一陽之謂道、繼之者善也、成之者性也」(一陰一陽、之を道と謂う。之を継ぐ者は善なり。之を成す者は性なり)というものは、けだし自然の道をもってやがて人の道とするものであり、前掲の繫辞伝・文言伝の思想と同一の根拠に立つものである。

易は根本において以上のごとき立場を有するが、その社会現象を説く上においても、その点が明白に現われている。まず易では男女の両性をもって社会関係の基礎とする。すなわち序卦伝に、

有天地、然後有萬物、有萬物、然後有男女、有男女、然後有夫婦、有夫婦、然後有父子、有父子、然後有君臣、有君臣、然後有上下、有上下、然後禮義有所錯、

天地ありて、然る後に万物あり。万物ありて、然る後に男女あり。男女ありて、然る後に夫婦あり。夫婦ありて、然る後に父子あり。父子ありて、然る後に君臣あり。君臣ありて、然る後に上下あり。上下ありて、然る後に礼義錯《お》く所あり。

という。原始的儒家思想においては家庭道徳を最も重んずるが、そのいわゆる家庭道徳は、父子の関係をもって夫婦の関係に先き立つものとする。易が男女の関係をもって父子の関係に先き立つものとすることは、儒家本来の思想とは趣を異にするところであり、かかる点からも易の思想が儒家本来の

思想ではないことを知ることができる。

この男女をもって社会関係の基礎とする考えは、すなわち陰陽両儀をもって宇宙の根本要素と考えるところから来る当然の結果である。かく易は男女両性をもって社会関係の基礎となすとともに、またそれより生ずる父子兄弟などの集団、すなわち家をもって社会構成の単位とし、これをもって自然の秩序と考える。すなわち易の家人の卦にいうところは、家族の道を正すことをもって社会一般の秩序を維持するもととし、これ実に自然の秩序に合するものとしている。この家の集合が社会である。

そして社会においてもまた家におけると同様に自然の秩序があり、君臣上下の関係がすなわちそれである。そして家にあっては夫婦・父子・兄弟の間に、それぞれその地位に応じて守るべき道があり、なかんずく「男女の道を内外に正しくし」また「父を以って厳君となし」これに家長の地位を認めているが、社会にあってもこれと同じく、各人はそれぞれその地位に応じて道を守り、相犯さざるを期するとともに、治者と被治者との地位は厳にこれを区別する。

しかし、さればとて易が女を抑えて男を揚げ、家族または人民に対して、家長または君主の圧制を是認するものとするならば誤りである。けだし宇宙間の現象において、陰道と陽道とは各々その作用を異にし、天地山川あるいは高くあるいは低く、自然の形勢をなすと同じく、社会においてもまた男女の別、上下の階級が整然として乱れざるをもって、自然の秩序に合するものとする。されば陽道必ずしも貴からず、陰道必ずしも賤しからず、相俟って効用をなすものであり、男必ずしも貴からず、女必ずしも賤しからず、男女各々正位を保つをもってその用を致すものとしている。また自然現象において、天独り覆う能わず、地独り載する能わず、相俟って化育を遂げるごとく、社会にあっても上位独り保たず、下位独り存せず、上下こもごも相援けて、始めて社会の存立を全うし得るものとする。

䷞咸（艮下、兌上）の卦の彖伝に、

柔上而剛下、二氣感應以相與、……男下女、是以亨、……天地感而万物化生、聖人感人心、而天下和平、

柔上りて剛下り、二気感応して以って相与《くみ》す。……男は女に下る、是を以って亨《とお》る。……天地感じて万物化生し、聖人は人心に感じて、天下和平なり。

というが、この卦は少男が少女の下に位する形であり、女が男の上に立っているが、これがすなわち自然現象において天地相感じて万物化生することを現わし、社会関係においては君主と人民との和合一致する表徴となっている。また乾下坤上の卦を泰とし、坤下乾上を否〔否塞不通〕とするごときも、すなわち陰陽の二気・天地の位は一定して変わらないが、その気相通ぜざれば万物を生成し得ないように、男女の別・上下の階級は一定しているが、彼と此と相俟って始めて社会の存立を強固にし得るとの意味を現わすものである。

殊に社会上における治者と被治者との関係については、階級自体はもとより一定不易であるが、その階級を満たすべき個人は常に変動して一定しないとの考えである。すなわち易においては、有徳の君子をもって治者の階級におるべきもの、無徳の小人をもって被治者の階級におるべきものとする。従ってその階級を満たす人間は一定不変ではないことというまでもない。また一面から見れば、すべてのものは沈滞して動かなければ腐敗し、これをあらためる時は清潔となる。

ここにおいて易は革命を是認する。革の彖《たん》伝に、

天地革而四時成、湯武革命、順乎天而應乎人、革之時大矣哉、

天地革《あらた》まりて四時成り、湯武は革命して、天に順いて人に応ず。革の時は大なるかな。

とあるのはそれである。されば小人が治者の位に在るを否認するは勿論、有徳の君子といえども永くその位におるを嫌い、四時の序、功をなすものは去るがごとく、機を見てその地位を他に譲るべきものとする。

また易においては、物の充実して極度に達することを嫌う。窮すれば変ずるからである。これ乾の上九に「亢竜有悔」（亢竜、悔いあり）の戒めのある所以である。そして易では第五爻をもって君主の地位に当て、第六爻を無用の地位としているのは、意味あるところである。

また易の繋辞《けいじ》伝には、

天地之大徳曰生、聖人之大寶曰位、何以守位、曰仁、何以聚人、曰財、理財正辭、禁民爲非曰義、
天地の大徳を生と曰い、聖人の大宝を位と曰う。何を以って位を守るか、曰わく仁。何を以って人を聚むるか、曰わく財。財を理《おさ》め辞を正しくし、民の非を為すを禁ずるを、義と曰う。

といい、天地が万物を生ずる所以のものを名づけて天地の大徳という。されば乾坤両卦の彖伝にも「大哉乾元、萬物資始」（大なるかな乾元、万物資《と》りて始む）また「至哉坤元、萬物資生」（至れるかな坤元、万物資《と》りて生ず）といい、或いは繋辞伝に「生生之謂易」（生生、之を易と謂う）ともいう。これを要するに、万物を生生することが実に天地の大なる働きであり、従って人はこの天地の徳に則《のっと》るべきものとする。そして人がこの徳に則る点を名づけて仁という。されば後世仁を解して「天地生物之心」とも称する〔程伊川〕。聖人すなわち君主はこの天地生物の心を体得せる者であり、地位を得、人を聚めて、その理想を行なわねばならない。そして理財すなわち経済は、実にその施政の第一要件をなすものである。

然るに君主がその経済政策を行なうに当たって最も注意すべきことは、下にとって上に増し、貧富の差を甚しからしめることを慎しまねばならないことである。これは上述の上下関係の説明により自ら明らかなところである。されば損の卦の彖伝に「損下益上」（下を損して上を益す）をもって損とし、益の卦の彖伝に「損上益下」（上を損して下を益す）をもって益としている。すなわち下《しも》貧賤の

民からとって富貴の位に在る者に益すことが損であり、富貴の者からとって貧賤の民に益すことが益であるという。程伊川がこれを塁土に譬え、上を損してその基本を厚くすることによって上下が安固であり、下をとって上の高さを益すことは危険であるというのは、よく譬えをとったものというべきである。また謙の象伝に「君子以裒多益寡、稱物平施」（君子は以って多きを裒《へ》らして寡《すくな》きを益し、物を称《はか》りて施《ほどこ》しを平らかにす）とあるのも社会上における富の不平等を矯《た》めんとする意にほかならない。

かく易は経済をもって君主の施政の第一要件としているが、各人をしてその欲望をほしいままにせしめて自由競争に放任することはその採らざるところである。すなわち謙の象伝に、

天道虧盈而益謙、地道變盈而流謙、鬼神害盈而福謙、人道悪盈而好謙、

天道は盈《みつる》を虧《か》きて謙に益し、地道は盈を変じて謙に流《し》き、鬼神は盈に害して謙に福し、人道は盈を悪《にく》みて謙を好む。

といい、節の象伝には

天地節而四時成、節以制度、不傷財、不害民、

天地は節ありて、四時成り、節して以って度を制すれば、財を傷けず、民を害《そこな》わず。

という。けだし天地自然の現象を見るに、その活動は決して際限なく自由なものではなく、その間に

それぞれ一定の節度があって相犯さない。ために秩序ある自然現象を呈することを得ている。社会においても、もし人々をしてその欲望を際限なく増長せしめ、これを自由競争に放任する時は、放逸奢侈の極、財物を暴殄《ぼうてん》し、擠排呑噬《せいはいどんぜい》のあまり、民生を傷害するに終わる。これ易が物の充実するを嫌って、制限あるを貴ぶ所以である。

以上述べるごとく、易の原理は、社会上において道徳的階級制度の思想を高調すると同時に、また社会政策的な思想を随所に現わしている。この道徳的階級制度は、原始的儒家思想において既に明瞭に言い表わされているところであり、また社会政策的思想も、もとよりすでに相当の程度にまで述べられているところであるが、しかしこれらの思想に多少哲学的な根拠を与えたものは易の思想であり、これは易の十翼の出来た漢代の社会情勢を最もよく反映するものと思われる。実に道徳的階級制度の思想は、前漢の武帝の時代に至って、始めて制度上にその実現の曙光を認めることとなり、社会政策的思想も武帝以後において着々その実行を見るに至っている。それに対する思想的根拠が、易において特に高調せられていることは注意すべきである。

前述のごとく道徳的階級制度の思想は、後世中国人の階級意識を和らげ、階級闘争を未然に防ぐ力があったが、同時に社会政策的思想も、後世中国人の階級意識を和らげ、支配階級に反省を与える作用をなしたものであり、易は最もよくこれらの思想を代表するものといい得る。

〔参考書〕

周易注　漢、鄭玄（鄭氏佚書）
周易注　魏、王弼　晋、韓康伯
周易正義　唐、孔穎達疏（十三経注疏）
周易集解　唐、李鼎祚
伊川易伝　宋、程頤
周易本義　易学啓蒙　宋、朱熹
周易集注　明、来知徳
古周易訂詁　明、何楷
易漢学　易例　周易述　清、恵棟
周易述補　清、江藩
周易虞氏義　周易鄭氏義　周易荀氏九家義　清、張恵言

第二節　五行

五行の名が、中国の古典に現われるのは、『尚書』の甘誓《かんせい》・洪範《こうはん》の二篇に見えるものが、最も古いとせられている。甘誓は夏の史官の記録したものといわれ、この点から五行思想の中国における起原は、極めて古いものと考えられている。しかし甘誓の中には五行と三正を併せ挙げるが、三正とはいわゆる夏殷周三代の暦法、すなわち十三月・十二月・十一月をもって正月とする三種の暦の立て方である。そしてかくのごとき暦の異説は、周末すなわち戦国時代に至って現われたものであり、これが夏の時代の記録に現われることは不合理である。したがってこれとならび挙げられる五行の記載も、容易には信用しがたい。

洪範は大法、すなわち王者が天下を治める大法の意味である。これに九疇《ちゅう》、すなわち九の大箇条をあげ、その第一が五行であって、「一曰水、二曰火、三曰木、四曰金、五曰土」とあり、それに続いて五行の性質を述べて、

水曰潤下、火曰炎上、木曰曲直、金曰従革、土爰稼穡、潤下作鹹、炎上作苦、曲直作酸、従革作辛、稼穡作甘、

水に潤下と曰い、火に炎上と曰い、木に曲直と曰い、金に従革と曰う。土、爰《ここ》に稼穡《かしょく》す。潤下は鹹《かん》を作し、炎上は苦を作し、曲直は酸を作し、従革は辛を作し、稼穡は甘を作す。

という。この洪範は本来、夏の禹《う》王が天から授ったものであり、それを歴代相伝え、周が殷を滅ぼした時、殷の箕子《きし》が周の武王に伝えたものとせられている。かかる伝説を怪しむべきものとして採らない学者も、少なくとも周初にかくのごとき文書が存在したと考えるのが普通である。

然るにこの洪範も、これを解剖すれば、その内容は極めて怪しむべきである。九疇の中には、極めて古い時代から伝わったであろうと思われる政治上の法則も含まれているが、時代の変遷に伴って多くの附会または改竄が行なわれた形跡が見え、殊に九疇の最初におかれている五行は、恐らく最後に附加された部分ではないかと思われる。同時に『尚書』を最も尊重した孔子の思想を見ても、また孔子を祖述してしばしば『尚書』を引用する孟子の書を見ても、五行に関する記事は全く見えず、また五行思想から得来たったごとき思想も全然見出し得ない点から考えて、孔子や孟子の見た尚書には、この五行の一節は無かったであろうことが推定せられる。なおこのほかに尚書の大禹謨《だいうぼ》にも五行のことを説いているが、これは『偽古文尚書』であり、『左伝』などに出ている記事を綴り合わせたものであって、問題とするに足らない。

このほか儒家以外の書で、比較的古いものと考えられる『管子』『墨子』などの中に、五行思想に関するものが散見するが、『管子』は前述のごとく管仲の著述ではなく、その中には漢代に書かれたものも相当あり、『墨子』の書も一部分は古い墨子固有の思想を含んでいるが、中には戦国末期の記録が竄入しているのであり、これらの書に五行説が見えるとしても、管仲・墨翟の時代に五行思想があったとは断定することはできない。

然らば五行思想は何時頃から確かに現われているかというに、その最も信を措《お》き得るものは戦国の時代、鄒衍《すうえん》の五行説であろうと思う。鄒衍の五行説は、いわゆる五徳終始の説である。五徳終始とは、一代の帝王は必ず五徳の一を備えて王者となるとの思想である。五徳は火水土木金の五つの徳であり、すべての王朝はこの五徳の順序に従って更代すべきものであるとする。王朝の更代すなわち易姓革命が、自然の法則より見て当然であるとする考えである。そして五徳のよって来たるところが火水土木金にあることから、これを五行説と名づけるわけである。

この説の首唱者鄒衍《すうえん》は、斉の人であり、孟子よりは時代が少しおくれる。『史記』には孟荀列伝にその伝記を附載し、その記事は孟子などよりよほど詳細である。この五徳終始の思想は、或る王朝が非常な権力を有して統治が完全に行届いている時には起こるものではなく、従来の統治者が次第に衰えて、他にこれに代わるべき有力な者が現われる場合、或いはその出現を希望する場合に、起こるものである。戦国末に周の勢力が衰微の極にあった時、かかる思想が世に現われたことは最も自然である。

そしてこの説は、秦漢の革命およびその以後においても、盛んに利用せられた思想である。もっともこの五徳が終始する順序については、相勝（剋）・相生の二説がある。相勝は鄒衍《すうえん》の唱えるところであって、その順序は火水土木金の順序に更代するとするのであり、相生の説は前漢の末に劉向《りゅうきょう》らが唱えたところであって、木火土金水の順序に王朝が更代するとするものである。漢代においても、始めは儒家が相勝の説を採り、張蒼《ちょうそう》は漢が水徳をもって周の火徳に勝ったとし、また賈誼《かぎ》は漢が土徳をもって周の水徳に勝ったと考えている。然るに劉向《りゅうきょう》は周をもって木徳とし、秦は閏位として数えず、漢を火徳と考える。この相勝相生の説の分かれる所以は、政治思想の変遷にもとづくものである。すなわち相勝は王朝の更代が武力によるという事実にもとづくものであるが、相生の方は禅譲にその基礎をおき、武力によらず、前朝の王者が後の王者にその位を譲るという形式に根拠をおく。前者は湯武の放伐を根拠にし、後者は堯舜の禅譲を根拠とする。漢が天下をとった時はむろん武力によったが、前漢末に王莽《おうもう》が漢の位を奪ったのは禅譲の形式によったものである。正にその当時に、五徳が相生の順序で終始するの説の出たのは偶然ではない。王莽《おうもう》以後、最近に至るまで、中国では王朝の交代は事実は武力によっても、形式はすべて禅譲であって、五行相生の説に従っている。

然るに水が火に勝つ、或いは木が火を生ずるということは、きわめて卑近な実際生活の経験から出発するものであり、動かすべからざる原理があるのではない。要するに革命の事実を肯定するために、一の理論を構成せんとして、かかる理論が現われたものにほかならない。

然らばこの水火土木金の五つのものが、如何なる意味でかく綜合せられているかというに、それについては従来二つの考え方がある。一は万物のよって生ずる元素の意味であり、他は人間の日常生活に欠くべからざる材料としての意味であるとする。従来の註釈家の説明によれば、天には五気が流行し、地にあっては人がこれを行用するをもって、これを五行と名づけるという説がある。五気が流行するといえば、元素の意味に解するごとくであるが、民がこれを行用するという点から見れば、生活の必需品と考えているごとくでもある。古来の註釈家はこの二つの意味をあわせ採っている。

他の国の古代文化を見るに、印度・ギリシアなどにおいても、地水火風をもって宇宙の構成元素と考えているが、古代の中国人が果たしてかかる思想を有したかは疑問である。中国人は古来極めて実際的な実利主義に終始し、宇宙論のごとき高遠な問題には本来興味を有しない。そのこれを有するに至ったのは、むしろ外来文化の影響といわねばならない。いま仮りにこの五者を古代中国人が元素と考えたとすれば、その間に極めて不合理なものが含まれていることは、何人も気づくところである。たとえば、もし宇宙の元素を五に区別するならば、金と土に同じ価値を認め、合わせ挙げることは、甚だ不合理といわねばならない。然らば五行は日常生活の必需品の意味に用いているかというに、

『左伝』文公七年にこの五行に穀を合わせて六府という。府とは、人民がこれによって生存する重要な材料の意味である。また『左伝』襄公二十七年に五材をいい、註釈家はこれを五行と解している。これらの点より見れば水火土木金が生活の資料として重要なものであるとする考えは、或いは鄒衍《すうえん》以前から存したかもしれない〔左伝が今日の形になったのは前漢末であるが、材料は古くからあったものが今日の形に作りかえられたものといえる。〕。

五行思想の根幹は、その「行」の一字に存する。昔の註釈家のいう流行すなわち循環の意味が、最も重要なものである。前掲のごとき行用の意味は、本来「行」の字にはない。行用とは、これを利用の点から考えて附加したものに過ぎない。「行」の字の本義は、要するに「行く」「めぐる」であり、五行の意も従って、この五者の間に循環が行なわれるということである。循環を無視して、五行説は成立しない。されば五行は生活の必需品、五つの材料の意味から出発したものではなく、この五者の間に循環関係の存することが本である。かく解すれば、上掲のごとく、鄒衍《すうえん》の五徳終始が五行説の最古のものとしなければならない。その五つの名目が、『左伝』の中に現われる生活の必需品と一部分一致する点があるのは、その循環を考えるために、かくのごとき卑近な資料を採用したことに起因するものであろう。

前に五行説は政治思想と関連して発生したことを述べたが、すでにかくのごとき説が成立し、しかもそれが王朝の交代のごとき重大な意味を説明するものとして用いられることから、ついにその説が王朝の交代以外の政治、その他人事界の現象、ならびに自然界の現象の説明にまで応用せられることとなり、そこにいわゆる五行配当が行なわれるに至った。そして一旦、五行の配当が行なわれれば、その配当せられた人事界・自然界の諸現象は、その所属する五行の一と、発生的な関係を有するのみならず、同じ五行の一に配当せられるもろもろの事物相互の間にも、根本的な連結が存すると考えられるに至り、従ってこれら諸事物・諸現象の発生の根本とせられる五行が、宇宙構成の元素と考えられるに至ったものである。

然らばこの五行の配当は何時から行なわれるに至ったかというに、それは正確には判らない。洪範には五行のほかに五事〔貌、言、視、聴、思、〕庶徴〔雨、暘、燠、寒、風、〕をあげるが、その相互の関係については何事も述べていない。然るに『漢書』の五行志に、伏生《ふくせい》の『洪範五行伝』を引いて、洪範における五行・五事・庶徴の関係を述べるのは、正に五行配当の考えによっている。五行配当の起原として最も信をおき得るのは、『呂氏春秋』十二紀および『礼記』月令である。『呂氏春秋』は、秦の始皇の時に呂不韋《りょふい》が天下の学者を集めて編纂せしめたものであって、始皇即位八年に成ったといわれるが、それに後世の竄入のあることは他の古典と同じである。月令は、漢代に呂氏春秋からとって作ったものであり、この二者は本来同一のものと見ることができる。それによれば春夏秋冬の四時をもととして、自然界・人事界の種々の現象をそれに配当している。もっとも、それには五行の名称は見えない。これらの書においては春夏秋冬を孟仲季に分かち十二季としているが、それを配当するに当たっては孟仲季を区別していない。そこで春夏秋冬の四時に配当すべきであるが、それに中央を加えて五とし、すべてのものをその五に配当している。

	十干	五帝	五神	数	五味	五色	五音	五臓	五虫	五祀
春	甲乙	大皞	句芒	八	酸	青	角	脾	鱗	戸
夏	丙丁	炎帝	祝融	七	苦	赤	徵《ち》	肺	羽	竈
中央	戊己	黄帝	后土	五	甘	黄	宮	心	倮	中霤
秋	庚辛	少皞	蓐収	九	辛	白	商	肝	毛	門
冬	壬癸	顓頊	玄冥	六	鹹	黒	羽	腎	介	行

そしてこの配当は祭祀に関係するものである。十干は祭の日を定めるための標準であり、五臓も祭に供える肉のそれぞれの部分であって、人体のそれではない。五帝五神はもちろん五味五色も、祭祀の関係から説明し得る。数もまた祭との関係を考え得ないではない。

これが五行配当の起原と考えられる所以は、中央が設けられ、春夏秋冬のほかに一を加えて五部門を立てるからである。ただ祭祀のためだけならば四でよく、中央は意味をなさない。然るに五行の配当を考えれば、春夏秋冬・東西南北などは都合悪く、五としなければ配当することができない。そこで方位については東西南北のほかに中央をおいて五方とし、四時については夏の終わりすなわち季夏を四時から区別する方法と、一年を三百六十日と見てそれを七十二日ずつに機械的に五分する方法とが行なわれた。この方法はさらに一変して、春夏秋冬の区分は変化させず、その移り変わりに十八日ずつをとり、これを土に当ててその配当を合理化せんとする。土用がそれである。然るに『呂氏春秋』や月令を見るに、そこに中央をおき、四方あるいは四時を五方五時とする分け方が現われており、そこには五行思想が潜在するものと見なければならない。ただその五行の配当は極めて幼稚であり、これを自然界・人事界の現象に適用してこれによって宇宙を説明するごとき組織ではなく、大体のプランは祭祀に関係する事柄をこの五の区分法に従って配列したに過ぎない。

五行の配当は秦漢の際にはこの程度のものであったと思われるが、前漢武帝の時の董仲舒《とうちゅうじょ》の『春秋《しゅんじゅう》繁露《はんろ》』には、明らかに五行の配当が宇宙の説明として見られる。そこには相勝相生の両形式を認め、これによってひとり政治上の事件のみならず、すべて人事界・自然界の現象を説明する。ただし董仲舒には五徳終始の説はなく、専ら五行を配当の方面から考え、これによって宇宙の原理を解明せんとする。彼においては王朝の交代は別の原理、すなわち後述の公羊《くよう》家の革命説によって考えられており、それは五行説とは一致しないものであるから、彼はただ五行説を配当の方面に発展せしめたものである。従って五行相生説は、『春秋繁露』の本文に疑問をさしはさまないかぎり、董仲舒から始めて見えていることになるが、それを五徳終始の革命説に応用することは、そののち劉向《りゅうきょう》に至り始めて見るところである。五行説本来の意味からは劉向の方を相生説の創始者ということができるが、単に五行相生の点から見れば、すでに董仲舒の書にその説を見ることができる。そして五行配当すなわち五行をもって宇宙を説明する思想は、『呂氏春秋』月令などにその端緒が示されるが、これを宇宙論に導入したのは董仲舒をもって始めとすると解して不可はないであろう。この五行をもって宇宙を説明する考えは、董仲舒以後発展して、天人合一の思想の一説明方法となり、易とともに儒家の哲学思想の根底を形づくる有力な要素となったものである。

第三節　春秋

通説によれば、孔子が『春秋』の書を著わし、自己の政治上の理想をそれに寓した。然るにその語が極めて簡潔であり、孔子の理想がいずこに存するかを容易に知り得ないため、孔子の同時代人の左《さ》丘明《きゅうめい》がその伝を著わし、また孔子の弟子の子夏《しか》に公羊高《くようこう》・穀梁赤《こくりょうせき》の二人の弟子があり、それぞれ師から春秋の義を伝えた。その左丘明の作った伝を『春秋左氏伝』といい、これは最初から書物に書かれて伝わったとせられるが、公羊高・穀梁赤によって伝えられた解釈、すなわち『春秋公羊《くよう》伝』『春秋穀梁《こくりょう》伝』は、師弟が口誦によって相伝え、漢代に至って始めて竹帛《ちくはく》に書いたとせられる。このほかに鄒《すう》氏・夾《きょう》氏の春秋伝もあったといわれるが、それは早く滅び、漢代に盛行したものは左氏・公羊・穀梁の三伝である。

以上は春秋に関する通説であるが、孔子が春秋を著わしたとすることは甚だ信用しがたい。『史記』によれば、魯の哀公十四年、大野に狩して麟を獲るに及び、孔子は吾が道窮すとなして『春秋』を作り、筆すべきは筆し、削るべきは削り、子夏《しか》の徒は一辞を賛すること能わず、弟子、春秋を受くという［孔子世家］。この説に従えば、孔子が春秋を作ったのは、その没年に先立つ二年、すなわち七十一歳の時であり、その弟子は春秋を孔子から伝えたこととなる。然るにかくのごとき孔子の大著述とせられる春秋が、孔子の門流によって編纂せられた『論語』の中に一言も言及せられていないのは、はなはだ怪しむべきことである。この一事によっても、司馬遷の言は甚だ信をおきがたい。

孔子の春秋に関する最も古い記録は、『孟子』である。孟子によれば、

世衰道微、邪説暴行有作、臣弑其君者有之、子弑其父者有之、孔子懼、作春秋、春秋天子之事也、是故孔子曰、知我者、其惟春秋乎、罪我者、其惟春秋乎、……孔子成春秋、而亂臣賊子懼［滕文公下］

世衰え、道微にして、邪説暴行、作《おこ》るあり。臣にして其の君を弑《しい》する者、之《これ》あり。子にして其の

父を弑する者、之あり。孔子懼《おそ》れて春秋を作る。春秋は天子の事なり。是の故に孔子曰わく、我を知る者は、其れ惟《ただ》春秋か。我を罪する者は、其れ惟春秋かと。……孔子春秋を成して、乱臣賊子懼《おそ》る。

といい、また、

王者之迹熄而詩亡、詩亡然後春秋作、晉之乘、楚之檮杌、魯之春秋、一也、其事則齊桓晉文、其文則史、孔子曰、其義則丘竊取之矣［離婁下］

王者の迹熄《や》みて詩亡び、詩亡びて然る後に春秋作《おこ》る。晋の乗《じょう》、楚の檮杌《とうこつ》、魯の春秋は一なり。其の事は斉桓晋文《せいかんしんぶん》、その文は則ち史なり。孔子曰わく、其の義は丘竊《ひそ》かに之を取れりと。

とある。孔子が魯の歴史によって春秋を作り、それに自己の理想を寓したという伝説は、孟子の記録にもとづくものである。

然るに今日の『春秋』を見るに、ただ事実を直書するのみであって、その記事は極めて簡単である。それを読むのみでは、その中に如何なる理想が含まれているかは、何人にも判らない。そこでいわゆる三伝が行なわれ、凡例を作って孔子の褒貶の方法を述べている。然るにその三伝のいうところの凡例は、互いに相同じくはない。またこれらの凡例を見るに、いずれも牽強附会であることは、唐の劉《りゅう》知幾《ちき》の『史通』や、宋の朱熹《しゅき》の『語類』などに、すでに十分に論ぜられたところであり、或いは宋の王安石のごときは、『春秋』を目して断爛《だんらん》朝報であるとしたとさえ伝えられる。かりに春秋の本文に、後世の学者のいうごとき孔子の微意が含まれているとしても、それは孔門の俊秀なる者数十人の間に了解せられ、伝授せられたものであり、一般人の知り得べきものではない。したがって孟子のいうごとく、孔子が春秋を作って乱臣賊子が懼《おそ》れるというはずがない。もし乱臣賊子を戒めるためにかかる著述をなしたとすれば、その迂《う》や笑うべきである。この一事をもってしても、孟子の春秋論が信ずるに足らないことは明白であろう。

孟子のこれらの語が、はたして孟子の時代のものであるか、或いは後世春秋学が盛んとなって後の附加であるかについては、疑いがなくはない。血が杵《きね》を流したという記事があるところから、尽《ことごと》く書を信じなかった孟子が、このような不合理を言うはずがないからである。だが、しばらくこれを孟子の時代の文章としても、それは事実にもとづく言説ではなく、孔子を尊崇するのあまり、春秋なる著述を孔子に仮託して、それが深遠なる孔子の理想を述べたものであると解する傾向が、孟子の当時ようやく起こりつつあったものと見るべきである。

いったい『春秋』とは如何なるものかというに、孟子の語にもあるごとく、魯の歴史である。これはひとり魯に限るものではなく、他国にも春秋があったことは、『墨子』『韓非子』などによって明らかである。すなわち春秋は列国共通に記録に名づける名であり、晋や楚においては特別の名称を附したに過ぎない。すなわち春秋は一国の歴史である。その歴史を何故に春秋と名づけたかといえば、それは恐らく春夏秋冬すなわち一年の意味を略したものである。けだし古代の暦は、年中の行事をその中に記録すると同時に、その余白にその時に起こった重要な事件を記入したものであろう。春秋とは本来暦の意味であって、その中に当時の重要な事件が記入され、保存されるために、これが歴史上の記録の意味に転化して用いられたものと思う。従って今日伝わる春秋の文にも、別に深い意味が存するわけではない。ただその時の事情、或いはこれを記す者の異なるに従って、繁簡を異にし、種々体裁を一にしない点があるに過ぎない。その記事が極めて簡潔であるところから、如何様にも解釈し得ることが、春秋学の極めて煩雑と見られる所以である［孟子の春秋を説くところは公羊家の言である。］。

次に三伝の由来に関しても、通説のいうところを悉く信ずることはできない。『左氏伝』は恐らく春秋戦国以来伝わった資料を編纂したものであろうが、さればとてそれを春秋戦国時代の記録そのままとは見ることはできない。それは戦国末から前漢にかけて、従来伝わった資料を編纂したものであり、その中には後世の思想や事実が竄入している。殊にこの書は、始めは単なる歴史上の記録に過ぎなかったものを、漢代に至って春秋の解釈として用いることとなり、それぞれの事実の上に道徳的判断を加えるに至っているが、それは『公《く》羊《よう》伝』などの影響から起こったことであって、一部の学者の間では前漢の劉歆《りゅうきん》が手を入れたものと称している。『公羊』『穀梁』二伝に現われる思想も、戦国時代にその萌芽と認むべきものがないではないが、それが広く世に知れわたったのは、その書が竹帛《ちくはく》に垂れたといわれる漢代以後のことである。かつその内容から見ても、漢代の思想とするのが最も妥当であろう。漢代においては各々の学派がその学問の古さを競う風潮が盛んであったが、春秋の学においても、三伝たがいにその学問の古きを競うところから、その学問の祖を孔子の時代、或いは孔子直門の弟子に附会するに至ったものと思う。

なお漢代には儒家の学に今文家《きんぶんか》と古文家との区別があって、今文家とは漢代に行なわれた文字すなわち隷書《れいしょ》で書いたテキストを用いる学派の名であり、古文家とは秦以前に行なわれた古体の文字をもって記されたテキストを用いる学派である。漢初には、儒家の経典に、この両様の書体で書いたものがあり、両者はその字体を異にするのみならず、時としてはその本文の内容を異にし、甚しきは或るテキストは古文今文の一方にのみ伝わり、他方には伝わらないものもある。この二学派の成立は、もとより両者の思想に根本的相違があることにもとづくのであり、テキストに相違があるため思想が相違したのではなく、むしろ思想が相違したためにテキストの異なったものを採ったというべきである。従って同じ経典に対する場合にも、その見解を異にし、事ごとに対立を見るに至った。そして今古文両家の対立は、前漢時代においては、春秋の学において最もよく現われ、公羊・穀梁を奉ずる学派が今文家に属するのに対して、左氏伝を奉ずる学派が古文家を代表し、今文家においては特に公羊家がその学派を代表する観があった。そして前漢時代の経学においては、今文家の思想が支配的であるところから、春秋においても公羊家の思想を一瞥《べつ》すれば、その思想の大体を尽くし得るかと思う。

春秋三伝にはおのおの凡例、あるいは義例がある。それはすなわち春秋の経文の筆法に対する解釈の例である。この凡例は、『公羊』『穀梁』二伝においては、孔子がこれを立てたとし、左伝家では孔子の新例と周公の旧例と二あることとなっている。『荘子』天下篇に「春秋以道名分」（春秋は以って名分を道《い》う）というが、この名分を明らかにすることが、春秋学の基礎をなすものであり、そしてそれは畢竟、春秋の筆法の解釈から生ずる。例えば春秋では呉楚の君に対しては子を称し、斉桓には侯、宋には公を用い、践土の会に諸侯が天子を呼び寄せたにもかかわらず、春秋には「天王狩于河陽」［僖二十八年］という。また周室の号令は行なわれないのにもかかわらず、毎年「春王正月」と大書するのは、名分を正すことにほかならない。すなわち封建的秩序が乱れ、君臣の関係が廃れたため、上下を弁じ、同異をわかつ主旨にもとづいて、名分を正したものである。この名分を正すことは、さらに褒貶を寓することを伴う。例えば日月時の例があって、日を書くを正例とするときに、月を書くは変例である。人の死亡、或いは他の事件の場合に、この時月日の書き方の相違により褒貶が寓せられる。また人を呼ぶ場合に国人氏名字など、それぞれに褒貶の意味が寓せられているとする。

さらに甚だしい例としては「晉趙盾弑其君夷皐」［宣公二年］（晋の趙盾《ちょうとん》、其の君夷皐《いこう》を弑《しい》す）、「許世子止弑其君買」［昭公十九年］（許の世子止《し》、其の君買《ばい》を弑す）のごとき、その本文のみでは実際これらの人々が君主を殺したかのごとく見える。しかし趙盾は君の無道を諫めて聴かれず、出奔して国境を越えない前に、趙穿《ちょうせん》が君を殺した。趙盾は引き返したが、趙穿を誅伐しなかった。そこで亡《に》げて境を越えず、帰って賊を討たざるは、賊と志を同じくするものであるとの意味で「弑其君」と書いたものと解釈する。これに対し、『左伝』には孔子の語として「惜也、越境乃免」（惜しいかな、竟を越えて乃ち免る）という。これらは如何に形式的な凡例によっているかがわかる。また許の世継の止《し》がその父を殺したというが、それは世継の勧めた薬を飲んで死んだのである。すなわち君を大切にする志はあったが、自らその薬を嘗《な》めないところにその責任があるとして、「弑其君」というものと解する。また隠公十一年に「冬、十有一月、壬辰、公薨」とあり、これは隠公の弟桓公が兄を殺して自ら立ったのであるが、それは春秋の文面には現われない。薨という所以は忌むところがあるからであるとし、その説明が十分ではない。

　これを要するに、いわゆる凡例を立てて『春秋』を解釈することは、春秋の本文自体とは本来関係のないことであり、いわゆる春秋学が起こってのち、春秋に対してかくのごとき内容を要求したものである。従ってその凡例は必ずしも徹底しない場合が多く、かつ三伝それぞれその凡例を異にし、互いに相争う状態である。『韓非子』に郢《えい》書燕《えん》説ということがあるが、春秋の解釈はこれに類する。

以上は三伝にわたって、凡例すなわち解釈方法の一例を示したのであるが、以下述べるところの公《く》羊《よう》家の思想においても、公羊家独特の凡例を先ず立てて、事実をそれに附会するのであり、事実を無視して理想を高調する点においては、公羊家は他の二伝に比べて最も甚だしい。

公羊家の学説を述べるには、漢代の代表的公羊学者董仲舒《とうちゅうじょ》の『春秋繁露《ばんろ》』、および漢初の公羊学者胡母生《こぼせい》の条例に従ったとされる後漢の何休の『公羊解詁《くようかいこ》』を主なる材料としなければならない。それらによれば、公羊学には三大義例がある。すなわち「存三統」「張三世」「異外内」がそれであり、そしてこの三の義例がそれぞれ三に分かれるところから、これを三科九旨と呼ぶ。

「存三統」とは、一言にしていえば、易姓革命は、世運の推移上、必然的に起こるものとする考えである。かかる思想がすでに易や五行の思想の中にも、重大な要素として含まれていることは上述のごとくであるが、公羊家の思想もまたそれらとともに、漢の朝廷のために、その地位を正当化する論理を与えたものである。『春秋繁露』によれば、革命によって新たに王者が起こる場合には、その王者に最も近い二王の後は、なお王の名儀を存し、これを大国に封じて、新たに立った王者とともに、これを三王と称する。これより遡って五王朝を合わせて五帝と称し、さらに遡って前九代の王朝の後を九皇と称する。これらはそれぞれその子孫に小国を与えて、その祖先の祭を継がしめる。されば易姓革命のあるごとに、三王五帝九皇の内容は変化して、一代ずつ順次繰り上がり、九皇のうち最も古いものは平民に下される。そしてかくのごとき変化は、世運推移の過程において必然的に反覆されるものとする。

公羊家の説によれば、孔子が『春秋』を著わす時、この原則によって自ら理想的な新王を立て、当時の周室を退けて、前代の殷とともに二王の後として、これを存せんとする意を示したものであるといい、これを「新周故宋、以春秋當新王」（周を新とし、宋を故《ふるし》とし、春秋を以って新王に当つ）という。そのいうところの理想的新王が何をさすかについては二説あり、一は魯をもって新王に擬したものとし、他は孔子が漢をもって新王に擬したものという。前者は、孔子が魯の最初の統治者周公を理想の人物とし、また『論語』の中に「吾其爲東周乎」〔陽貨〕（吾れ其れ東周を為さんか）ということき語のあるところから出た説である。後者は、春秋にいうところの新王とは漢をさし、漢の王朝が周に次いで必然的に興るべき運命を有することを、孔子が春秋の中に暗示しているとの解釈である。孔子をもって一種の神格を有する者と考え、そのすべての予言が的中するものと考えた公羊家の立場から見れば、いわゆる新王が漢の王朝をさすものとするのが妥当な解釈であろう。公羊家の学説が他の春秋伝を圧倒して漢代に尊崇され、実際政治上にも著しい影響を及ぼした所以は、けだしそれが漢のためにする学問、すなわち漢王朝の存在を学問的に確認する学問であったがためである。

次に「張三世」と「異外内」とについて、その概要を述べるに、公羊家はこれによって孔子が文化発展の段階を述べたものとする。張三世とは、文化発展の過程が三段階に分かれるということである。これも春秋の筆法に由来する。春秋は元来魯の十二公二百四十二年間の出来事を材料とするが、この時代を孔子自身を標準として三つの大きな時期に分かつ。「所見之世」「所聞之世」「所伝聞之世」がそれである。何休によれば、「所見之世」は昭・定・哀の時代であり、孔子自身およびその父の時代にあたる。「所聞之世」は文・宣・成・襄の時代であって、孔子の祖父の時代にあたり、「所伝聞之世」は隠・桓・荘・閔《びん》・僖《き》の時代であって、孔子の曾祖・高祖の時代にあたるという。董仲舒《とうちゅうじょ》は「所見之世」六十一年、「所聞之世」八十五年、「所伝聞之世」九十六年とするが、これは同じことを別の語でいうに過ぎない。そして公羊家では「所見異辞」「所聞異辞」「所伝聞異辞」といい、この三世に従って春秋の筆法が一様ではなく、同じ事実を記載するに措辞《そじ》を異にしているとする。

これは春秋を一の歴史として見た三世の区別であるが、さらに公羊家では、別に文化発展の三過程を考え、この春秋の三世はその三過程を具体的に示す方便として用いられているに過ぎないとする。然らばその文化発展の三過程とは如何なるものかというに、それは「衰乱之世」「升平之世」「太平之世」の三である。そして公羊家では、「所伝聞之世」を衰乱の時代、「所聞之世」を升平の時代、「所見之世」を太平の時代とする。歴史上の事実から見れば春秋の時代は全然衰乱の時代であり、しかも終りに近づくに従って、ますます乱れ、升平・太平の時代が実際に存在したわけではない。然るに公羊家に従えば、春秋に見える歴史上の事実は全く仮借であって、春秋は単に歴史を述べたものではなく、歴史上の事実を借りて歴史の理法を示したものである。さればここでも唯その時代の史実を借りて、歴史が衰乱から升平へ、升平から太平へと段階を追って発展するものであることを示したに過ぎないとする。

「異内外」とは、また文化発展の過程において、自国と他国との関係が変化することをいうものであり、張三世と離るべからざる関係にある。すなわちそれは「内其國而外諸夏」（其の国を内にして、諸夏を外にす）、「内諸夏而外夷狄」（諸夏を内にして、夷狄を外にす）、「夷狄進至于爵」（夷狄進みて爵に至る）ということである。これによれば春秋では外国に対する思想が、前の三世に応じて異なるとする。すなわち衰乱の時代には、まず内を詳らかにするを要すといい、自国内において文化を発展せしめることに専心しなければならない。故にこの時代には「内其国而外諸夏」といって、文化の程度の低い夷狄は勿論、文化の進んだ中国の諸国といえども、自国以外はすべて排斥する。然るに升平の時代に至れば「内諸夏而外夷狄」といい、文化の低い夷狄は依然これを排斥するが、文化の進んだ中国の諸国に対しては、もはや自他の区別を設けない。さらに進んで太平の時代に至れば、夷狄の文化も進み、中国の諸国と夷狄との区別がなくなり、天下遠近大小一のごとしといって、世界はここに始めて一に帰する。公羊家ではこのことを「大一統」〔大は「たっとぶ」の意、〕といい、この時代を最も理想的な時代と考える。

すなわち衰乱・升平の時代は、程度の差はあるが、ともに国家主義の時代であり、太平の時代は世界主義の行なわれる時代である。何故に衰乱の時代において自国と他国の区別を立てるかというに、これは近きより始めて遠きに及ぼすのが物の順序であるからである。また升平の時代に中国と夷狄の区別を立てるのは、文化の程度の差に根拠して、夷狄のために中国の文化が破壊せられることを恐れるがためであって、人種的偏見にもとづくものではないことは、何休《かきゅう》以来、公羊家の常に説くところである。

これを要するに、張三世・異外内ということは、歴史が文化の程度に応じて、衰乱から升平へ、升平から太平へと、三段階を経て発展するものであり、同時に偏狭な国家主義から次第に世界主義に到達するものであることをいうものである。そして公羊家はこれをその希望として述べたものではなく、これを必然の理法として述べ、単に聖人の理想といわず、歴史発展の原理として説いている。この歴史発展の段階に関する公羊家の説は、前漢において漢民族の文化が次第にその周囲の異民族に及び、異民族との間に諸種の交渉葛藤《かっとう》を生ずるに至った時代と対照して考えるならば、すこぶる興味あるものがあろうと思う。

以上は公羊家のいわゆる三科九旨の概要であるが、これに関連して一言すべきことは『礼記』礼運篇の記事である。公羊学者は前述のごとく文化発展に応じて三世を区別するが、その各々の時代に如何なる特色があるかについては、何らまとまった説明を試みていない。然るに清朝末に至って、公羊学者の中には、『礼記』礼運篇の中に見える小康・大同の世の描写をもって、春秋三世の説明に当てようとするものがある。すなわち礼運篇の「小康之世」を升平の時代、あるいは衰乱の時代に当て、「大同之世」を太平の時代に当てる。

そしてその「小康之世」は如何なる時代かというに、それは天下の人がすべて利己心にもとづいて活動する時代である。君主は天下をもって自己の私有財産と考えて、子孫に世襲せしめこれを公けにせず、人民もまた各々その親を親しみその子を愛し、他人の親や他人の子には及ばない。また財貨を蔵するも自家を利せんがためであり、勤労を敢えてするのも自己を満足せしめんがためである。然るに、かく人々が利己心によって活動する場合には、争奪擠排《せいはい》は到底免れることができない。されば上位に在る者は、その地位を強固にするために世襲の制度を立て、城廓池溝を作り自ら守る必要が生ずる。およそかかる時代に最も必要なものは礼である。この礼を用いて社会の秩序を保ち、これをもって君臣を正し、父子を厚くし、夫婦を和せしめ、兄弟を睦ましめる。これをもって宮室・衣服・車旗・飲食の上に、上下貴賤に応じて制度を立て、耕作の土地、住居の所、また階級に応じて、その品を異にするのである。またこの時代には、争奪ならび行なわれるが故に勇を尊び、互いに相欺瞞するが故に智を尊ぶ。すなわち軍事権謀が必要であり、智勇の士が尊重せられる。これが小康の時代の状態である。

次に「大同之世」に至っては、公益が重んぜられ、私心は全く行なわれない。元来、天下は天下の共有の器であり、一人一家の私有し得るところではない。さればこの時代においては、天下を公けにし、聖徳ある者に委ね、あえて一個人の子孫に伝えることをしない。かくて徳行道芸あるものを選挙して要職につけ、政治に当たらしめる。そして人民一般の講習するところは誠信であり、修養するところは和睦である。もとより父母は人の最も親しむところ、子はその最も愛するところであるが、ただその親を親しみその子を愛するのみで、他人の親、他人の子に及ばない場合は、社会の平和を保つことはできない。人々その親を親しみ、もって他人の親に及ぼし、その子を愛して、もって他人の子に及ぼし、もって万民同愛の実をあげる。かくすれば私心私愛がなく、四海一のごとくなる。故に天下の老者は皆十分に栄養を得て、その余命を保ち、壮者も遊民とならず、幼者もみな傅育《ふいく》を得て成人しえ、鰥寡《かんか》孤独癈疾の者もみな恤養《じゆつよう》をえ、貧苦欠乏を歎ずるものがない。そして男子はおのおの分職があって、その才能に応じて働き、女子もおのおの良家を得て婚期を失することがない。また財産のごときも、公産あって私産はない。ただ人もし収得せずして、山野に委棄するならば、天物を破壊して利用し得ないことに至るため、何人かがこれを保管するのみであって、これを己れの有とするのではなく、もし乏しき者があればこれを施し与える。勤労も公共のためにこれをなし、自己のためにするのではない。かくして天下一心、親のごとく子のごとく和睦するならば、権謀術数は施すに余地がない。人々が供養を公産に得て、乏しき者には施し与えるごとくであれば、盗竊乱賊は起こり得ない。さればこの時代には、家々に扉を設くるも、あえて盗賊などを防ぐためではなく、専ら風塵を防ぐためである。かくのごときが「大同之世」の状態であるという。

この礼運篇は、古来疑問の多い篇であって、或いはこの思想は老子に近いとする者があり、或いは墨子に近いとの説をなす者もある。しかしこれが老子・墨子の思想と相容れない点を有することは、従来の学者の説明するところであって、ここにはそれを略する。元来、『礼記』の書は前漢時代に編纂せられたものであり、それが漢代の社会状態を反映することの多いのは想像にかたくない。礼運篇の思想のごときも、恐らく公羊家の影響をうけて現われたものと思われる。

以上述べるところの公羊家の思想は、孟子などのいう春秋の義理、すなわち周室を尊び乱賊を誅伐するという考えとは、甚だしく距離の存するものであり、かつ春秋の本文の上にもどこにもそれを証明する語がなく、また公羊家がその元祖と仰ぐ孔子の思想を述べる他の書の中にも見えない思想である。然らば公羊家はかかる思想を如何なる理由によって採り入れたかというに、公羊家においては大義・微言をいう。春秋にはこの二つの義理が含まれている。すなわち乱臣賊子を誅伐することは表面の事柄すなわち大義であり、後の王者のために法制を改立することは孔子の微言であって、本文の上には現われない。大義を尊重すべきは勿論ではあるが、微言はさらにそれ以上に尊重しなければならない。春秋は一面においては周室を中心として名分を正す思想を有するとともに、一面では周室を否定して、それに代わるべき王朝のために、その出現の正当なることを弁護するものであるということになる。他の二伝すなわち穀梁・左氏は、尊王攘夷をモットーとする。すなわち周室を尊び夷狄を排斥することを標榜するが、公羊学では周室を尊び夷狄を攘《はら》う一面を採用すると同時に、また革命を是認し、夷狄と和睦協調することを認める。

いったい革命を是認するについては、その論理を立てる上に困難な点がある。革命によって新たに立った王朝を是認する必要からは、当然革命是認論が起こるが、その王朝がようやく基礎を強固にし、永くその支配を続けんとする場合には、革命是認論は禁物となるわけである。漢代の学者の議論を見ても、漢が前代の王朝に代わることを是認するためには、革命論を唱えると同時に、将来漢の帝室の安全を期待し、その治世の永からんことを願うためには、あくまでも革命を否認すべき立場におかれており、学者の間にこの点について議論の行なわれたことは少なくない。前漢景帝の時に、轅固生《えんこせい》と黄生が天子の前で革命の是非を議論したのは、その最も著しい例である

〔参考書〕

春秋左氏伝集解　晋、杜預《どよ》

左伝正義　唐、孔穎達《くようだつ》

春秋左氏伝解詁　後漢、賈逵《かき》　春秋左氏伝解誼　後漢、服虔《ふくけん》

春秋釈例　晋、杜預

春秋公羊解詁　後漢、何休　春秋公羊注疏　唐、徐彦《じょげん》疏

春秋公羊通義　清、孔広森

春秋公羊義疏　清、陳立

春秋繁露　前漢、董仲舒

公羊何氏釈例　清、劉逢禄《りゅうほうろく》

春秋穀梁集解　晋、范甯《はんねい》　春秋穀梁伝注疏　唐、楊士勛《ようしくん》疏

穀梁大義述　清、柳興恩

穀梁釈例　清、許桂林

第五章　司馬遷の思想

司馬遷［景帝五年（前一四五）―武帝末年（前八七）頃］の『史記』や、班固の『漢書』を見るに、戦国末から秦漢にかけて商工業が次第に発達し、商人が農民を圧迫し、富者が土地を兼併して、貧者は立錐の余地なき状態に立ち至ったことを述べている。されば周秦にかけて法家者流は本業末利の説を唱え、極力商工業を抑圧せんとしたが、漢初においても、高祖は抑商の政策を立て、商人が絹を着、車に乗ることを禁じ、かつ租税を重くして、これを苦しめた。恵帝・呂后の時に至って、やや商賈の律を緩くしたが、なお商人の子孫は官吏に登用しないこととした。文帝の時には、貨幣政策を誤ったため、一部不軌の徒を利して、貧富の懸隔をますます甚しきに至らしめた。ここにおいて賈誼《かぎ》・鼂錯《じょうそ》の、農を重んじ、商を抑え、五穀を貴び、金玉を賤しむの論が現われた［漢書食貨志］。

その後、武帝の時に至っても、商人の勢力はますます盛え、農民は非常な窮乏に陥った。この時に当たって、武帝は事を四方に構え、その大帝国主義を遂行せんとし、盛んに土木を起こして、それがために莫大の経費を要し、国庫はたちまち窮乏を来たすに至ったため、武帝の一代を通じて専ら財政策に腐心せざるを得なかった。その時、武帝が国庫の窮乏を防がんとして先ず着目したのが、塩鉄の専売である。塩鉄専売の利益はすでに説かれていたところであるが、当時民間において塩鉄をもって富を致す者が多かったため、その利益を国家に奪う意味で専売に着手した。同時に酒の専売も始めたが、これは久しからずして中絶した。

次に武帝の採った政策は、均輸・平準の法である。均輸は貨物の有無を通ぜんとするものであり、平準は物価の調節を計ることを原則とするが、この二者を政府の手によって統制する結果、天下の貨物は悉く国家の手によって左右せられ、国家はそれによって莫大な利益を収め得た。このほか、また有名な算緡銭《さんびんせん》の法がある。これは一の財産税であって、農民以外の庶民、すなわち商工業者の所有財産の見積価格に対して課税する。その見積価格は、所有者をして自発的に申告せしめ、もし隠蔽して申告しない者には、戍役《じゆえき》を課するほか、その全財産を没収し、また他人がその財産を隠蔽していることを摘発した者には、その没収財産の半額を与えてこれを奨励した。これを告緡《こくびん》という。当時、課税による収入よりも、没収財産の方がはるかに多かったといわれる。

なお武帝の財政策のうち特に注意すべきものは、捐納《えんのう》によって官爵を授け、罪を除く法である。もっともこれは文帝の時にすでに源を発しているが、盛行するに至ったのは武帝の時からである。以上の武帝の財政策は、後世に至っても、しばしばこれを模倣するものがあり、中国の財政史上特異な事柄である。

これらの武帝の政策は、もとより国家の財政上の目的を達するためのものであるが、この方法は商人の利益を奪って国家を富ましめるものであり、その抑商政策はここに至って最も徹底的に行なわれたわけである。これらの政策は、富者を抑えると同時に、貧者の生活を安定せしめることを表面の理由としているが、かかる社会政策的意味においては成功したものではない。それのみならず、これらの政策は種々の弊害を生じて、一般人民を苦しめることが多かった。すなわち塩鉄のごときは、品質を損して価格を下げ、はなはだしきは購買を強制するに至る。均輸平準も、官吏が盛んに私利を計って農民を苦しめ、算緡銭《さんびんせん》に至っては、時に商賈の中産以上のものは、おおむね破産したといわれる。かくしてこれらの政策は一時抑商の実を挙げたと思われるが、畢竟は国家を富ますほかに、官吏らの私腹を肥やす結果をもたらしたのみであって、貧者の生活を救い得なかったものである。また捐納《えんのう》によって官爵を授け、罪を除くことは、そのためにかえって地方の豪強をして虚名をたのみ、横暴をほしいままにし、ますます社会に害悪を流さしめるに過ぎなかった。

この時に当たり、武帝の経済政策に反対して、自由放任の政策を主張した者が、司馬遷である。『史記』の貨殖伝は、春秋より漢初に至るまでの富豪数名のために伝を立てたものであるが、その間に司馬遷は当時の中国一般の経済状態を述べ、それに関連して自己の経済上の意見を述べている。このほか史記の平準書にも、当時の経済状態を述べており、それは司馬遷が武帝の干渉政策を非難するために書いたという説もあるが、平準書は事実を事実として記載するのみであって、その間に作者が如何なる微意を寓したかを推測して論ずることは甚だ危険であるので、ここではこれを材料としない。

司馬遷によれば、記録の存しない太古の時代は知らず、記録あってこのかた、人類はすべて際限なき欲望を満たさんとして、あくせくしている。この欲望は畢竟人々の利己心に原因するものであるとして、

天下熙熙、皆爲利来、天下壌壌、皆爲利往、

天下熙熙《きき》として、皆利の為に来たり、天下壌壌として、皆利の為に往く。

という。そして司馬遷は、かかる社会状態をもって、自然の勢いの然らしめるところであって、人力をもっては如何ともしがたいところであるとしている。されば彼の経済政策に関する意見は、次のごとくである。

故善者因之、其次利道之、其次教誨之、其次整齊之、最下者與之争、

故に善なる者は之に因り、其の次は之を利道し、其の次は之を教誨し、其の次は之を整斉し、最も下れる者は之と争う。

と。これによれば司馬遷は、かかる利己心によって活動する社会を治めるには、これを放任するをもって最上の策と考え、これをその欲望に従って利道するをその次とし、道徳をもって教誨し、法律をもって整斉するをさらにその次とし、国家が収入政策を採って人民と利を争うに至っては、その最も下れるものとしている。利道・教誨などの政策が、如何なる欠陥を有するかは少しも論及していないが、その上策とするところの放任主義については、貨殖伝の中にその論拠を説明している。その言うところを要約すれば、かの飲食衣服その他百般の生活資料は、如何にして社会の需要を満たしつつあるかというに、これは政教法制の力によって按配し供給されているのではない。社会の経済現象は、これを放任しておけば、農工商賈の人おのおの自己の利益を満たさんとしてその知能を尽くし、それが同時に他人の需要を巧みに満たすとともに、物価の高低のごときも、ほぼこれを平均せしむるがごとき妙用を発揮するものとしており、これが彼の自由放任主義の根拠である。

司馬遷は以上の自由放任主義に関連して、富者を貴ぶの論をなしている。すなわち社会の各人が自己の利益を追求することを是認し、自然の勢いのままに放任する時は、そこに富者と貧者との生ずることは、数の免れないところである。司馬遷はかかる貧富の懸隔に対して如何なる考えを有したかというに、社会における擠排《せいはい》競争の結果、貧富の懸隔を生じ、貧者が富者に圧倒せられることは、事物当然の理であって、怪しむに足らないとしたごとくである。恐らく彼は個人の能力の優劣をもって、貧富の生ずる唯一の原因と考えたものであろう。すでに個人の能力の優劣をもって貧富懸隔の原因となす以上、富者を貴び、これを人傑と見なすに至るのは、また当然の帰結である。されば農工商賈の力あるものは、その富は封侯に均しきものであるとして、これを素封という。彼がこの富者数名のために史記の中に伝を立てたのも、畢竟これら富豪の個人としての偉大さを示さんとするものにほかならないであろう。

以上、経済上において利己心にもとづく活動を是認し、富者を優者となす説は、専ら庶民階級すなわち直接生産に従事する者について言うものであることは勿論であるが、司馬遷はさらに一歩を進めて

千乗之王、萬家之侯、百室之君、尚猶患貧、
千乗の王、万家の侯、百室の君も、尚猶《なお》貧しきを患《うれ》う。

といい、ひとり庶民階級のみならず、王侯士大夫といえども、みな経済上の利益を得るために活動しているとの議論をなすに至っている。すなわち政治家が廟堂に論議し、節義に死するのも、富貴を得んがためであり、軍人が身を挺して攻城野戦に従い、矢石湯火を辞しないのも、恩賞これを然らしめるものである。鄭女趙姫《ていじょちょうき》が形容を設け、楽器を鳴らし、出ずるに千里をいとわず、相手の老少を選ばないのは、畢竟富厚に趨《はし》るのである。医方技術によって生活する者が、おのれの精神を尽くして技能

を振うのも、畢竟生活のためであり、官吏が不正を行ない、刑罰に触れるを避けないのも、賄賂《わいろ》に目がくらむ故である。廉吏《れんり》が廉なるがために永くその職に上り得て富を致すのも、なお廉賈《れんこ》の貪賈《たんこ》より富を致すこと速かなると同一の理由にもとづく、というごとき議論をしている。

その言うところに従えば、富を得んとすることは、人の学ばずして具有する性情である。ひとり庶民階級に限らず、天下のもの等しく然らざるはないとする。そして彼はかくのごとき社会においては、もとより士大夫といえども、富厚なる者はますます顕われ、貧窮なる者は顧みられざるに至るとし、その如何なる地位にあるを問わず、富者たることは望ましいことであり、貧者たることは恥ずべきことであるとしている。

彼はまた経済をもって道徳の先行条件であるとし、その治者たると被治者たるとを問わず、経済の充実せざるところに道徳なしとする。孔門の子貢《しこう》は、七十子の中で最も理財に長じたといわれるが、司馬遷に従えば、孔子が名を天下に顕わしたのは、もともと子貢が「結駟《けつし》連騎」して束帛《そくはく》を奉じ、到るところの諸侯に尊敬せられたがためであって、畢竟、子貢《しこう》の富が孔子をして有名ならしめたものであるとし、されば人たるものが、巌処《がんしょ》奇士の行ないなく、永く貧賤に居て、好んで仁義を語るがごときは、また恥ずるに足ると極論している。

以上は司馬遷の自由放任説の大略である。この思想は中国においては、当時はもちろん、後世においても、学者の間に全く是認せられず、何人からも祖述せられずして今日に及んだものである。もっともこれを是認しない者の中にも差別があり、班固のごときは、貨殖伝の説をもって司馬遷の真意であると解して、それを司馬遷の思想上の誤謬から来るものとするが、後世の評家の多くは、かく率直にこれを解せず、これをもって司馬遷の真意ではなく、感激するところあっての議論とする。かくこれを真意ではないとする者にも二種あり、その一は、司馬遷が李陵の禍に会った時、家貧しくして罪を贖《あがな》い得ず、ついに腐刑に陥ったために、憤懣《ふんまん》のあまり、かかる感慨《かんせい》の言をなしたものであるとし、もう一つは、当時政府の政策が全く営利を事とし、それが世上の庶民と財を争うに至ったため、これを陋《いやし》として嘲笑したものであるとする。これによって見れば、貨殖伝を正語と解する者は、その点から司馬遷を攻め、これを反語とする者は、皆これによって司馬遷を弁護せんとする。いずれにせよ、その説を正面から解して是認しない点では同一である。然るにこれらの見方は、私見によればすべて誤っていると思う。

元来司馬遷が歴史を書くにあたって、紀伝体を始めたことは、彼の個人主義的思想の現われである。従来の歴史は編年体であって、すべて歴史上の事実を年代順に記述したものであったが、史記においては個人を主とし、個人のために伝を立て、おのおのその長ずるところを称讃して、個人を高調することに努める。貨殖列伝に富豪のために伝を設けたことも、偉大な個人を尊崇する考えから出たものであることは、太史公自序にも明白である。然るにかくのごとく個人を尊崇して、その活動を称揚する考えが、社会上の諸種の拘束を退け、自由放任を主張するに至るのは自然の勢いである。されば司馬遷が貨殖列伝において、経済上の自由放任主義を主張したことは、彼の個人主義の立場から当然到達すべき結論であるといわねばならない。従って彼の自由放任説は、まったくその立伝の本旨と一致する思想であり、これが司馬遷の本意ではないとする批評はもとより誤りである。またこれをもって武帝の政策を非難したものとする批評は、必ずしも当たらぬではないが、その非難は武帝の干渉政策自体を非難するものであって、これがために社会一般に財利を追う風潮を醸成したからではない。

また貨殖列伝に、庶民以外の者の活動までも、すべて経済的動機によって説明せんとするのは、伯夷列伝などに述べる思想と両立しない点があり、これが後世司馬遷の本意を疑う理由となるのであるが、『史記』の筆法を通観するに、司馬遷はその叙述するところの個人を、その場合ごとに出来る限り誇張せんとする結果、彼此の間にかかる矛盾撞着《どうちゃく》を生ずることが往々にしてある。この場合、かりに貨殖列伝のほうが彼の確信から出た語ではないとしても、彼の庶民階級に対する理論を徹底せしめれば、当然ここに言うごとき結論に到達せざるを得なかったであろう。かの憤懣《ふんまん》するところがあって、故意に感悽《かんせい》の言を発したものとする批評は、よく司馬遷を知るものと言うことはできない。

なお、かくのごとき放任主義を伴う個人主義自体を、司馬遷は何処から得来たったかというに、それは実に司馬遷の時代がこれをして然らしめたものといわねばならない。個人の勢力が社会上に顕著となったのは戦国以来のことであり、すでに儒家思想の中にも個人主義的要素が含まれている。道家思想に至っては、全く個人主義を基調として成立する学説であることは、すでに述べた通りである。されば司馬遷が時代の影響の下に個人主義的思想を発展せしめたからとて驚くに足らないが、しかし彼が従来の個人主義思想から一歩を進め、この個人主義と社会経済との関係を把握し、社会発展の原動力として経済の重要性を認めるに至ったことは、彼の時代において商工業のごとき経済的勢力が特に著しくなった影響であるとともに、また彼の史眼の凡庸ではないことを証するものである。

第六章　前漢の思想統一

秦の始皇帝はその中央集権制を大成するために、他の画一政策とともに、思想統一を行なった。後世、焚書坑儒として非難されるものが、すなわちそれであり、それはいうまでもなく法家思想による思想統一であった。然るに秦の画一政策はあまりに独裁的であったため、戦国以来ようやく個人主義的傾向を帯び来たった人心に適合せず、それが根本の原因となって失敗に帰した。

秦に次いで立った漢は、前代の覆轍をふむまいとして、最初は極めて寛大な政治を行ない、秦代には全然排斥した子弟分封までも行なって、外見上はあたかも郡県・封建の両制度を併用するごとき観さえあった。されば思想上においても、政治の根本原理は秦代と同じく法家を主としたにもかかわらず、つとめて放任主義を持し、君臣ともに無為に休息せんとして、一時は拘束のない道家思想の盛行さえも見た［文・景の時代］。道家思想に刑名の思想が混入するに至ったのは、恐らくこの時代の実際の必要が然らしめたものであろう。

然るに漢興って六十余歳、武帝の時代に及んで、始めて従来の放任政策をすてて統一政策を採るに至った。衛綰《えいわん》・董仲舒《とうちゅうじょ》・公孫弘などの建言にもとづく思想統一策も、またその一つである。そしてこの場合は、始皇の場合と異なり、法家思想を採らずして、儒家思想を採り、それ以外の諸学派を排斥して、官吏の登用にも儒家の学を用いる。これが中国において儒家の学を正統の学問として国家が公認した最初であって、そののち歴代これにならい、もって清末に及ぶまで、ほとんど変わるところがなかったものである。

武帝のこの政策は、中国思想史上きわめて顕著な事実であり、かつ後世是非の議論のやかましいところである。すなわち一方では、これによって百家を排斥して六経を表彰し、一尊を孔子に定め、後世の人心をして帰向するところを知らしめたものとして称揚するが、同時に他方では、周末諸子の学が勃興したにもかかわらず、漢以後その発展を見ず、後世学問が全く固定するに至ったのは、秦火よりも武帝の思想統一が災いしたものであるとして、これを非難する。然るにこれら是非の議論は、いずれも中国社会の実情に即せざる空論であって、当たっているとは言い得ない。

儒家の学が、何故に武帝の時に国家から正統の学として公認せられたかを知るためには、まず当時の中国の社会状態を究めねばならない。周末以来、擡頭し始めた庶民階級は、漢代に至ってますます発展し、文景二帝の放任政策の時代を経て、武帝の時においては、商工業者の勢力が著しく盛んになり、上は王侯を凌《しの》ぎ、下は農民を圧迫し、その情勢はよほど近代的な色彩を帯びたものがあった。然るに武帝がその外征・土木の経費を捻出せんとして、極端な抑商政策を行なった結果、この情勢に頓挫を来たした。

一面また漢初以来政治の局に当たった者は如何なるものかというに、周以来の封建貴族は秦の時にほとんど滅び、漢の興る時は、高祖自身がすでに匹夫の出である上、その功臣の中でも張良一人が韓の貴族の出であるほかは、すべて卑賤な者をもって占めている。されば干戈始めて定まっても、文教はいまだ興らず、恵帝の時に始めて挾書律を除いたが、当時の公卿たちは武力有功の臣のみであって、学問などを顧みる者はほとんどなかった。然るに文景二代を経て武帝の代に及ぶや、漢初における武功の臣はすでに死し、その子孫の諸侯王に封ぜられた者も政治上に実勢力を有せず、かつそれさえも武帝の頃までには、ほとんどその跡を絶つに至っている。この間にあって政治の中心勢力を形成した者は、すなわち庶民出身の官吏である。この官吏は、新たに卑賤から身を起こした者も多くあると同時に、庶民の子孫が相継いで官吏の職を世襲するに至った者も相当ある。またかつて官吏たりし者の子孫で、社会上優越の地位を保持する者も生じ、官吏を中心として一種の身分が固定せんとする傾向を呈している。

そしてこの時代に至れば、国初とは事情を異にし、官吏が学問を修める余裕を有することとなる。

いったい庶民出身の官吏といえども、すでに支配者の側に立つ以上は、被支配者たる庶民と利害おのずから相反するに至るのはやむを得ないところであり、社会がようやく安定するとともに、そこに従来の庶民階級が徐々に上下二層に分裂するに至るのは、勢いの然らしめるところである。かつその支配的地位を得た者が、彼らの地位を是認し擁護するごとき理論を発見するために、学問を修めるに至るのもまた当然のことである。かかる現象がやや著しくなったのが、すなわち武帝の初年頃であろう。

この当時、国家の経費としては官吏の俸給が主なるものであり、その経費はすべて農民の租税から取っている。天子自身の経費は、山川・苑池・市井の税などから出る特別税で支弁し、国家の財政とは関係がない。されば農民に最も密接に依存するものは官吏であり、農民の盛衰は官吏の死命を制する。また官吏の子孫でその職を世襲せざる者は、多くは土地所有者となって地方に勢力を張る徒であるから、その農民に依存する点は官吏と異ならない。武帝の抑商政策は、それが庶民階級勃興時代における現象として不可思議なことに思われるが、しかしこの政策が当時商人の圧迫から農民を救うことをもって自己の生存条件とした上層庶民、すなわちすでに支配階級化しつつあった有力な庶民によって支持されたことを考えるならば、その成功はあえて怪しむに足らぬといえる。

かくして新たに興りつつある上層の階級が、経済的に農民に依存したことは、一旦擡頭せんとした商工業を抑え、ふたたび封建社会の経済状態に逆行を余儀なくしたものである。この新興の上層階級は、すなわち中国でいうところの士人の階級である。もし吾人が漢代の社会をもって、なお封建的な要素を多分に含むものとせんとするならば、それはこの農民に依存する士人階級の存在をさしていうべきであって、天子がその子弟功臣を分封したことは、実質上から見ては極めて微弱な前時代の残滓《し》である。

武帝時代の社会状態が以上のごときものであったとして、然らば何故にこの時代の支配的勢力を有する思想が、始皇のかつて採った法家思想であり得なかったかというに、それは一言にして尽くせば、当時の新興の士人階級にとって、その思想が余りに独裁的に過ぎたことに帰着する。法家においては、前述のごとく、国家主義と個人主義とは究極において相容れないとの前提の下に、強国弱民を主張する。この強国弱民政策を実行する手段は、一に法の強制であり、その法は支配者たる君主の作為せるもので、それが道理に合するや否やは問うところではない。然るに当時の士人階級は、すでに久しきにわたって個人主義的な生活に慣れ、また彼ら自身社会において一種の支配力を有し、いまさらその生活と支配力とを放棄して、全く君主の絶対権力の下に服従することは、その忍ぶ能わざるところである。けだし、かかる服従は彼ら自身を殺し、同時に彼らの階級を葬むることにほかならないからである。

次に文景時代に盛行した道家思想は如何というに、これは本来個人主義的な立場から国家統制を排斥する。無為自然を尊び、原始社会への復帰を理想とし、多分に無政府主義的な要素が含まれる。たとえそれに法家的思想が多少混入したとしても、それはただ政治の技術をいうにとどまり、支配権の基礎を説明するものではない。したがってそれは士人の個人を生かし得ても、彼らの階級の支配力を理由づけるには役立たない。これまたその思想が士人階級に採用せられない所以である。かくのごとくして、秦以来盛行した法家思想も、いまや儒家思想にその席を譲らざるを得ないまでに至った。

儒家思想の中心点は、道徳的階級制度ともいうべきものである。道徳的階級制度とは、有徳者の支配であり、賢者すなわち学徳の修まった者が支配者となり、不肖者すなわち学徳の修まらない者が被支配者となる制度である。そして支配者の間には種々の階級が存し、完全な徳を具える者が聖人であり、同時に君主である。また支配者が精神労働によって小人を支配する報酬として、被支配者は筋肉労働によって得た所得をもって君子を養う義務がある。従って支配者は同時に貴者・富者であり、被支配者は同時に賤者・貧者であるのを原則とする。この原則は、広義に解する時は、官職を有せざる士人にも当てはまる。

儒家のこの学説は、その支配的地位を理由づける何ら制度上の根拠を有しなかった漢代の士人たちにとっては、絶好の原理であった。何となれば、何時の時代においても、自己自身を道徳家なりと認めることは、何人にも最も容易なことであるからである。もっともこの支配的地位は、儒家によれば一定不変のものではなく、徳の有無高下によって常に変動すべきものである。然るにこの理論は実際上、主として官職の世襲を防ぐ作用をなすものであって、必ずしも士人の優越的地位を奪い去るものではない。しかのみならず、この理論によって士人階級に新しい勢力を入れることは、この階級として永遠に維持する上に、微妙な効果をもたらすこととなる。

同時に儒家思想は、君権を拘束するものである。儒家では道徳をもって天意にもとづけ、これに地上における最高の権威を附与し、君主といえどもこの道徳の支配を免れることは許さない。もちろん上述のごとく、儒家の理想とする君主は、完全な道徳を具備する聖人でなければならないのであるが、かくのごとき人物の出現は必ずしも常に望むことはできない。されば実際問題としては、儒家は現実の君主を承認し、それに対して最高の道徳を要求する権利を保留する。かくて君主の専制を抑えるための種々の理論が構成せられ、甚だしきに至っては、もし君主が無道ならば革命を行なうもまた可なりとしている。かくして君主の絶対支配権は拘束せられるとともに、事実上の支配権は道徳の担当者に移るわけである。かかる学説が、道徳の支持者をもって自ら任ずる漢代の士人階級に受け容れられないはずがない。

もう一つ、当時の士人階級に適応する思想が儒家思想の中にある。それは個人主義を容認することである。儒家の道徳は、これを行なうに当たって、親より疏に及び、近きより遠きに至るべきものとするが、この親疎遠近はもとより個人を本位として立てた語であり、この点から見ても、儒家思想の根底に個人主義的要素が含まれていることを推察することができる。事実、儒家では有徳の人が天下国家のためにその道を行なうことは当然の責務であるとするが、一朝、道の行なわれざる場合は、個人主義に退却することもまたその容認するところであって、それはひとり不当なことではないのみならず、むしろ尊敬すべき高尚な態度とする。これは君主の権力からの離脱を意味し、これによって士人の個人的自由は十分に保証されることとなる。

いったい儒家思想は、前述のごとく周の封建制度を理想化せんとしたものであるが、それは当時の支配階級に対しては何らの影響をも与え得ず、かえって後に興った漢代の社会に対して適切な政治原理を提供することとなった。ただ本来の儒家の道徳政治の理想に従えば、政治は徳化を主眼とし、法刑による強制はこれを排斥すべきであるが、しかし徳化は同時に徳化の及ばざる無政府状態を予想するものであり、これによっては大帝国の秩序を維持することはできない。然るにこの点においては、時勢とともに儒家思想の内容にも変化を生じ、すでに荀子の思想の中にはよほど強制的要素が加わっており、漢代に及んでは、さらに多く法家的な思想がその中に加味せられ、その思想の上に立つ漢の政治は、内に法術を用い、これを粉飾するに儒術をもってしたと非難する者さえある。かくのごとくして儒家思想は、漢代の社会に正統の学問として公認せらるるに足る適応性を十分に具有し来たったものである。

後期

序　言

中国において、古来、学問の重要な対象とするものは、人間の社会生活であった。したがって政治・経済・法律・道徳などの社会的事実に重点をおき、たまたま形而上学的研究にさかのぼることがあっても、その出発点は人間の社会生活、すなわち人と人との関係にあったのである。この点は、ギリシャ初期の思想が主として人間の自然生活、すなわち人間と自然の関係に重きをおき、印度のそれが人間の宗教生活、すなわち神と人との関係から出発しているのに対して、中国思想の特長の一つと言えると思う。

また、中国には、今日のいわゆる哲学の体系というものはない。少なくとも中国固有の思想には、それがない。もし中国思想の中において強いて哲学的なものを求めようとすれば、社会思想、すなわち社会組織の根本に触れたもろもろの思想があるのみである。宋明時代の理学は、外来の仏教思想の影響を受けて、形而上学的色彩がやや濃厚であるが、要は社会的思想の根本的説明にほかならない。

従来の中国哲学史というものは、中国思想の中から、ギリシャ哲学や印度哲学に類似するもろもろの思想を抽き出して羅列したものにすぎない。このようにすることは、全体としての中国思想を破壊するものであって、これによって中国思想の真髄をつかむことはできない。私がここに中国哲学史とせずに、中国思想史とするゆえんは、中国思想を、そのあるがままに、全体として見て行こうとするためであって、従来に慣用せられた中国哲学史と多少その内容を異にするものがあるためである。

私は中国思想史を大別して、前後の二期に分ける。前期は周代から前漢の末にいたり、後期は後漢より清朝の滅亡に終わる。周より以前の古代においても、種々の材料によって当時の思想を研究できないことはないが、いずれも断片的な資料にすぎない。比較的にまとまった思想が現われたのは、春秋の末期以後、すなわち周の封建制度の崩壊に伴って興った思想がそれである。周の封建制度がまったく滅んで、秦によって創められた郡県制度が確立した前漢時代は、政治的にも発展の頂上に達したもので、思想的にも一段落となすことができる。以上が私のいう前期である。

後期の後漢から清末までは、千九百年の長期にわたって、その間にしばしば社会状態の変遷も起ったが、大体、前漢時代の組織を維持しており、思想の上においても、社会の変遷にともない、外来の思想の影響によってやや面目を新たにした点もあるが、根本においては大なる変化なく、これを大観すれば、大体、前漢以前の思想を反芻しているかたちである。故に私はこの時代を一括して後期とする。

今ここに後期の思想を講述しようとするにあたり、まず前期の思想の大体を描き出しておくことは、中国思想全体の理解を容易ならしめるのに必要であると思う。

周の封建制度がまさに崩壊しようとするにあたって、これを維持しようとしたものは儒家すなわち孔孟学派と、墨家すなわち墨翟《ぼくてき》およびその一派の人人であった。同じく維持するといっても、両学派の主張するところは同じではない。且つ両学派とも、在来の封建制度をそのままに維持しようとするものではない。従来の封建制度というものは、要するに権力に基づく支配関係であるが、儒家はこの権力に代えるに道徳をもってし、家庭道徳を基礎とする道徳的社会制度を建てようとするのが、その本旨である。墨家は封建的支配を理由づけるのに、社会契約をもってし、そしてその支配関係を宗教的に説明して、天すなわち神に近いものほど上位にあって天の志を行なうものとした。このように、儒・墨二家が封建制度を是認するのは、ただその外形においてのみであって、その精神はまったく別種のものを持って来て入れ替えようとするのである。したがって、これは、実質的に見れば、封建制度の否認であるといい得る。殊に儒教がその家庭道徳を強調し、個人主義的思想を包蔵するに至っては、国家的法制とは必ずしも併行することのできないものである。

これに対して、周の封建制度を正面より否認した主なる学派は、道家すなわち老荘学派と、法家すなわち商鞅《しょうおう》・韓非《かんぴ》の一派である。道家は無為自然をモットーとして、あらゆる文明を否認し、政治上の干渉を排し、個人主義的・無政府主義的な自然社会への復古を唱えた。法家は人為的な法をもって万能のものとし、君権を拡大し、集権的政治を行なうことを理想とした。

周の封建制が完全に滅亡し、これに代わった秦の郡県制なるものの指導精神は、儒・墨らの思想によったものでもなく、また道家のそれによったものでもなく、まさに法家の思想をもってその根本精神としているのである。そして、従来の儒家の思想または道家の思想なども、この時世の変化にともなって、多少、学説の変化を来たし、法家的思想が、おいおい、これらの学派の中に採り入れられるようになった。

周の封建制度が崩壊し、秦がこれを統一することができたのは、これを経済的方面から見ると、庶民階級の擡頭、特にその商工業者の勃興ということが、あずかって力あることはいうまでもない。秦が天下を統一するに及んで、この商工業者の擡頭する趨勢に対していかなる態度をとったかというに、秦は、この新興勢力に対してあくまでもこれを抑圧する態度をとり、封建制度のそれの如く、農業をもってその経済的基礎としようとしたのである。法家の思想は、この点においても秦の政策を正当化したものである。

前漢においては、大体に秦の政策を踏襲して大きな変化は無いのであるが、ただその当初においては、庶民をあまりに拘束することの非を知って、ややこれを放任する傾きがあった。この間、老荘の思想も擡頭することはあったが、武帝のころになって、ようやく引き締まった政治を行なう必要を痛感して、ここに漢一代の政策が確立することとなった。

この武帝の政策につき、もっとも注意を要するものが二つある。その一つは、秦以来の政策を踏襲して重農抑商の政策を立て、あくまで新興の庶民階級を抑えて、農業を国家経済の基本と決めたことであり、いま一つは、董仲舒《とうちゅうじょ》の建策に基づいて、思想統一をはかり、儒家思想をもって国教と定め、国家が官吏を任用するにあたっても、この思想によってその才能を試みることとしたことである。この二つの事柄は、中国の歴代を通じてまったく変わることなく、清朝の滅亡まで続いたのである。これは前漢以後の社会状態の不変化と相関聯して、中国思想を見るためには、もっとも注意を要するものであろうと思う。

この時代に、司馬遷は、その個人主義的見地から、あらゆる干渉政策をしりぞけ、あたかも欧州の十八世紀末における Adam Smith と同じく、経済上の自由放任主義を唱導して、まさに勃興しようとする庶民階級の精神を代表した。しかし、これは抑商政策を緩和する上になにほどの効果も果たさず、且つ後世に一人としてこの説を継承する者が出なかったのは、不思議である。

また思想統一は、秦の始皇帝の時に「焚書坑儒」を行なうた例があり、本来、中央集権にふさわしい法家的劃一政策である。しかるに漢の武帝がこの劃一政策を行なうのに儒教をもってしたことは、漢の政策が法治を基としながら、これを粉飾するのに儒教をもってしたことの一端であると見ることができる。この法治の潤色は、ひとり前漢のみでなく、またひとり思想統一政策においてのみならず、後漢以後、歴代のあらゆる政策に用いられたところである。したがってそれに利用せられる儒教思想が、前漢時代およびそれ以後において、法家的色彩を帯びるに至ったことは、止むを得ないところと言わねばならぬ。

当時、武帝によって国教とせられた儒学は、中国の学問の上でいう今文学《きんぶんがく》である。今文学とは、前漢末に興った古文学《こぶんがく》に対する名称である。この「今文」「古文」ということは、元来、ある経典の文字が今体であるか古体であるかを区別する言葉であるが、それがひとり字体の相違ばかりでなく、その解釈の上に、したがってその学派の理想の上に、大きな差違を生ずるに至ったのである。例えば、その学祖をいうに当たって、今文家はすべてこれを孔子に求めるのに反して、古文家はこれを周公に基づける。また周の制度としては、今文家は『王制』［礼記の一篇］をとるのに反し、古文家は『周礼《しゅらい》』をとる。また『春秋』においても、今文家は『公羊伝《くようでん》』をとり、孔子の理想は「易姓革命」と「大一統」とにありとし、古文家は『左氏伝』をとり、孔子の理想は周の王室を尊び夷狄《いてき》を攘《はら》うにありとする。これらのことは、両学派の相違の一斑である。前漢時代、今文家の代表的学者は董仲舒であり、この学派をして政治的に重からしめたものは武帝である。古文家の代表的学者は劉歆《りゅうきん》であり、この学派の理想の一部は王莽《おうもう》によって実行されたのであった。なお当時の今文家によって唱えられた讖緯説《しんいせつ》は、王莽らに利用せられたが、これはその後、歴代を通じて、中国の社会の迷信を増長するにあずかって力があった。

第一章　後漢以後の社会と士人階級

後漢以後、清朝末にいたるまでの中国の社会において、その中心勢力となったものは何であるかというに、それは士人階級であると言えると思う。「士人」とは、中国ではまた「読書人」ともいって、いわゆる知識階級を指すのである。一体、いかなる社会においても、治者と被治者との間に知識階級が介在する。そしてそれは多くの場合、それ自身に存在の根拠を有することなく、上下いずれかに依存して生存するものと考えられている。中国にも「曲学阿世」という言葉があり、その意識的なると無意識的なるとの差はあるが、要するに知識階級はこれを全体的に見て曲学阿世を原則とするもののようである。ただ中国の士人階級は、今日の資本主義社会における知識階級とは多少その趣を異にするものがある。第一に、士人階級の生存条件は、封建社会の貴族の生存条件と同じものがあることである。周の封建貴族は、庶民の擡頭によって漸次その政治的勢力を失墜した。秦漢の際には、六国《りくこく》の貴族の勢力が多少は残存していたが、漢の高祖の統一事業が完成するに及び、高祖自身すでに匹夫の出身であったので、政治の局に当たった者も多くは亡命無頼の徒であった。武帝の時、儒学をもって国教となし、これがために「博士」を立て、博士の下に「弟子」の員を置き、弟子員にして学問の成就した者は、官吏として政治の運用に当らしめた。これは、一面、学問で政治を粉飾する考から出たものであるが、しかしその主なる目的は、封建時代の世襲的な、上品にして無能な者を斥けて、才能ある者は、貴賤を問わず、これを採用することにあった。司馬遷の如きは、これによって学問は盛んになったが、すべて利禄のために学問することになったと批評している。そうであるから、当時においても、政治上の枢要な地位に立ったものは、みな庶民出身であり、周の封建貴族制度は、全然、その跡を絶ったかたちである。

このように、前漢時代においては、政治上その勢力の中心となった者は庶民出身であって、封建的貴族は全然その勢力を失ったが、後漢時代においても、大体この状勢に変化はなかった。ただこのような状勢が固定するとともに、この官吏ないし学者の社会が漸次に階級的色彩を帯びることになり、後漢の末以後、ついにこれらの者の中に多数の世襲的貴族を生じ、魏《ぎ》・晋《しん》・六朝《りくちょう》を経て唐に至るまで、試験制度による庶民の登庸は制度としては行なわれていたが、実際においては、政治の中心勢力が世襲的貴族に移ることとなった。この貴族は、政治上の組織においては天子に隷属しているが、社会上の地位としては天子にもまさっていると、一般から認められる者もあった。唐になって、この貴族の勢力は漸次に衰えて、唐末より宋・元を経て明・清に及ぶまでは、又もとの庶民の中の優秀な者が政治の中心勢力を形成することになった。この時代においては、原則としては世襲の貴族は認めないが、自然に世襲的な勢力を保存した者も少なからず、また新たに庶民から抜擢された者も、一種の貴族的な生存を続けることになったのである。このように、漢代以後、清朝の末に至るまで、政治の中心となった階級を、ここに士人階級と名づける。

封建制度に次いで中央集権的君主独裁が起こり、その結果、資本主義的・民主主義的社会が生ずるのが、社会組織の上において、一般原則と考えられているが、中国においては、この原則が行なわれず、封建制度が滅びた後、二千余年の間、依然として資本主義社会の勃興を見なかったことについては、種々の議論が行なわれているようであるが、私は前述の士人階級すなわち儒教を背景とする或る特殊な知識階級の存在が、中国の歴史に特殊な傾向を与えたものであろうと思う。

以上の如く、漢以後の士人階級は、政治的に封建貴族と同じ生存条件の上に立っていると同時に、彼らはまた経済的にも、封建貴族と同じように、農民の上に依存しているのである。この点は、特に今日の知識階級と趣を異にするものがある。中国で官吏となることは、非常な財産を造ることである。清朝の例をもって見ても、地方官として最下級である「知県」を三年勤めると、三代遊んで生活できるという言葉があるほどである。その原因は、中国独特の政治上の慣習によって、官吏は、人民から定額の租税以外に、種々の名目によって金品を徴収し、これを私有することが行なわれる結果であって、そのことを中国では「中飽」といっている。すなわち、上、国家の財政は、仁政を標榜している関係から、きわめて租税の徴収を少なくし、余裕のないことを普通とするとともに、下、人民は、苛斂誅求に責められ、窮乏生活を普通としているのに、その中間に介在する官吏のみは、経済的にもっとも裕福な地位に在ることをいうたものである。これは後世の事実であるが、このような事実は、程度の差こそあれ、古来一般に行なわれていたものであることは、士人階級の生活ならびに租税徴収法などに関する古来の記録によって推定することができる。このようにして裕福になった官吏は、子孫のために美田を購い、そして土地所有者となるのを常とする。もっとも彼らの中には、一代ないし数代にして庶民階級に落ちる者も多いが、久しきにわたってその地位を継続する者も少なくない。このような場合に、官吏の子孫は必ずしも官吏になるとは限らないが、たとえ官吏にならなくとも、いわゆる「郷豪」「郷紳」となって、社会的勢力を保持し、現在の官吏と提携して、庶民の上に一階級を形成するのである。それ故に、彼らは、官に在っては農民を誅求して生活し、官を去っては土地所有者となって農民の余剰労働によって衣食している。この徹頭徹尾、農民に寄食している彼ら士人の生活は、まさに封建社会の貴族と軌を一にするものがあった。この事実は、中国において抑商政策が長く効果をあげることのできた大きな原因の一つであると思う。

次ぎに、中国古来の士人階級が今日の知識階級と異なる第二の特長は、中国の士人階級があたかも欧州中世における僧侶のような社会的権威を有していたことである。欧州では、基督教が国家によって公認せられ、偉大なる勢力を発揮して、教権が中世欧州の全社会を支配した。中国では、古代において組織的宗教は発生せず、これに代わるものは諸家の学説であった。そしてそのうち、儒家の説がいったん国教の地位を占めてからは、その説が宗教的勢力をもって社会を風靡し、それが政治的勢力と密接不離の関係にあったがために、儒教の勢力は古今を通じて実に圧倒的なものであった。そしてこの儒教は、言うまでもなく、士人階級の一手販売であり、士人はこれによって、一方では官吏であると同時に、他方では僧侶的な地位を取得したのである。もっとも後漢以後、仏教が中国に侵入し、道教が発生した後、これらの宗教が儒教に対抗して、一時は非常な勢力を持った時代もあった。しかしこの場合、仏・道の二教の勢力を代表した者は、やはり一部の士人階級であって、儒・仏・道の争いは、要するにただ士人階級内部の勢力争いであるにすぎなかった。

中国古来の士人階級が今日の知識階級と異なる第三の点は、その階級が知識を独占することと、その階級そのものの流通性にあると思う。資本主義社会においては、知識分子は各階級に散布しているのであるが、中国においては、士人階級のみが知識を独占している。これは士人階級の流通性より来る自然の結果である。前に述べたように、前漢時代に儒学をもって国教とするとともに、官吏を登用するには試験制度を用いた。その試験課目は、すべて儒学を基としていた。歴代、これによって改めなかった。

こうして官吏の地位が前述の如く有利である以上、庶民階級の目的は主として官吏となることに向けられ、学問することもまた官吏となることが目的であった。そのために、その学問は、もちろん、儒家の学であった。すでに士人階級に入った者は、官吏を目的とせずに学問をすることもあり、したがって儒教以外の学を修める者もあったが、それは庶民階級の間には行なわれなかった。このようにして、庶民であって学問に上達した者は、官吏となり、士人階級に進入するのであるから、庶民にして知識を得た者は、もとの庶民ではなくなる。もっとも官吏を志して学問を修め、しかも官吏になれなかった一部の庶民もあるが、古来の記録を見るに、これらの失敗者は多く生涯をその目的の達成に努めて、白頭にしてなお且つ奮闘し、「童試」を受ける者もあるほどで、生涯、士人階級をあこがれつづけて終わるのである。それ故に、中国における知識階級は、古来、士人階級ならびにこれをあこがれるところの一部の者から成立するのであって、私が士人階級が知識を独占するというのは、畢竟、このことを言ったのである。

このように士人階級が知識を独占することは、庶民階級によって行なわれるべき生産業の不振を惹き起こす。ひとり商工業のみならず、農業においても、何ら生産手段の上に進歩を見ることができなかった。自然、庶民階級の階級としての擡頭を妨げる素因となった。且つ試験による官吏の登用は、士人階級の構成分子に流通性を認めることとなり、才能ある者は何時でもこの階級に進入できるために、この階級に対する不平ないし反抗力を弱め、階級としての存在を強固にさせた。儒教のいわゆる道徳的階級制度というものは、外見的には中国の社会において長く行なわれた形であり、中国において階級闘争を未然に防ぐ結果をもたらしたものである。

上述の如く、中国においては、特殊の事情から、後漢以後、階級間の闘争は無かった。しかし、士人階級内部の勢力争いは常に存在したのである。前述の事情から、士人階級に属する者が増加するにしたがい、在朝の士人と在野の士人との間に軋轢を生じ、殊に在朝者の政治が悪い場合は、両者の争いはもっとも甚だしく、そのような際、たまたま野心家が一方に割拠して自立を宣言し、もしくは土匪が蜂起してますます勢力を得ることがあると、一部の士人階級はこの新勢力に走って旧勢力と抗争し、新勢力が旧勢力に勝った時に、いわゆる「易姓革命」が行われる。このような革命はしばしば中国に繰り返された。この革命は単なる王朝の交代にすぎない。その実質においては、一部の士人階級が他の士人階級に代わって政権を握ったことにすぎない。

このように中国の社会に頑強に根を張った士人階級の地位に初めて動揺を来したのは、清朝の末、外国資本が中国に侵入したことによるのである。中国の庶民階級が久しきにわたって倒し得なかった士人階級は、外国の庶民階級によって一挙に倒されたのである。これが清朝末期における政治革命である。こうして中国の庶民階級は、前漢以来の士人階級の不自然な圧迫からようやく逃れ出たのであるが、この時すでに強力なる外国資本は、ほとんど身動きのならぬほどに中国を囲んでいるのを、彼らは見出したのである。

私のいわゆる後期思想史とは、この士人階級が社会的に支配力を有していた時の思想史である。この間の知識が士人階級によって独占せられたことは、前述の通りである。人間は自己に像って神を造るものである。或る時代の思想を正しく解釈するためには、まずこの思想と相関関係にある社会を知らなければならない。後漢以後の社会、特に士人階級について概略を述べたのは、それがためである。

この間の政治・経済思想は、知識階級が政治の担当者としてみずから行なう政治の得失を論ずるものが大部分で、政治のあり方、社会のあり方を根本的に論じたものは少ない。つまり、多くは政策的なものであって、原理的なものは少ない。

第二章　後漢の経学と鄭玄

前漢時代においては、武帝が儒学を表彰し、これによる官吏登用の途を開いてから、儒学は次第に一般に普及する勢を示した。しかし専門の学者は多くなかった。後漢に至って、創業の君主の光武帝が儒学を愛好すること厚く、学者を尊敬したので、王莽の乱を避けて山林に隠れていた多数の学者が、書物を抱いて都に集まった。そこで光武帝は「五経博士」を立て、家法をもって教授させた。すなわち『易』には施・孟・梁丘・京氏があり、『書』には欧陽・大夏侯・小夏侯があり、『詩』には斉・魯・韓があり、『礼』には大戴・小戴、『春秋』には厳・顔の二氏があり、おおよそ十四博士を置いた。また建武五年（A.D.29）には、古式に則って大学を建てた。その子の明帝も大いに学問を勧め、みずから大学に行って経書を講じた。儒者たちは天子の前で問答した。これを傍聴するために集まる者は億万をもって数えたという。また後進の子弟のために、校舎を建て、優秀な者を選んで学業を受けさせた。また禁衛の兵に至るまで『孝経』を読ませ、徳性の涵養にやくたたせた。当時、中国の学問が盛んになると、匈奴もその子弟をよこして学ばせたという。次いで章帝に及んで、学問を好み、建初年間（A.D.76~83）に学者たちを白虎観に集めて、学術の異同を議論させること数ヵ月にわたり、その間、天子もみずから臨幸して、その可否を決し、史臣に命じて通義を書かさせた。今日に伝わる『白虎通義』はこれである。また高才の学生に詔して、『古文尚書』『毛詩』『左氏春秋』『穀梁春秋』の講義を受けさせた。これらは主に古文の学であり、これまで学官に立たず、博士を置かなかったものである。しかしこの時になると、成績の優秀な者を選んで官に任じた。これは遺逸を網羅して、もろもろの学派を存在させておく意味である。和《わ》帝《てい》もまた学問を好み、しばしば東観［宮中の図書室］に行幸して、書物を閲覧したといわれている。

一体、中国では、創業の君主が学問の傾向を示した場合には、その時代の学風は大体それによるという風がある。無論、歴代を通じて儒学の範囲を出るものではないが、儒学内でも種々の学派が分れているので、したがって各時代において多少の学風の相違は免れない。このように、後漢では、光武帝以来、歴代の天子が学問を好んだが、その支持する学派は前漢以来の今文学であり、古文学はただこれを抑圧しなかったという程度に止まり、いくらかこれを奨励して半公認の形をとったのは、章帝の時代のみである。

以上は後漢時代の学問の大勢を述べたのである。いまこの時代の学風を考えて見ると、前漢時代に比べてややその趣を異にするものがある。一体、前漢以来、儒学は今・古文の二派に分れていたが、一方では、これら儒家の学問はみな「経学」と言っている。儒家において「経」というのは、もと孔子の自著と考えられ、もしくは孔子の刪定した書物と考えられていたテキストを称する語であって、始めは「五経」に限っていた。しかし、後には、孔門流派の伝注や述作をも合わせて経と称することになっている。

漢代における経学は、一言にして尽くすならば、解釈学である。すなわち儒家の経典の意味を解釈することが、その学問の目的である。前漢・後漢を通じて、学問を解釈学とする点では相違がない。ただ前漢においては、儒家は経典を解釈すると同時に、それを政治に応用する「通経致用」を意図した。しかるに後漢においては、今文家の精神はほぼ前漢と異ならぬが、それでもなお解釈そのものをもって満足する学者もないではなかった。ことに古文家にあっては、その学問を売らんとして政治に近寄ることを欲した者もあったが、大体の傾向は、解釈そのものに精進する風であった。それ故に、前漢では専門の学者でも、劉向父子を除くほかは、書物の校勘などに力を用いる者がなかったが、後漢になると、一般の学者が本文の校訂・訓詁・考証に専念するようになった。それ故に、前漢においては、遺経を固く守り、著述をなす者は稀であって、『漢書』の『藝文志』を見ても、経書に関する著述ははなはだ少なく、ただ『災異孟氏京房六十六篇』を最も大部のものとし、『董氏春秋繁露』『韓嬰詩内外伝』后蒼の『后氏曲台記』があるのみである。しかるに後漢では、大部の著述が盛んに出ている。周防は『尚書雑記三十二篇』の四十万言を著わし、景鸞は『易説』『詩解』『月令章句』など凡そ五十万言あり、何休は『公羊解詁』を作り、『孝経』『論語』を注釈し、『春秋』をもって漢事六百余条を駁し、『公羊墨守』『左氏膏肓』『穀梁廃疾』を作る。許慎は『五経異議』を著わし、『説文解字』を作り、賈逵《かぎ》は『古文尚書同異三巻』『斉魯韓詩毛説』『周官解詁』を著わし、馬融《ばゆう》は『三伝異同説』のほか、『孝経』『論語』『詩』『易』『三礼』『尚書』に注釈するなど、その主なるものである。これは学問が解釈そのものを目的とするようになった事実の現われである。

次ぎに前漢においては、学者が多く一経を専攻し、たまたま数経に通ずる者があっても、それは例外であった。すなわち申培公《しんばいこう》が『詩』『春秋』に通じ、韓嬰《かんえい》は『詩』『易』に通じ、孟卿が『礼』『春秋』に通じ、夏侯始昌が五経に通じていたくらいのものである。しかるに後漢に至っては、数経に通じ、数家を兼ねる者が多かった。尹敏は『欧陽尚書』『毛詩』『穀梁』『左氏』を善くし、景鸞は『斉詩』『施氏易』に通じ、『河洛図緯』『礼内外説』を著述し、何休は六経を精しく研究し、許慎は「五経無双」と称せられ、蔡玄も五経に通じていたといわれる。

以上の如く、後漢においては一経専門に満足せず、数経を兼ねる学者を輩出した。しかし同時に、他の面において、各経の専門が更に細分する傾向を生じるに至った。

一体、漢の学問では、「師法」または「家法」をいう者がある。ある説によれば、師法とはその学派の源をなす人の法であり、家法とはその源から分出せる学派の法を指すのであるといっている。しかし漢時代の記録によっても、必ずしもこの区別があるようには思われない。前漢においては、もとより家法を重んじ、その伝授については、従来の師の説を一語をも変更することができなかったのであるが、前漢末より後漢にかけ、もともと一家の学であったものが、さらに幾つかの学派に分れ、またその学派が数派に分れ、あたかも幹より大枝を出し、その枝より小枝を出すような状態を出現した。こうしておのおの先人の説を捨てて後人の説を用い、その根本を顧みない状態となった。例えば、『易』はもと施・孟・梁丘の学派があるが、後に施氏は張・彭の学に分れ、孟氏は翟・孟・白の三派に分れ、梁丘氏は士孫・鄧・衡に三分した。また、公羊家は厳・顔に分れていたが、後に厳は樊侯・張氏に分れ、顔は冷・任・筦・冥の別派を生じた。このようなことは、前漢末にもすでにその萌芽はあった。しかし後漢に至っていよいよ著しくなった。この間にあって、数家の学を兼修する学者は、数経にわたってそれぞれのある専家の学を修める者が多いのである。しかし、またある一経について、数家の説を兼修する者も少なくなかったようである。このように時勢につれて家法の意味に多少の変動はあるが、やはり家法はどこまでも重んぜられ、両漢を通じて「無師の学」はあり得なかったのである。

次ぎに、後漢の経学に密接な関係を有するものに、「讖緯《しんい》五行《ごぎょう》」の説がある。讖緯は、普通に二字を続けていうが、元来は同一のものではない。「讖」はまた「図讖」などともいい、未来記である。讖の起源は戦国末に溯るであろうが、それが盛んになり、経学に影響を及ぼすに至ったのは、前漢末より後漢にかけてである。後漢に至って、光武帝はもっとも熱心な讖の信者であった。彼が初め革命の兵を挙げた時、李通という者が図讖を持って来て、その中に「劉氏当興。李氏為輔。」（劉氏はまさに興るべし。李氏たすけをなす。）とあるといい、挙兵をすすめ、また「赤伏符」中に「劉秀発兵捕不道」（劉秀が兵を起して不道を捕える）の句があることをもって挙兵を勧めた話がある。それ故に、天子になってからも、多くの政治は讖によって決をとった。当時、尹敏は讖のとるにたらぬことを論じて、天子の怒に触れ、斬られかけたこともあった。このようなことから、後漢を通じて、讖は盛んに行なわれ、堂々たる学者も多くその経説中に讖を引用して怪まぬようになった。当時の有名な学者であった賈逵は、左氏・穀梁春秋に通じていたが、彼が章帝の信任を得たのは、その図讖によく通じているがためであった。彼の上書の中に、「光武皇帝は独見の明をもって左氏・穀梁の学問を起こしたが、たまたま、この二家の学派の先師が図讖に明らかでなかったために、中道において廃れた」といっている。これによって、当時の一般の空気を察することができよう。

次ぎに、「緯」は「経」に対する言葉である。経は顕教で、緯は密教であり、両者を合わせて孔子の教が明らかになるとするのである。この説は前の讖とともに、前漢時代の今文家によって唱えられたものである。後漢時代になると、緯は多くの学者によって経と同一の価値を認められ、またある場合には、緯をもって経よりもさらに深遠なるものとなし、緯を「内学」といい、経を「外学」とさえいうようになった。この見方によると、孔子の人格が変わって来るのである。孔子をもって「素王」となす思想は、実に緯書の中心思想ともいうべきものである。一体に前漢時代から、天子について「感生帝」の説が行なわれた。戦国時代では、天子は天命を受けて人民を治めるものであるが、その天命を受けることは、天が人類の中のもっとも優れた者を選んで統治を委任するものであると解釈していた。ところが漢時代になると、天子は実際に天の子が人間に生まれた者であると解するようになっている。すなわち古来の帝王について、あるいは竜に感じて生まれ、あるいは雷に感じて生まれるという説が行われた。これらは天子を、天が人間の腹を借りて地上に生まれさせたところの天の子であると解釈するのである。そして天すなわち神は、五行思想などによって幾つかの種類に分れる。これは天子を神秘的なものとするこの時代の考え方である。これと同時に、緯書を尊重する学者の間においては、孔子もまた天子と同じく天の子であると解釈するようになった。そして或いは孔子は黒竜の精に感じて生まれたものであるとし、或いは生まれる際には祥瑞が現われ、死ぬ時には麒麟が出て死期を予告したなどの、種々の奇怪な説が加えられた。孔子はもとより政治上の王者ではないが、これは思想上の王者とも称すべきであるという意味で、これを「素王」と名づけたのである。この観念は、後漢の学者をほとんど支配したと言ってよいほど盛んに行なわれた。後漢の張衡の如きは、讖を排斥したが、緯を排斥せず、両者の間に区別を認めていたのは事実である。このように讖と緯とは、多少その内容を異にはするが、後漢時代の学者でこの両者の影響を受けない者は少ないのである。

次ぎに、五行思想は戦国末に起ったものであり、前漢に入っては董仲舒・劉向によって高調せられたものである。これまた後漢に入って、讖緯の説と相まって、学者の間に勢をもった。

元来、五行とは、「五徳終始」というて、朝代の交替を理由づけたものである。それが後には五行が元素という意味に変化し、これによって自然界・人間界のすべての事実およびその変化を説明するようになったのである。その変化を説明するのに二つある。その一つは戦国末の鄒衍《すうえん》によって唱えられた「五行相勝相克」の説である。これは五行が火・水・土・木・金の順序に相勝つことによって循環が行なわれるとするのである。いま一つは「五行相生」の説で、木・火・土・金・水の順序に循環が進展すると解釈するのである。戦国動乱の時代において、五行相勝の説が行なわれ、前漢後半に社会状態がようやく安定を得た時、五行相生の説が行なわれたことは、はなはだ興味がある。五行説は帝王朝代の交替のほか、人事・自然界の変化をも説明するという、当面の問題に利用されたのみでなく、後漢の際には、経学の解釈においても重要な位置を占めた。それ故に、後漢時代の経学を研究する時には、五行の説を度外視することはできない。

以上は後漢時代における経学の大体の傾向を述べたのである。後漢の末に至り、鄭玄が出て、博覧の才をもって従来の学論を統一した。従来、経学に数家あり、その各家が多派に分かれて、章句の多いものは百余万言に至り、異論紛々として学徒は帰順するところを知らなかった。鄭玄は広く六経を修め、今文・古文に兼ね通じ、数家を綜合して、讖緯五行の説もすべてこれを網羅し、漢代の学説を綜合大成したのである。ここにおいて、学徒みな鄭玄に従い、「先儒多闕。鄭氏道備。」（先儒は闕けるところが多い。鄭氏は道がそなわる。）と称し、他の学派を求めず、鄭玄に従うもの数千人に及び、「経師にして鄭玄の如く盛んなるものは、いまだこれなし」と言われている。

鄭玄《ていげん》［古来、わが国では、じょうげんと訓みならわされている］、字《あざな》は康成、山東の高密の人である。後漢の永建二年（A.D.127）に生まれ、建安五年（A.D.200）に死んだ。年七十四歳。若くして大学に入り、京兆の第五元先に従って『京氏易』『公羊春秋』『三統暦』『九章算術』の教授を受け、また東郡の張恭祖について、『周官』『礼記』『左氏春秋』『韓詩』『古文尚書』の教授を受け、後にまた扶風の馬融の門に入った。門下生の中、馬融はもっとも彼を愛し、彼がその門を辞去する時、馬融は「鄭生今去。吾道東矣。」（鄭生ここに去る。わが道が東にゆく。）と言ったという。後世、「漢学」すなわち解釈学を称する者は、馬融・鄭玄の説に従うが、なかでも鄭玄を重んずるのである。前漢以来、一般の風潮は、利禄のために学問するのであったが、彼は生涯を学問のために捧げ、ほとんど官に仕えなかった。ただ晩年、朝廷に召されて司農の職についたが、その本意ではなかった。

『後漢書』の鄭玄の伝記によると、彼の著わすところは、『周易』『尚書』『毛詩』『儀礼』『礼記』『論語』『孝経』『尚書大伝』『尚書中侯』『乾象暦』などの注釈、『天文七星論』『魯礼禘祫義』『六藝論』『毛詩譜』『駁五経異義』『答臨碩周礼難』などの著書、あわせて百余万言ある。また門人が、彼が弟子たちに与えた手紙を集めて、『鄭志八篇』を作っている。この他、『隋書経籍志』『新唐書』『旧唐書』の『藝文志』などによると、隋・唐のころに存在した彼の書物は、このほかに多数あったようである。しかしこれらの書物の多くはその後に亡佚し、『毛詩箋』『三礼注』のほかは、今日に完全に伝わっているものがない。後世、彼の著述や注釈が他の書物に引用せられているものを集めて、輯本を作る者が多く、その中でも、孔広森の『通徳遺書所見録』・袁鈞の『鄭氏佚書』が有名である。なかでも、後者が完備している。

次ぎに、彼の経学の大体をいうと、まず易学については、始めに第五元先に従うて京房易を受け、後に馬融に従うて費直の易を受けた。故にその学は両家に出入し、且つその他の学派の説も混えている形跡があるが、その大体は費氏の易に出ているようである。彼の易に対する解釈法の主なるものを挙げると、「互体」「爻辰」「爻体」「十二消息」「六日七分之説」「三才」「六位」などがある。これらの説を用いて「象」を出し、易の本文中にある「彖《たん》」・「象《しょう》」の辞を説明するのである。元来、費氏の家法は、『十翼』によって易を解釈するものとせられているが、以上をもって見るならば、鄭玄は十翼に含まれない他の思想を混えて易を解釈した点も少なくないことが分るのである。且つまた十翼をもって易を解くとしても、王弼《おうひつ》らのように主として義理によって解釈するものとは、その趣を異にし、彼は「象数《しょうすう》」によって解釈しているようである。最後に、彼の易学の特徴として挙げるべきことは、彼が礼によって易を証明しようとする点にある。彼の学問においてもっとも精微を極めているのは礼の学である。彼は易を注釈する時にも、これを用いたのであって、例えば嫁娶の礼・祭祀・会同・朝聘の礼などを用いている例は、無数にある。彼が易を解釈する上に「術数」の説を採った点は、後世、学者によって非難されるが、この礼により易を証明していることも、そのために経文の真意を乱した嫌いがないでもない。

次ぎに、鄭玄の『尚書』に関する著書は、『尚書注』『尚書大伝注』『尚書五行伝注』などがある。しかしこれも欠けていて、今日その全体を窺うことはできない。鄭玄は、前述の如く、張恭祖について『古文尚書』を受けたが、後に馬融に師事するに及んで、又その尚書の学を伝えた。馬融の尚書の学も同じく古文の学問である。しかるに彼はまた今文家の元祖と仰がれる伏生の『尚書大伝』に注を書いている。且つ今日に残存している『禹貢』『洛誥』などの鄭注を見ると、今文説を用いている点が多い。その今古文を併せ採っている点は、これらの点より見ても分る。しかしその主とするところは、やはり『古文尚書』であって、今文のそれではなかったようである。

『詩』については、鄭玄は『毛詩』のために『箋』を作り、『詩譜』を著わした。詩経は鄭玄の前にすでに斉・魯・韓・毛の四家に分れていた。初め彼は張恭祖に従って韓詩を学んだが、後に毛詩を見て、これを喜び、ついにそのために注釈を書いた。しかしこれとても、完全に毛詩に従うものではなく、毛詩以外に三家の説を採っている例は、その注釈の中の随所に散見している。また礼に詳しい鄭玄は、詩を説く場合にも、礼をもってする場合がすこぶる多いのである。はなはだしいのは、詩の中の「三十」「十千」などを解釈するにも、その根拠をことごとく礼の上に求めていて、牽強附会の説が多い。

『礼』については、鄭玄は『周礼』『儀礼』『礼記』の三礼に注釈を書いている。その他、『喪服記』『喪服変除』『礼儀』『魯礼禘祫義』の著書がある。これまた完全には伝わっていない。前述の如く、彼の注釈書の中、今日に完全に伝わっているのは、『三礼』の『注』と『毛詩』の『箋』のみである。その中でも、三礼の注は、彼の学問の中心をなすものであって、これが完全に伝わったことは、一つはその学問がすぐれていることによるものであろうと思われる。彼が礼を注するには、他の経書の注釈と同じく、折衷の態度を失わず、すなわち自己の考に合わぬところでも、これを抹削していない。

その『儀礼』を注するのに、今文・古文を併せ存し、経文が今文を立てているならば、注の文に古文を出し、経文が古文を立てているならば、注の文に今文を出している。『周礼』においても、注の中に古書・今書をならべ存している。古文の諸家の中においても、また善きものを選んでそれに従っているようである。しかし彼の学問の大本は古文にあったらしく、その三礼の順序を立てるにも、古文を代表する『周礼』を第一とし、『儀礼』これに次ぎ、『礼記』これに次ぐという順序であった。且つ彼は三礼を同時に認め、その矛盾を避けようとしたために、調停の言をなしている。すなわち周礼の官制をもって周公の定めた周の制度となし、これと矛盾する礼記の王制は、夏・殷の制度の相混わったものとすることなどは、それである。

次ぎに、彼は『春秋』においては、初め第五元先に従って『公羊春秋』を受け、また張恭祖について『左氏春秋』を受けた。何休が公羊のために『公羊墨守』『左氏膏肓』『穀梁廃疾』を著わすと、彼は『発墨守』『鍼膏肓』『起廃疾』を著わして反対したといわれる。彼は必ずしも公羊に反対するものではなかったようであるが、好むところは左氏にあったようである。

『論語』は、漢初に『斉論』『魯論』『古論』があり、前漢の時、張禹は魯論に混うるに斉論をもってして、『張侯論』を作った。鄭玄はこの張侯論を主として、これに三論を折衷したのである。その注釈に礼をもって主としていることは、他の経書と変わらない。しかしこの書物もまた宋以後に滅び、今は完全には残っていない。

彼が『孝経』に注釈をしたことは、『後漢書』の本伝には見えているが、門人の編纂した『鄭志』にはその目録が見えない。今日に伝わる孝経の鄭注を見ると、その注の文の用語は、他の経書の注と似ないものがある。彼に孝経の注があったとしても、今あるものは恐らく原本ではないであろう。

以上は、鄭玄の経書に関する注釈の概要である。鄭玄がこれらもろもろの経書を解釈するのに、礼を中心としていることは上述の如くであるが、いま一つ、彼の注釈を一貫する特殊な点は、讖緯五行を混えていることである。鄭玄は、老後、その子を戒める手紙の中に、若くして緯書を読んだことを記している。また彼が注を施した書物は、上述の外に『易緯注』『尚書緯注』『詩緯注』『礼緯注』『礼記黙房注』『楽緯注』『春秋運枢注』『洛書注』『孝経緯注』などがある。彼が緯書に興味を持っていたことは事実である。鄭氏の経書の注の中に、この緯説を入れている点が多い。また五行の説を採り入れた点も多いのであって、仁・義・礼・智・信を五行の神に配し、感生帝と関聯してこれを説明するようなこともしている。後世の学者に、この点について鄭玄を譏る者も多いほどである。そのほか、鄭玄は暦法・算術にも通じており、書経を解釈するにも、これを用いたところがあり、また易を解釈するにも、三統暦を用いたところがある。

以上、鄭玄の学問の概要を述べた。それらを通じて彼の学の特徴をいえば、第一に、経学すなわち儒家の経典の解釈学を大成したことである。今古文両家、ならびにこの両家内の各分派を綜合統一したのである。第二には、礼学の基礎を定め、すべての経典を解釈するのに礼をもってしたことである。第三に、讖緯五行の説を信じ、すべての解釈にこれを混えたことである。鄭玄の偉大なる点はここにあり、その非難を受ける点もここにある。なお一つ附加するならば、学問を利欲のための手段から引き離し、純然たる学問のためにするという風潮を作った点がある。

中国においては、後漢以後、歴代の王朝が、前漢以来の伝統をうけついで、儒学を尊重したから、その学問は常に官吏登用の重大要件であり、したがって士人階級からいっても、儒学はその階級発生の根本条件ともいうべき重要さを保っている。それ故に各時代の士人階級によって代表せられる一般の学問が、歴史的・社会的にいって、儒学の範囲に限定せられることは、勢の止むを得ないところである。常に一定範囲内に限定せられた学問の中において、もし自由討究が許されるとしたならば、それはおそらく解釈学をおいて他に求めることはできない。

解釈学には二種ある。一つは訓詁的のものであり、他は哲学的解釈である。漢・唐および清朝の解釈学は前者に属し、宋・元・明の解釈は後者に属する。前漢に起こった今・古文学の対立は、要するに経文の解釈に藉口したものではあるが、その実は、政治上の理想の相違がその根底をなしている。後漢に入っては、もはやそこに理想上の争いを容れる余地が無いまでに、政治組織は固定していた。

この時に当たって、学問の進路はもっぱら解釈の一途に出るほかはなかった。当時、政治上の根本の依拠とせられた経書の解釈学が盛んに行なわれたことは、あたかも今日の法治国家において法律の解釈学が重要な地位を占めているのと、全く同じである。当時の解釈学が何故に哲学的に向かわずして訓詁的になったかということは、当時、経典の文字の意義になお不明なところが多く、殊に前漢時代に現われた古文の経典の難読なことと、今古文両家のもつテキストの異同とが、この解釈学の方向を決定したものであろう。後漢の学問は、大体、このように解釈学の一途に進んだが、解釈学が発達するに従って、そこに異説が続出し、学派の分裂を来すことは、自然の勢であった。学派の分裂は、おのれの学派を学官に立てようとする野心によって助勢せられた。それと同時に、おおよそいずれの時代においても、社会組織が固定すればするほど、伝統が重んぜられるのは通則であって、後漢時代に学問の師法・家法がやかましく唱えられたのも、そのためである。このように学問の分裂を来しながら、一面において、師法・家法の厳格を唱えたという奇怪な現象は、このような社会事情から発生したのである。それ故に、後漢時代において、師法・家法は実際に厳密に守られたものではない。一つの経書についても、数派の学を兼ね修め、甚だしいものは、今文学と古文学とを兼ね修める者さえあったのは、その明証である。学問が理想を捨てて解釈に堕し、さらにその解釈が博識を争うということに赴くのは、当時の社会状態から考えて当然の帰結である。その傾向は、結局、解釈学の一大集成を要求することとなり、ここに鄭玄が出て、今古文各派の統一、解釈学の大成が行なわれたのである。

次ぎに、経学が一種の宗教的な勢力を社会にもったことは、前述の通りである。中国において、礼は政治的・社会的の組織であると同時に、宗教的儀式をも含むものである。鄭玄によって高調せられた礼学は、政治的意味における解釈学であると同時に、宗教的意味における儀礼化でもあった。この宗教的意味をもつ儀礼化ということが、君主を神格化し、孔子を神格化し、その他あらゆる迷信を含むところの讖緯五行説と結びついて、まさに固定した士人階級の信仰を代表するに最もふさわしいものであった。

最後に、後漢の学問は禄利の手段から離れて、純然たる学問研究の立場をとるに至ったと言われているが、学問が実際政治から離れて、単なる真理の討究の手段になるということは、とりもなおさず、知識階級に属する有産者の生活が固定したことを表わすものである。後漢の学問のこの特徴も、またただその時代の社会状態を反映する一現象にほかならない。且つまたこの時代における解釈学は、その学問がもつ伝統の中からのみ発生するものであり、その伝統の中でこそ必然的な解釈が出てくるのである。そのために、その伝統の外に出てもそれが真理であるということは、保証することができない。むしろ解釈学的に真理であればあるほど、それが客観的に虚偽に陥っていることがなくはないことを注意せねばならない。由来、解釈学は、政治的必要から出発するのであるが、これを研究する者の社会的地位の安定ということと、また時には政治的勢力の獲得から除外された反抗心も加わって、自分の修める学問を高踏化し、実際に政治的・社会的に活動する者を目して、これを俗流として卑しむ態度をとることは、いずれの社会においても同様である。後漢時代の学者、殊に鄭玄によって代表せられた後漢後半期の学者の風潮は、まさにこの域に達したものであった。魏晋時代に入って、高踏的な無政府思想が盛んになったその萌芽は、まさにこの後漢の後半期にあったといえよう。

第三章　王充その他の後漢時代の思想家

後漢時代の学風は、前述の如く、儒家の経典の解釈学に固定したのであるが、しかしその間にあって、これに対立する思想が必ずしも無かったわけではない。それを代表するものは、後漢の初めに出た王充の『論衡』である。

王充、字《あざな》は仲任、会稽の上虞の人である。論衡の『自紀篇』によると、後漢の建武三年（A.D.27）に生まれたという。『後漢書』の本伝によると、永元年中（A.D.89～104）に死んでいる。且つ自紀によれば、「年七十云々」とあるから、七十くらいまで生存したことは確かである。自分からいうところでは、祖先以来、百姓であり、祖父の時代に商業を営んだ。また祖先以来、任侠の者が多く出て、怨讎が多く、王充の父とその伯父にいたっては、ますます甚だしく、そのためにしばしば住所を移したが、父の時代にも或る豪家と怨みを構えたために、銭塘から上虞へ移ったと言っている。

また自紀によれば、彼は幼少の時から非常に頭がよく、行いもすぐれ、父母から一度も叱られたことが無かったという。幼少の時から地方の塾などで学問をし、成長した後、しばらく地方の属官を勤めたことがあるが、不平が多く、ついに官を辞した。その後、家に在って著述に従事した、とある。後漢書には、門を閉ざし、思を潜め、礼を排し、戸・牖・墻・壁いたるところに刀筆を掛け、考の浮かぶごとに至るところで書き記し、論衡八十五篇二十余万言を著わす、とある。今日に伝わるところの論衡も八十五篇あるが、その内、『招致篇』は目録のみがあって本文はない。王充には、このほか、『譏俗』『政務』『養性』の著書があったようであるが、今日では伝わっていない。

なお本伝によると、彼は若い時に都に出て、大学に入り、班彪《はんぴょう》に師事したが、博覧をたのみ章句を守らずといい、また家が貧しくて書物がなく、常に洛陽の市街を歩き、本屋で立見をして、一見すれば忘れず、ついに数家の学に通じた、という。しかし彼の自紀によると、大学に学び都に出たということは、その形跡がない。おそらくこれは晋の時代に至り、王充を尊崇する者が附会の説をなしたものでないかと思う。

王充の思想は、一言にして言えば、当時の儒家の思想に、徹頭徹尾、反対したものである。儒家の思想においては、天人相関というものを高調する。殊にその考は前漢の董仲舒らに至って極点に達し、後漢時代はこの考を継承したものである。この考によると、天道と人道を結びつけ、自然界の秩序と人間社会の秩序との相応一致を説く。殊に君主の言動は、ただちに自然現象にも影響を与えるという思想である。王充はこの天道と人道をまったく引き離して、天道の力強いものは、あるいは人間に影響を及ぼすものがあるかも知れないが、人道が天道に影響を及ぼすことは絶対にあり得ないという。天人の間に因果関係が存しないということが、彼の考の根底をなしている。

一般の儒家は、天地が物を生ずることを前提とし、人君はこれに則って民を愛さねばならぬというのであるが、王充は人の生まれることは自然で、この間に何ら天意が働いていないとする。

夫天地合氣。人偶自生也。猶夫婦合精。子則自生也。夫婦合氣。非當時欲得生子。情欲動而合。合則生子矣。且夫婦不故生子。以知天地不故生人也。

天地は気を合わせるが、人の生まれるのは偶然である。それは、夫婦は精を合わせるが、子はおのずから生まれるのと同じである。夫婦が気を合わせる時には、子どもの生まれることを望んでいるのでないが、情欲が動いて合し、合すると子が生まれるのである。夫婦が故意に子を生むのではないことから、天地が故意に人を生むのでないことが分るであろう。

それでは、人が天地の間に生まれるということは、いかなる原因に基づくかといえば、それはただ一つの偶然である。あたかも魚が淵に生じ、しらみが人の身体にわくようなものである、とする。儒家と並んで、前漢の初めに相当の勢力を持った道家の学においても、やはり天を説くのであるが、そのいわゆる天は、無意識的・無目的なものと考えられている。王充の天に対する考も、むしろ道家に近いものである。この考が、漢末以後、魏晋時代の高踏的な超社会的思想に結びつくゆえんは、この点にあると思う。

このように、王充は天人の関係を否定することを根本の考としているから、天人関係の思想のもっとも迷信化している讖緯説には、まったく反対している。例えば、讖緯説においては、孔子が未来を予言し、あるいは聖人が出た場合には、麒麟や鳳凰が現われて瑞祥を示すという。しかし、王充によると、孔子は自分の父の墳墓をも知らなかったと伝えられている。そんな者がどうして数千年の未来を予言することができようか。また麒麟や鳳凰の出ることもあるが、決してめでたいしるしではない。このような畸形の動物がたまたま現われたに外ならない。ただ従来の考は、この種類の現象をもって政治・道徳の上に結びつけ、これを聖人が現われた瑞祥となすにすぎない。元来、人事と自然現象とは関係のないものであり、それが偶然に一致したということによって、このような伝説を生じたにすぎない。王充はこれを「偶合」と名づけている。従来、天人相関の考が鉄則として認められ、且つ当時の社会において、これに関する迷信は知識階級の間にもすこぶる根強いものがあったにかかわらず、敢然としてこれに反駁を加えたところは、偉大である。

王充は、これと同時に、人の運命、国の運命というようなものと、その君主の行為、またはその人間の善悪ということとは、まったく関係の無いこととしている。例えば、夏の桀《けつ》王や殷《いん》の紂《ちゅう》王は、その悪を極めたために、湯王や武王が起ち上がった。桀・紂は関竜逢を殺し、箕子や比干を捕えて、死なせた。これに反して、湯王・武王は、伊尹や呂望の言を用い、桀・紂を討って王となった。このような事実の間には、みな密接な因果関係があるというのが、従来の儒家の考である。しかし王充の考によると、ここには何ら因果関係はないのである。桀・紂の亡びたのは宿命であり、湯・武の起こったのも宿命による。箕子・比干もその宿命の終わるべき時に到達していたのである。また人を用いる用いないが、国家興亡の原因ではない。このような場合に、国家・人間を左右しているものは、一つの宿命で、この間にあって人力は何らの力もない、と言っている。このように王充が宿命説を信じ、宿命の力を過大に考えた結果は、まったく人力を無視し、人の行為の善悪について何らの責任が無いということになる。善人が善をなし、悪人が悪をなすことは、宿命であって、自由意志はその間に存していない。故にその行為について、本人は何らの責任をもたない、ということになる。この点については、倫理道徳上、非常に危険な思想として、後世から非難されている。

王充は「命」ということをいう。その命は何処より来るかといえば、それは天より受けるものとしている。それでは、王充のいわゆる天とはいかなるものかというと、それは、前述の如く、道家のいわゆる天に近いものであって、主宰的・目的的・理論的のものでは全然ないのである。したがって、その間に因果関係を認めるのではなく、ただ一つの偶然を認めているだけである。それ故に、王充は天を言っても、それは儒家などのいう天とは、全然、性質を異にするのである。また五行相勝などいうものも、決して因果関係に基づくものではない。もしこれらのものの間に相勝の関係があるとすれば、それは力の強弱によるものである、という。

王充は唯物論的な立場から霊魂の不滅を排斥している。鬼神に関する王充の考は、漢の学者としてはよほど変わったもので、また異端として見られたものである。当時、一般の学者の考は、人間以外に鬼神なるものがあって、それが人から祭をうけ、それが生人と同じ姿で人に見える、と考えていたのである。しかし、王充はこのような考は許すべからざるものとした。この王充の無神論は、やはり後世の非難を免がれないものであるが、しかし宋の学者の鬼神に関する考は、王充のこの影響を受けたものが少なくないようである。

王充は、その宿命説の立場から、人間の性は自然に備わったものであって、その自然的条件に従って、生まれながら性の善なるものもあり、性の悪なるものもあり、性の善悪が混ずるものもあり、一定することはできない、しかもこれらはいかに教養を加えても、その本性を変えることができない、というのがその骨子である。王充は、孟子の性善説・荀子の性悪説・告子の性に善なく不善なしとの説よりはじめて、劉向の「性陰情陽」の説に至るまで、一一これに弁駁を加えた。

王充の議論の中、もっとも古くより注意をひいているのは、『問孔』『刺孟』の二篇である。孔子は儒家の開祖として、当時、絶対の信仰を受け、孟子はまた孔子の学問を忠実に祖述した者として、孔子の門流の中の最大の者と考えられていた。王充はこれらの人人の書物に対して批判的な立場に立ち、微細にわたって弁駁を加えている。

彼の考によれば、一般に世間の学者が、古《いにしえ》を是とし今を非とし、聖賢の言葉に対して疑問を発しないのは、大きな誤である。聖賢の言葉でも、必ずしも不合理なことがないとは限らない。また孔子門人の七十子は、今の学者よりも非常にすぐれた者と考えられているが、これらの人人に対して及ぶべからざるものと考えるのは、みずから卑屈にするの甚だしきものである。古も今も、人であることに異なるはずはない。もし孔子が今日に生まれたならば、今の学者はすなわち顔回・閔子騫《びんしけん》である。何故に古人のみを崇拝する必要があろうか。

王充はこう言って、論語の中に含まれる孔子の言葉や、弟子の質問などに対して、不合理な点を指摘し、また孟子の議論をも批判している。例えば、孟懿子《もういし》が孝について問うた時、孔子は「無違」と言った。門人の樊遅《はんち》が孔子のために車を御していた時に、孔子は孟懿子との問答を樊遅に告げた。樊遅はこれを理解することができず、かさねてこれを質問した時に、「生きてはこれにつかえるに礼をもってし、死してはこれにつかえるに礼をもってし、これを祭るに礼をもってす」と言った。この言葉によって、「無違」とは礼に違う勿れという意味であることが分った。もし樊遅がこれを孔子に問わなければ、孔子のこころはついに不明に終わったかも知れない。樊遅は孔門のなかでも有名の人である。その人すら理解できないことを、孟懿子がどうして理解することができよう。孔子が単に「無違」と言ったのは、きわめて不親切な態度である、と言っている。

また、「富與貴是人之所欲也。不以其道得之不居也。貧與賤是人之所惡也。不以其道得之不去也。」（富と貴は人の欲するものである。しかし、その道をもってこれを得るのでなければ、そこに留まってはいない。貧と賤は人のいとうものである。しかしその道をもってこれを得なければ、そこから去らない。）と論語はいう。王充に従えば、この第一段の言葉は意味が通じるが、第二段はまったく意味をなさない。第二段の「得」は「去」に改めて初めて意味が通じると言って、論語のテキストに疑を挾んでいる。

また孔子が弟子の子貢《しこう》に対して、顔回と汝はいずれが優れているかと問うたところ、子貢は、顔回は一を聞いて十を知る、私は一を聞いて二を知る、到底、及ばぬと言っている。これに対して、王充は、孔子がもし両人の優劣を知っておれば、このような質問は無用である。またもし知らないとすれば、このような質問に対して、子貢が顔回より優れていると答えることはないから、孔子の質問は実に無意味である、という。

また宰我《さいが》が昼寝していたのを怒って、「朽木糞土」に比べている。王充は、昼寝はさほど咎むべきことではない。人に非行のあった場合には、昼寝をせずとも、決して褒むべきことではない。宰我は孔門の中で徳行のもっともすぐれた人である。このような小失に怒をなすのは、当を得ていない、と言っている。

『孟子』については、孟子は『梁恵王篇』において利を排して仁義を説いている。王充は、利には二つあるという。一つは「安吉」の利で、他は「家財」の利である。易にも利をいうが、それは安吉の利である。仁義と相反するものではない。恵王が何をもって我国を利せんといったのは、あるいは安吉の利をいったのかも知れない。それを孟子が家財の利となし、これを排したのは早計である。

また孟子は「命」といって、これに正命と正命ならざるものがあるとし、「知命者不立於巖墻之下。盡其道而死者正命也。桎梏而死者非正命也。」(命を知るものは巖墻の下に立たない。その道を尽くして死ぬのは正命である。刑罰を受けて死ぬのは正命ではない。)と言っている。王充によれば、これは誤である。一体、命は、聖賢と愚不肖の二極によって、正命と非正命との区別があるのではない。もし聖賢のうけるのが正命とすれば、孔子が王とならず、顔回は夭死し、子夏は失明し、伯牛は癩病となった、これらの不幸は、如何に解するか。刑罰にふれて死ぬのが正命でないとすれば、比干・子路はみな刑罰を受けて死んでいる。これを如何に説明することができるか。「知命者不立於巖墻之下」と言っているが、もし死なない運命をもつならば、巖墻が崩れ、一時に多数の人が死ぬとしても、その人だけは死を免がれる。故に孟子のいう命の説は誤っている、という。

これらは、彼の問孔・刺孟の一斑である。その言うところは、多く言葉の末に拘わり、あるいは孔孟の真意を誤解した点もあるが、しかし、当時においてもっとも権威あるものと考えられたこれらのテキストに対して、ともかくもこれを批判し、もしくはこれを駁撃する態度に出たことは、はなはだ偉大なものがあるといわなければならぬ。

これを要するに、王充の思想は、当時に通行した伝統的思想というものに対して疑を挾み、これに対して正しい解釈を求めようとしたのである。その結果として彼が把握したものは、一つの宿命説であった。彼が唯物論的な立場に立って伝統的な思想を批判した点は、いかに彼の頭脳が当時の社会状態ならびに社会思想を反映するに敏感であったかを示しているが、彼はその唯物論的な考を徹底させることができず、結局、あいまいな宿命論に堕したことは、彼のためにははなはだ惜しむべきことである。しかし、とにかく中国の上下を通じて、このように判然と唯物論的な議論を立てたのは、他に類を見ない。後世、彼の思想を断片的に祖述する者はあっても、彼の懐疑説の根本をつかむ者が無かった点から見るならば、彼は中国におけるすぐれた思想家の一人であることを失わない。なお彼が論衡に述べているところは、重複もあり、矛盾もあり、はなはだその解釈に困しむものがないではないが、主として述べようとしている事柄は、大体これをつかむことは困難でなかろうと思う。

王充よりも少しく前にあたり、前漢より後漢にかけて、桓譚《かんたん》という人がある。字《あざな》は君山、沛《はい》国の相県の人である。この人は経学者であるが、章句に拘泥せず、殊に考証に長じていた。当時は劉歆・揚雄を尊敬していたが、彼は必ずしもこの人たちの説に従わず、その疑わしい点は一一これを弁析している。揚雄の天文説に反対し、劉歆の神仙説を排斥しているのは、その疑わしきを弁析する一例である。後漢の光武帝が即位の後、桓譚を招いたが、彼が帝の信仰している讖緯説を排斥したために、帝の怒に触れたことは、有名な話である。このように、彼は公平な批評家の立場に立ち、殊に事実に基づいてすべての学説を批評している。

王充は前漢の諸学者を批評し、桓譚に論及して次のようにいうている。

……又作新論。論世間事。辨照然否。虚妄之言。僞飾之辭。莫不證定。彼子長子雲説論之徒。君山爲甲[論衡・超奇]

……また『新論』を著わして、社会の事を論じ、当否を弁照している。虚妄の言や偽飾の辞は、ことごとくあばいてしまった。司馬遷・揚雄ら論説者のうち、桓譚が第一等である。

世間爲文者衆矣。是非不分。然否不定。桓君山論之。可謂得實矣。論之以察實。則君山漢之賢人也[論衡・定賢]

世間に文章をつくるものは多い。しかし、是非がはっきりせず、当否がきまらない。桓譚の論説は、真実をつかむといえる。論説して真実をみぬくのであるから、桓譚こそは漢代の賢人である。桓譚の実証主義的なところが、王充のもっとも傾倒した点であろう。しかし桓譚の著わした『新論』は、今日その完全なものは伝わっていない。残っている断片から察すると、議論としてはさほど斬新な点はなく、当時の事実を考証するに有力なる資料となるにすぎない。ただ、王充より前において、幾分か王充の思想に影響を及ぼした者があったとすれば、おそらく桓譚一人であろうと思う。

王充より後において、後漢時代に王充の思想的影響を幾分か受けたと思われる者は、王符と荀悦である。

王符は後漢の桓《かん》帝（A.D.147〜167）の時代の人である。彼は性質が狷介《けんかい》であって世に容れられず、官吏となる望を絶ち、退いて著述に従事し、当時の政治を評論した。それがいわゆる『潜夫論』である。彼の説が王充に比べてどういう点が類似しているかというと、第一にその宿命説を採っていることである。しかし王符の宿命説は、王充のそれの如く徹底したものではなく、折衷的な態度を持している。すなわち、王符は、宿命を認めると同時に、一面、人間の力を是認し、宿命は、到底、逃げることはできないが、ある程度までは人間の力によって変更できる、と考えている。また世間の人の迷信に対しても、王符の論ずるところは、はなはだ徹底を欠いている。彼は、世人が悪行をしながら鬼神の歓心を求めてこれを祭ることなどに対して、多少の効果を認めている。すなわち微細な罪悪に対しては、鬼神が特別に祐助するかも知れぬが、大罪にはその咎を免がれない。例えば、人民が罪を犯して官吏に宥恕を請うことができても、大悪は許すことができないのと同様である、と言っている。また彼は夢を論じて、これを正夢と正夢に非ざるものとに区別をし、ある種のものは事実と適合することを認めている。このように、潜夫論に含まれている思想は、まったく当時の一般の思想を脱却することができないのであるが、しかしその反面においては、王充の懐疑的思想の影響を受けたものであるということは、一見して分る。その潜夫論に含まれている一般政治論に至っては、儒家伝統の思想、道徳政治の論、重農抑商の考で一貫しているから、ここに特に述べる必要はなかろう。

次ぎに、荀悦《じゅんえつ》は荀卿の子孫である。やはり桓帝の時代の人（A.D.148~209）である。その思想を窺うべき著述に『申鑒』がある。これはやはり制度もしくは道徳の議論を主なる内容としているが、そのなかで王充の影響を受けたと思われるのは、その性論である。

荀悦の性の議論は、ほとんど王充と同じである。性には三品あり、上下は移らず、その中はすなわち人事に存する。本来、人間の命は相近きものであるが、事は相遠い。孟子は性は善というが、そうすれば古《いにしえ》の四凶はないはずである。荀子は性悪と言っているが、そうすれば殷の三仁というものは出て来ないはずである。また公孫子は善悪なしと言っているが、もし善悪がなかったならば、同じく文王の教を受けながら、聖人の周公と愚者の管叔・蔡叔が出て来るわけがない。また揚雄は性は善悪混ずと言うが、もしその説が正しいとすれば、非常にすぐれた人間でも悪を思い、下愚も善をさしはさむこととなって、事実に反する。そこで彼は、理いまだ極めざるも、劉向の言が正しい、と言っている。劉向にもやはり性三品の説があって、その説の誤っている点を指摘したものが、王充の性三品説であり、その説を祖述したのが荀悦と見るべきであろう。

この性の議論は、中国において、古今を通じてやかましい問題である。唐の時代に至り、韓退之が性三品説を提唱して以来、それはもっぱら韓退之の創説のように考えられているが、その因って来るところは、この後漢の学者にあることを注意しなければならない。

以上のほかに、後漢時代にその思想の著述の残っている者は、徐幹の『中論』、仲長統の『昌言』などがあるけれども、思想上、重要性を有するものでないから、ただ名のみを挙げておく。

第四章

魏晋南北朝時代の経学

魏晋南北朝時代の経学の風潮は、大体、二つに区別できると思う。その一つは、後漢時代の経学、すなわち鄭玄によって集大成された訓詁学をそのまま継承する学派であり、いま一つは、後漢以来の伝統の経学とは反対の立場に立った学派である。この後者はさらにこれを三つの流派に区別することができる。その第一は、やはり儒家思想を根本として、鄭玄の説に反対するものであり、その第二は、道家すなわち老荘の思想を基本として儒家の経典を解釈し、これによって従来の経学と対立するものであり、その第三は、仏教の思想をとって儒家の経典を解釈し、これによって正統派の経学に反対しようとするものである。いま、後漢以来、伝統の経学を維持する立場にあるものは後にして、これに対立した立場の学派から、その大体を見て行こう。

第一に、儒家の立場に立ちながら、正統の経学に反対したところの代表者として、王粛《おうしゅく》を挙げることができる。字《あざな》は子雍《しよう》、魏の王朗の子で、晋の武帝の外祖父にあたる。王朗も学問を修め、易・春秋・周礼などについて説を立てた。王肅はその学問をうけて、ついに一代の大学者となり、後漢の鄭玄とならび称せらるるに至った。ただ王肅は、従来の学者の経説に反対し、殊に鄭玄の説には一つ一つ異論をさしはさみ、ついにその解釈を一変させたのである。その中でも、礼に関する説については、もっとも重要な点があると思う。

一体、礼の学問というものは、その当時の制度と密接に関係するものである。これは前述の如く、経典の解釈は、畢竟、当時に行なわれた制度のプリンシプルを解釈するものであり、なかでも礼は当時の制度ともっとも密接の関係があるからである。それ故に、鄭玄の礼に関する解釈は、当時の制度がそれに則っているのである。したがって鄭玄は後漢時代においては礼学の権威であるが、魏が漢の天下を奪うに至っては、中国における革命の前例によって、その制度を改めなければならない。現行の制度は改めるが、しかしその制度の根底となるべき礼に関する経典は、これを改めることができない。ここにおいて、礼の解釈が自然に変化して来なければならない。王肅が経学上、殊に礼の学問に一派の学を立てて、後漢以来の伝統の説に反対したのは、すなわちここに基づくのである。彼の説を見ると、それ故に、その目的はもっぱら鄭玄の説を破ることにあった。清朝になると、漢学が流行して、鄭玄を尊ぶことが甚だしいために、鄭玄を敵とするところの王肅をすべて非難するが、公平に考えるならば、鄭玄の説が後漢時代において正しいものとするならば、王肅の説も魏の時代に正当のものとしなければならない。且つこのように相対的関係を離れて、経書のオリジナルな点から観察しても、王粛の異説が必ずしも不可であるということはできないと思う。ただ、その人物に至っては、当時の政府に媚び、高尚の人間ということはできない。しかし、これまた、古今、多くの学者にありがちのことであり、ひとり王粛のみを咎めるのは酷であろう。

唐の時代に学問を統一するにあたって、その編纂した『五経正義』の中に王粛の注釈を用いなかったために、一般の学者すなわち官吏になろうとする者が、これを研究する必要がなく、唐の時代についにその注釈は廃れ、今日に伝わっていない。他の著書と同じく、種々の書物に引用されている王粛の注を集めたものが、今日に存していて、これによってその解釈の一斑を知ることができる。

王粛について注意すべきことは、彼は鄭玄に反対するために古書を偽作することも敢て辞さなかったことである。今日ある『孔子家語《こうしけご》』は、王粛が鄭玄に反対するために偽作したものであるというのが定説になっている。また『孔叢子《くそうし》』も、多分、彼の偽作したものであろうということになっている。一体、魏晋の際は非常に偽書の流行した時代であって、王粛にかかる偽作があるということは、その人物から考えても、おそらく首肯されると思う。

次ぎには、道家思想の立場から経典を解釈する学派である。その代表的な者は、何晏と王弼である。何晏《かあん》は、字《あざな》は平叔、魏の曹操の女婿である。彼は老荘学者で、その著述に『道徳論』があり、万物は無より生ずという説を述べている。当時の老荘学は彼が鼓吹したのである。

また一面、彼は儒家の学を研究し、『論語集解』を作った。この書物は、多数の学者によって編纂されたものであるが、何晏が主としてその任に当たったことは疑えないところである。この書物は、漢の孔安国以来の諸家の注釈を取捨折衷し、その足りないところを自分の意見で補ったものである。これは何晏の編纂であるところから、当時に非常に流行したのである。ひとり当時のみならず、唐の時代以後、論語の注釈としては最もすぐれたものと考えられて、他の注釈書は早く亡びたにかかわらず、これのみは今日まで完全に伝わっている。しかし、これを読む時に注意しなければならないのは、これは老荘の立場から論語を解釈していることである。その一例をいうと、先進篇の「子曰。回也其庶乎屢空」（子曰く、回やそれちかきか、しばしば空す）の「空」は貧乏のことであって、顔回が貧賤のなかでもその楽しみを改めなかったことをいうのである。何晏は一説を引いて、「空」を「虚中」とし、心中無一物の状態を指すものとする。これは完全に老子の無欲の考によって説明しているのである。彼の人物は極めて軽薄であった。政治上にも種々策動して失敗し、ついに殺されるにいたっている。しかし儒教の経典を老荘の思想によって解釈し、それが後世に非常に影響を与えたことは、没すべからざる事実である。

晋より後、何晏の解釈をついで、道家の思想をもって論語を解釈する者が多く現われた。例えば晋の孫綽《そんしゃく》は、論語の「六十而耳順」（六十にして耳順う）を解釈して、「耳順者。廢聽之理也。朗然自玄悟。不復役而後爲。」（耳順うとは、聴を廃するという原理である。朗然としておのずから玄悟しており、もはや耳を使うて後になすようなことをしないのである。）と言い、また「子畏於匡」（孔子が匡に畏る）を解釈して、「兵事險阻。常情所畏。聖人無心。故即以物畏爲畏也。」（軍事と険阻は、常人の情が畏れるものである。聖人は無心であるから、人が畏れるものをそのままに畏れたのである。）と言う。また晋の李充は「久矣。吾不復夢見周公。」（久し、吾れまた夢に周公を見ず。）を解釈して、「聖人無想。何夢之有。蓋傷周徳之日衰。故寄慨於不夢。」（聖人は無想である。夢など見ることはない。周徳の日日に衰えるのに心をいためたので、「夢に見ず」ということになげきをよせたのである。）と言う。また繆協《びゅうきょう》は「吾不試故藝」（吾は試みられず。故に藝あり。）を解釈して、「兼愛以忘仁。游藝以去藝。」（兼愛して仁を忘れ、藝に游んで藝を去る。）と言った。

ことに甚だしいのは、南斉の顧歓と梁の太史叔明である。「回也其庶乎屢空」を解釈して、顧歓は、夫無欲於無欲者。聖人之常也。有欲於無欲者。賢人之分也。二欲同無。故全空以目聖。一有一無。故每虛以稱賢。

無欲であることに無欲であるのは、聖人の常である。無欲であることに有欲であるのは、賢人の分である。二欲のいずれもないから、完全なる空をもって聖人と見なし、一つが有って一つがないから、しばしば虚であることをもって賢人をたたえるのである。

と言い、太史叔明はさらにこれを敷衍して、

按其遺仁義。忘禮樂。隳支體。黜聰明。坐忘大通。此忘有之義也。忘有頓盡。非空而何。若以聖人驗之。聖人忘忘。大賢不能忘忘。不能忘忘。心復爲未盡。一未一空。故屢名生也焉。

按ずるに、仁義を棄て、礼楽を忘れ、肢体をこわし、聡明をしりぞけ、坐忘して大通すること、これが忘有——有を忘れるということである。忘有が突如として極わまるところ、それがまさしく空である。もし聖人をもって来ていうならば、聖人は忘を忘れる。しかし大賢は忘を忘れることができない。忘を忘れることができないから、心はなおきまらない。空になったり空にならなかったりする。それ故に屢という言葉が出て来たのである。

というに至っている。これらは論語の原意から去ることが極めて遠い。しかしこれによって当時の一派の風潮を見ることができる。

次ぎに、この時代に道家の思想を基本として経を解釈した者に、王弼の易がある。王弼《おうひつ》は、字《あざな》は輔嗣、魏の人。何晏とほぼ時代を同じくする。王弼は、元来、道家の学者であるが、今日に伝わっている著述には、易の注と、老子の注がある。当時、老子の注釈は数多く作られたが、もっともすぐれて

いるというので、王弼の注が盛んに行なわれ、唐初に陸徳明が『経典釈文』を作った時に、この注釈本を採用して定本とした。そのために、他の人の注釈は次第に廃れて、今日に伝わっている老子注釈では、これが最古のものとなっている。もちろん、この注釈でも、老子の原意を得ているか否かは疑が多い。しかし後世の老子を読む者は、この書物から入らねばならないのである。

易は、漢以後は儒家の経典となっているが、漢の学者は易を解釈するのに「象数」を主とし、それに「陰陽五行説」を交えたために、一般の迷信を助長することがはなはだ多かったのである。これは易を占筮の書物と見ることとの当然の結果と思われる。王弼に至って、その象数をとり去り、もっぱら「義理」をもってこれを解釈した。彼の考によれば、理には形がない。それを、仮に形を借りて説明したのが易の象である。易に象のあるのは、あたかも詩に「比興」があるのと同じく、実証が存在したわけではないとするのである。彼は易注を書く場合に、鄭玄の木像を作り、誤があるたびにこれを打ったという。これまた後漢以来の伝統の学派に対するもっとも強い反対派である。しかし、彼は前述の如く、道家の学者であるから、もちろん、その易を見るにも老荘の思想をもってした。例えば、復卦の「復其見天地之心乎」（復はそれ天地の心を見るか）である。道家においては、天地に主宰がない。人格もなければ、意識もない。それ故に、王弼はこの卦を解釈して、宇宙には主宰がない。雷がおこり、風が往くなど、おおよそ変化が起こるのは、自然のことである。天に心があってこれをなすのではない。天地の心とは、仮に天地に託して功をなしたもので、寂静が天地の本体であり、活動はその末である、と言っている。

王弼は二十歳あまりで死んだ。その易注は完成していなかった。『十翼』の部分は、彼の学派の韓康伯が補ったのである。韓康伯の意見も王弼と同様であって、『繋辞伝』に「易有太極」（易に太極あり）とあるのを解釈して、道から万物が分出する状態を述べたものであるとしている。これはまさに老子の思想によって解釈したものである。もしこの解釈を採るならば、儒家も道家も、その本質においては軌を一にしていると言うべきである。

経学の解釈に仏教思想をまじえるに至ったのは、南北朝の時代である。しかし、この時代も純然たる仏教的立場から経書を解釈した者はいない。もし仏教から経書の意義を解釈した者があるとすれば、それは道家思想とともに仏教思想を採り入れているのである。今その一例を挙げるならば、梁《りょう》の皇侃《こうがん》の『論語義疏』などはそれである。その中に、前に挙げた道家の思想により論語を解釈した学者の説が多く引かれているが、それと同時に、皇侃は当時の思想に影響されて、周公や孔子の道を「外教」といい、仏教を「内教」といっている。「子曰。未知生。焉知死。」（子曰く。いまだ生を知らず、いずくんぞ死を知らん。）の疏に、「外教無三世之義。……周公之教。唯説現在。不明過去未来」（外教には三世の義がない。……周公の教はただ現在を説くのみであって、過去および未来を明白にしない。）というている。これは仏語をもって経書を説いたものであり、はなはだ不都合であるという非難がある。彼は当時の道家思想ならびに仏教思想の影響を受けて、これらの二教を儒教よりも進んだものと考え、それをもって来て論語を解釈したことは、争えない事実である。この書物は、中国には早くより散佚していたが、日本にだけそれが伝わっていて、寛延中に根本伯修が足利学校の蔵本をもととして出版した。それが中国に渡り、阮元《げんげん》が『十三経注疏』の校勘記を書いた時に、この書物は六朝の真本として引用されている。また『四庫全書』の中にも入っている。

もっとも内教・外教は、ひとり皇侃の『義疏』に言っているだけでなく、顔之推の『顔氏家訓』でも、一面には儒教を尊びながら、これをもって外教と言っているところがあり、当時一般の風潮がしらずしらずの間に仏教を尊ぶ傾向となっていたことが察せられる。また同じく梁の伏曼容の『周易解』には、「蠱惑也。萬事從惑而起。故以蠱爲事也。」（蠱は惑である。万事みな惑から起こる。故に蠱を事とする。）といい、蠱は事であると解釈している。すべての事が惑より起こるというのは、明らかに仏教から来たものと見るよりほかはない。いったい、魏晋南北朝の書物は多く散佚して、今日に伝わらないので、詳細なことは知りにくいが、これらの断片的な資料から想像しても、仏教の解釈が儒教に侵入していたことは、多少にかかわらず知ることができる。

以上は、伝統的経学というものに反対した学派の主なるものを述べたのである。

なおここに、必ずしも伝統の学派には反対しないけれども、しかし折衷的な態度をとって、伝統の学説を補うた一二の学者を附加しておく。

この学派に属する学者としては、三国の魏の時代に虞翻《ぐほん》がある。虞翻、字《あざな》は仲翔、会稽の余姚《よよう》の人である。彼は鄭玄と同じく、漢代伝統の易学を綜合して、さらにこれを発展させたということができる。当時は王弼が「義理」によって易を解釈しはじめた頃で、虞翻がもっぱら「象数」によって従来の易の解釈を維持して、これに対立したということは、伝統的な学派からいえば、その功がもっとも大きいといわねばならない。しかし、今日その著述は伝わっていない。ただ唐の李鼎祚の『周易集解』の中に引用されて、僅かに残っている。清の張恵言がこれについて研究をし、『周易虞氏義』『周易虞氏消息』『虞氏易礼』を著わしている。これによって、大体、彼の説、および溯って漢易がどのようなものであったかを窺うことができる。

彼に次いで出た易学者に、晋の干宝《かんぽう》がある。彼の説も『周易集解』の中に引かれて僅かに残っているだけである。それによれば、彼は漢易の象数と王弼の義理を折衷したものであって、純然たる伝統の学問ということはできない。しかしその漢易を継承している部分においては、漢易研究の資料となるものが少なくないと思う。晋代は、尚書において、孔安国の伝五十八篇を得たと称して、晋の朝廷に奉った者がある。予章内史の梅賾《ばいさく》である。尚書の孔安国の注というものは、晋の永嘉（五年、A.D. 311）の乱に亡び、無くなっていたのである。それを梅賾が発見して、献上したという。これは、後世に学者の研究によって明らかにされたように、まったく偽物であって、これをもって漢以来の伝統の尚書の研究をすることはできない。しかしこの偽書は、当時、大いに流行し、鄭玄の尚書注はこれがために圧倒せられ、唐の時代に『正義』を作る時にこの書物を定本とした。その後は、この書物だけが世に行われて、鄭注は滅びてしまった。

『左伝集解』の杜預と、『穀梁集解』の范甯《はんねい》も、この学派に属する。杜預は左伝の注釈を書いた時、従来に行なわれていた賈逵・服虔の注釈を取捨して、これに彼一家の見を加えたのである。この注釈が、従来の注釈に比較してもっとも平易であったために、後には杜預の注釈だけが行なわれて、古注は廃れてしまった。なお彼には『春秋釈例』という著書がある。これは左伝家の義例を述べたもので、左伝を研究する者に役立つ。後世、杜預は左伝の忠臣といわれている。しかし彼の左伝注には、時代の風潮におもねった跡がないではない。例えば、短喪説の如きはそれである。当時の朝廷の議に媚びたものと伝えられている。また「鄭公子帰生弑其君夷」［宣公四年］（鄭の公子の帰生がその君の夷を弑す。）という文について、左伝は「凡弑君。称君君無道也。称臣臣之罪也。」（凡そ君を弑したとき、君の名をいうているのは、君が無道なのである。臣の名をいうているのは、臣に罪があるのである。）という。これは、革命を是認しない左伝家の解釈としてははなはだ矛盾したものである。恐らく後からの竄入であろうと考えられているが、杜預はこれを口を極めて賞讃している。彼は晋の司馬昭の妹婿である。晋は魏を奪ったものであり、殊に司馬昭は魏の君を弑した逆臣である。杜預が口を極めて賞讃するのは、司馬昭の悪を弁護するためであるとさえいう者がある（焦循　左伝補疏）。この類の例は、このほか二三に止まらないのである。

次ぎに、范甯は穀梁伝の注釈を書いたが、その立場は極めて折衷的であった。従来、公羊・穀梁・左氏と相対立して、おのおの学派を立てていたのに対して、范甯は三伝を比較し、三伝ともに教を損い義を害する点が少なくなく、強いてこれを通ずべからずとなして、三伝の説を折衷して、穀梁を解釈したのである。これは門戸の見をやかましくいう漢学派の排斥するところであるが、唐代に至り、三伝に捉われない自由な春秋の研究が出たのは、范甯にその端を発したというべきであろう。

南北朝の時代には、経学の趨勢は、大体、南北の二派に分かれた。もっとも南北ともに礼は鄭玄に従い、詩は鄭玄が主とするところの毛伝に従ったが、ただ易・尚書と春秋において、南北はその従うところを異にしている。すなわち北朝では、易と尚書は鄭玄を用い、春秋左氏伝は鄭学の一体と見るべき服虔を用いるに反し、南朝では、易は王弼の注、尚書は偽孔伝、左伝は杜預と、いずれも新しく出た注を用いるのが、一般の趨勢であった。それ故に、北朝においては、徐遵明・劉献之・熊安生らの経学者について、劉焯《りゅうしゃく》・劉炫《りゅうげん》が輩出し、鄭学の正統派を継承した。これは、当時の文化の程度において、北方は南方に比べて風気が因循であって、伝統に従う傾向が多かったことによるのであるが、一つには、北魏の孝文帝が夷狄より入って中国の主となり、中国古来の文化に同化しようと努めた結果、特にこの学問を奨励したことにもよるのである。

徐遵明《じょじゅんめい》は北魏の人、字《あざな》は子判、華陰に生まれる。長じて後、諸方を遊歴して師を求め、王聡・張吾貴・孫買徳について学問を問うたが、いずれも業を終えることができず、一年内外でそのもとを去った。そして自分の胸を指して、「我いま真師の在る所を知る」といった。すなわちみずから刻苦精励して、門を出ないこと六年、ついに諸経にひろく通じて、一世の儒宗と仰がれるに至った。『北史儒林伝』には、徐遵明の門下が如何に盛んであったかを記している。それによれば、彼は鄭玄の易学を盧景裕に伝え、盧景裕は更にこれを権会と郭茂に伝え、当時の易をよく説く者はほとんど郭茂の門に出たと称せられる。尚書は、徐遵明がこれを李周仁・張文敬・李鉉・権会に伝えたが、これもやはり鄭玄が注するところの古文であった。三礼の学はみな徐遵明の門に出で、彼が熊安生に伝え、その後、よく礼経に通ずる者の多くは熊安生の門人であったといわれる。また北方の学者で春秋に通ずる者は、みな服虔の注を用いたが、これまた徐遵明の門に出た者が多かった。ただ詩だけは、劉献之の門に出た者がもっとも盛んであったといわれる。

ここで注意すべきことは、今日に伝わる公羊伝の疏の問題である。この疏は徐彦の著述と言われているが、彼が何時の人であるかは、記載がない。したがって清の王鳴盛は、徐彦は徐遵明のことであろうといっている（蛾術篇）。しかしこの疏はおそらく唐代の人の述作であって、徐遵明の作でないとする説が正しいと思う。

しかし、とにかく、徐遵明は北方における一大儒宗であり、同時に伝統的経学を支持した点において、重要な地位を占めている。北朝以後の経学者は、みなその影響を受けない者はない。しかし、その性格はとりこみを好み、門人から多くの財物を徴集して、儒者の風を損じたといわれている。また『鄭注論語序』に、「書以八寸策」（書くに八寸の策をもってす）とあるのを誤って「八十宗」となし、しかもその説を改めず、枉げて強弁の説をなしたといわれる。しかしこれはひとり徐遵明のみならず、劉献之・張吾貴などは、そのとりこみの点でも、ごまかしの点でも、徐遵明よりさらに甚だしかったといわれる。

次ぎに、北周から隋にかけて、劉焯・劉炫の二人が出た。これは南北朝末期に出たすぐれた学者である。彼らは北方の学者であるにもかかわらず、南方の学問をも採り入れ、南北朝の学問を一統する役目を果たした。

劉焯《りゆうしやく》、字《あざな》は士元、信都の昌亭の人である。若くして劉炫と盟を結んで友となり、互に学問を励んだ。まず初めには、信都の劉軌思に従って詩を学び、広平の郭懋常に春秋伝を学び、阜城の熊安生に礼を学んだが、みな業を終えずに去る。当時、劉智海が非常な蔵書家であるところから、この家について書物を読み、十年を経過して、ついに儒学をもって名を知られるに至った。隋の開皇年中に、洛陽から石経を都に移した時、その文字が磨滅していて、これをよく知る者がなかった。この二人は詔を奉じ、学者の中に入り、これを校正した。二人があまりに他の学者の説を挫くので、ついに皆から怨まれ、排斥せられた。そこで郷里に帰り、教授と著述とを勉めた。その学問は、必ずしも伝統的な漢学を忠実に祖述するわけではない。賈逵・馬融・鄭玄・王粛の説でも、批判するところが多かった。その著述は多いが、『九章算術』『周髀』『歴書』『五経述議』が当時に行なわれた。彼も学問的には当時に重んぜられたが、束脩を納めないものには教えることをしなかったので、当時の人が非難したといわれる。

劉炫《りゆうげん》、字《あざな》は光伯、河間の景城の人である。劉焯と行動を共にしたことは、前に述べたとおりである。彼は嘗つて吏部にみずから推薦した。その時、長官の韋世康がそのよくするところを問うた。答えて、「周礼・礼記・毛詩・尚書・公羊・左伝・孝経・論語、孔・鄭・王・何・服・杜らの注、およそ十三家、義に精粗あるも、みな講授するに耐う。周易・儀礼・穀梁は功を用うることやや少し。史・子・

文集・嘉言・故事、みな心に誦す。天文・律歴は微妙を極め、公私の文翰は未だ嘗つて人手を借らず。」と答えた。韋世康は、あまりにその言うことが大きいので信用せず、これを採用すまいとしたが、当時、朝廷に在った知名の士十余人が、劉炫の言は誤まりでないと保証したために、ついに官に採用されたという。その抱負と自信の偉大さがわかる。そのころ、牛弘が天下に遺逸の書物を求めた。劉炫は、そこで『連山易』『魯史記』など百余巻を偽造して官に献じ、賞金を得た。後にこれを訴える人があって、ついに官を免ぜられ、家に帰ってもっぱら教授を勉めたといわれている。このように、彼は聡明と博学の点では劉焯に次ぐといわれ、当時、「二劉」と称せられた。著述も非常に多く、『論語述議』『春秋攻昧』『五経正名』『孝経述議』『春秋述議』『尚書述議』『毛詩述議』『注詩序』『算術』『文集』が当時に行なわれた。

この二劉は、前述の如く、学問は必ずしも伝統的な漢学を祖述していない。また費甝《ひかん》の『尚書義疏』というものを手に入れて、偽古文を信じている。そのほか、南方の学問を採り入れている。時あたかも隋が南北を一統した時代に際会して、今まで南北に分かれていた経学は、また二劉の力によって統一せられることとなった。後世、漢学を祖とする者からは非難されているが、しかし、彼らの態度は、後漢の鄭玄が従来の解釈学のすべてを綜合統一したのと、何ら変わりのないことである。

このころ、南朝の学者は、前述の如く、易・尚書・左伝において、伝統的解釈を用いない点が、北方の学問と相違している。しかしこの三つの経書において従来の解釈を奉じないということは、要するに、新しい気運に促がされて、伝統を破ろうとする考が多分に現われたことである。隋の時、南北の学問が統一されたとはいうものの、その実質においては、北学は南学によって征服されたのである。その後、唐代になると、国家公認の学問を定めるに当たっても、この漢学の伝統からいえば不純な南学が、公認の学問と定められるのである。これは文化発展の勢からいって、止むを得ぬことであると思う。

ただ南朝においても、雷次宗・崔霊恩らは、その学問が北学に近い。雷次宗は礼服〔儀礼の喪服の学〕においては鄭玄と名をひとしくし、当時、「雷鄭」と唱えられた。崔霊恩も『三礼義疏』その他の著述があり、殊に三礼・三伝にくわしかった。その他の学者においても、礼の学問においては、南方と北方においてさほど区別を設けることはできない。礼というものは、その当時の制度と密接な関係のあるものであって、その拘束によって特別の発達を遂げることができないためであろうと思う。

第五章　仏教の伝来と道教の出現

前漢の末に、大月氏が使者を中国につかわした時、哀帝は博士弟子の秦景憲をその使者に従わせて、仏教の経典を受けさせた。これが仏教の中国に伝来したはじめといわれる。後漢の初めに、楚王の英が宮中においてひそかに仏を祀った。また明帝の時に、白馬寺を建設した。当時、印度仏教は南北の二派に分かれていた。南は、セイロン島から、後に印度半島の範囲にまで拡がり、セイロン島がその中心であった。北は、大月氏から中央亜細亜諸国に及び、なかでも大月氏がその中心であった。中国に伝わった仏教は、すなわち大月氏を経て、この北派の仏教が伝わったのである。ただし両漢を通じて、仏教というものは、宮廷の信仰が中心であって、それが一般社会に及ぼした影響は極めて少ない。仏教が中国においてにわかに勢力を扶植したのは、西晋の末に、五胡が中国に侵入する時に始まる。五胡とは、鮮卑《せんぴ》・匈奴《きょうど》・羯《けつ》・氐《てい》・羌《きょう》である。これらの五種族は、中国に侵入する前にすでに仏教の感化を受けていた。侵入した後に、自分らのもっている仏教によって中国本土に感化を及ぼした。且つこれらの諸種族の侵入によって、西北の交通が再び開け、中央亜細亜と中国との接触が頻繁となり、中央亜細亜・印度の文化がますます中国に入ることとなった。

もっとも、この時代においても、仏教は主として君主ないし貴族の信仰であった。五胡の時代においても、後趙の石勒、前秦の苻堅、後秦の姚興らが非常に仏教を尊信し、次いで北魏の諸天子は、太武帝を除くのほか、いずれも仏教を信じた。その末年、胡太后はもっとも信仰深く、多くの仏寺を建て、また人を印度に遣わして仏典を求め、百七十余部を得て帰った。北魏一代、仏教のために事業を起こしたことは非常に多かった。『洛陽伽藍記』は、当時の仏教の盛んであった様子を述べている。北方の君主はこのように仏教を信ずることが篤かったのであるが、これはもともと西北の種族でつとに仏教を信じていた者であった。当時、漢民族である南方の民族はどうかというと、これまた異民族の影響を受けることが甚だしく、仏法を尊崇する君主が多く出ている。東晋の孝武帝・宋の文帝・梁の武帝・陳の武帝がもっともいちじるしい。このように南北の君主が大いに仏教を尊信すると同時に、その下に集まる貴族たちも、いずれも競うてこれに帰依する状態であり、その風潮に刺戟されて、仏教の僧侶を印度より招き、或いは中国より印度に赴いて仏典をもたらし、またあるいはその経典を翻訳することが盛んになった。

当時、西晋より南北朝にかけ、中国に来た有名な僧は、鳩摩《くま》羅什《らじゆう》・安世高・仏図澄らである。また中国から印度に行った僧侶も非常に多く、三国時代より唐初にかけて、その姓名の確かな者だけでも百余名あり、名の不明な者も八十余名に及んでいる。その中、もっとも有名なのは後秦の法顕である。彼は長安の人である。発憤して印度に行き、法を求めようとして陸路を出発した。当時、印度に行くには二つの路があった。一つは陸路であり、一つは海路で、広東から海を渡り、印度半島に渡り、セイロンに赴くのである。印度僧が中国へ来るのは、多くは陸路である。法顕は途中に三十余国を経て印度に到り、在住すること前後十五年、後、海路を帰国した。持ち帰った経典は多い。『仏国記』は彼の経歴した所を詳しく記したものであり、後の宗教史・地理学を研究する者に有益なものである。

このように国を出て法を求めた僧のほか、国内に在って法を修めた有名な人も多い。殊に東晋の末に道安がある。彼は中国の南北にわたり、道を伝えること多年で、弟子も多い。殊に後述の如く、鳩摩羅什を招いて経典の翻訳に当たらせるなど、中国仏教の基礎は実に道安により確立したといっても過言ではない。彼の弟子に慧遠《えおん》がある。廬山に白蓮社を結び、仏教を研究した。南方仏教の発達は彼に負うところが多い。彼はまた、儒教の経典にも通じていたと見えて、雷次宗は廬山に登り、慧遠から喪服礼を授かったという。

当時、仏教を信仰する者は、僧だけではなく、在家の人にも多かった。もともと仏教が中国に入った当時は、国家で僧となることを禁じていたから、信仰者は在家の信者であった。三国以後、その禁令を解いたから、出家と在家の両家の信者が出て来た。在家の中、特に有名なのは劉遺民である。また宋初の謝霊運・顔延之らも、仏教に大いに関係のある人人である。

この時代の仏教は翻訳と考究が主眼であった。後漢の明帝の時に、摩騰法蘭《まとうほうらん》が『四十二章経』を訳したのをはじめとし、桓帝の時に、安世高が『無量寿経』そのほか数十部の経を訳し、支讖・竺仏朔が『無量清浄平等覚経』『首楞厳経』など、多くを訳した。しかし初めの間は、この事業の困難なために、良い訳ははなはだ少なかった。東晋の末、道安が訳本に誤の多いことを歎いて、前秦の苻堅に請い、鳩摩羅什を亀茲《きじ》から迎えた。羅什が到着した時には、苻堅は殺されていたが、後秦の姚興の保護で、大規模に翻訳に従事させた。彼の訳は、従来のものより量が多く、正確であり、今日まで伝わっているものが多い。これが中国思想に及ぼした影響も多大である。羅什の訳経は、大小二乗にわたっている。しかしその中でも『三論』『成実』は、彼自身の奉ずる宗教であったために、特にこれに意を注いだ。この二説は、ともに空説を説く「空宗」に属し、盛んに行なわれた宗派である。

次いで梁の時、真諦《しんだい》らが中国に来て、また多数の経典を訳出した。ここに「有宗」の経典ができ、唯識・法相の説がようやくその萌芽を見るに至った。この宗派は、後に両派に分かれ、北方にあるものを地論宗、南方にあるものを経論宗といったが、その実、大体において変わりはない。

以上の諸宗派は、すべてなお印度の仏教そのものを継承し、考究したに過ぎないのであって、中国において創造するところのものは少しもない。しかるに、陳・隋の際に、智顗《ちぎ》が出で、天台宗を始めるに及んで、ここに初めて中国創造の仏教があることとなり、その後、唐代に入って、中国創造の仏教が続出するに至った。

次ぎに、道教の出現が、中国の社会史、中国の思想史の上に重要なことである。

道教が如何なるものであるかといえば、秦漢以来の方士の神仙説に老荘思想がとり入れられ、さらに仏教の思想ならびに形式が加わって、はじめて完成するに至った、一つの宗教である。その起源は、普通に後漢の張道陵に擬せられている。張道陵は、後漢の順帝の時に、鵠鳴山《こくめい》において道を学び、道書を作って人人を迷わした。その弟子になる者にはみな五斗米を出させたので、当時、「米賊」と称せられた。同時に、張角という者が、符水をもって病を癒やしたので、非常に人民の信仰を得、相当の勢力を持っていた。そのものたちが十四万に及び、黄巾をもってそのしるしとした。「黄巾の賊」とはすなわちこれである。この両者は同時に同じようなことを始めたが、張角の方は、死後その跡が絶えたのに対して、道陵の方は、子の衡、孫の魯と、三代にその道を伝え、その勢力を確固たるものにし、ついに六十余代を経て今日までその子孫がつづいている。張道陵が一つの宗派を開くにあたって、その祖先と考えた者は、恐らく漢初の張良であろうといわれている。張良は晩年に神仙養生の術を修めて、俗界から絶縁したと伝えられている。道陵はその姓が同一であるところから、遂に自分たちの祖先と称し、その伝統を維持する者であると吹聴したようである。

この神仙養生の術とはどういうものかといえば、金丹を錬り、或いは服食［薬餌による養生］・房中術を研究して、人間の寿命を延ばすことを目的とするものである。秦の始皇帝・漢の武帝は、その信仰者であった。これらの君主は盛大な時代に際会し、人間の欲望はあくまで遂行することができたが、ただ死のみはどうすることもできない。この弱点を捉えて、快楽をさせながらなお長生をさせるのが、神仙養生の説である。

この方士の神仙説と道家の思想が、どうして結合するかというと、道家の思想は無為無欲であるが、一方からいうと、おのれを外物から煩わされず、世の中から超然としているならば、精神と肉体を苦しめることなく、その結果、自然に長生することになるのである。すなわち、自然に適応することによって、自己の生命を保存することができるという考を、一面に持っている。方士は、つまり、その自然に従って長生するという点を採って、自分らの考を綜べてしまい、ついに道家の元祖である老子を引っ張って来て、これを人間界から超越した神格となし、それを信仰の中心にするようになったもののようである。

三国の時代には、葛仙公・鄭隠らが相伝によって昇天の仙術を教授した。葛仙公の従孫の葛洪は、

『抱朴子』を著わし、その神仙術の内容を今日に伝えている。昔より「三張二葛」といって、道教の勃興についてもっとも功労のあった者としている。この点から考えても、神仙術が如何に道教の中心思想をなしているかが知られると思う。

張道陵の唱えた道教は、当時ははなはだ幼稚なものであって、祈禱・服薬によって愚民の信仰を博する程度の、いわゆる邪教にすぎなかったものであるが、葛洪の時代に至って、これを道家の思想と結びつけて説くことが行なわれ、道教といよいよ密接になったのである。次いで、北周の武帝の時に至り、道士の寇謙之《こうけんし》が出て、深く仏教を研究し、仏教思想ならびにその形式を採って道教を組織立てるに及び、ここに初めて仏教に対立するところの道教という一宗派が成立するに至ったのである。

もちろん、寇謙之の前においても、仏教と道教の両派の争いはかなり盛んであった。すでに漢の明帝の時に、道士が仏教に反対して、天子の前で、摩騰法師とその術の優劣を争い、法力を闘わせたという話が伝わっている。これは恐らく魏晋以後において、仏・道の争いの盛んになった後、仏教者の方で作られた伝説であろう。当時にこのようなことがあったとは認められない。後漢の末、張道陵が道教を唱えはじめた後、仏教に対する道教側の攻撃は次第にその力を増して来た。仏教の方では、最初、たいして問題にしていなかったが、後に道教が仏教に接近して来るに従い、道教攻撃の論がますます盛んになって来た。道教では偽経を作って仏教を攻撃するに至ったから、仏教でも止むを得ず、仏・道が法力を闘わした伝説を作って、これに対抗したものと思われる。

以上の如く、道教の中にはいろいろのものが混っているが、中心は方士の神仙術である。方士の神仙術の内容をもっともよく説明して今日に伝わっているものは、『抱朴子』である。『抱朴子』は、内外両篇より成り、外篇では、政治・風俗など、当時の実際社会のことを論じており、内篇では、錬金術などを論じている。その説くところの概略を見てみよう。

それによれば、天地の根本原理を「玄」という。これは自然の元祖であり、万殊の大宗である。渺渺として深いものであるから、これを「微」といい、また綿邈乎として遠いものであるから、これを「妙」という。玄を体得した者は、無上に出で、無下に入り、行くとして自在ならざるはなく、限りなき喜びが得られる。世人はややもすれば音楽・宴楽・美食を楽んで、これを無上の快楽としているが、これは一時的のもので、その反面に苦痛が伴う。故に真の快楽を得ようとすれば、玄と冥合せねばならない。玄と冥合したならば、足ることを知る。足ることを知れば、万物は塵埃と同じである。人生の目的は何であるかといえば、長生であり、長生の方法は何であるかといえば、それはすなわち前述の玄と冥合することによってはじめて得られる。

このような説は、葛洪が老荘の思想から得て来たものに違いない。彼はその長生の方法を得た実例として、仙人をあげる。彼の引いている神仙の説は、劉向の『列仙伝』、そのほか、信じられない怪談などである。彼は、仙人を三つに分けている。一つは「天仙」で、肉体を持ちながら白日昇天するものであり、次ぎは「地仙」で、これは地上の名山に住んでいる者であり、いま一つは「尸解仙」で、一見、死んでいるように見えるが、その実はそうではなく、肉体から蟬脱して、その霊魂が不死なのである。それでは、仙人になる方法はどうか。その準備として、善根を積まなければならない。仙人の階級に応じて、その積むべき善の数が異なる。例えば地仙は三百、天仙は千三百の善を積まねばならない。後世の「功過格」など、ここから出る。

次ぎにまた仙人になるには、三つの方法を用いねばならない。その一つは「導引」である。これは身体を屈伸して気を閉じ、しかる後に鼻をもって静かに気を引き、口からそれを出す。これを「胎息」ともいう。第二は「房中術」である。これは男女の性的交渉をいうものである。その方法によって生命を延ばすことができると説く。次ぎに「金丹」である。この金丹を煉ることによって、長生を得られる。その種類・材料・性能・製造方法について、『抱朴子』に詳しく述べてある。この最後の金丹に関することは、西洋のアルケミーに比較して論ぜられるもので、広く化学者の興味を引くところである。中国においては、純粋の化学に発達することができず、迷信を増すに止まった。

葛洪は、一面、道家の思想の根本原理をもって来て、その思想の基礎を高遠なものにすると同時に、一面、従来の神仙説をそのまま取り入れて、その両者を結び合わせ、それによって、いわゆる不老長生の術、神仙の術を全うすることができると考えた。彼は、当時の学者と同様に、儒教をも修めていて、儒と道の優劣をも論じているが、もちろん、道は儒の本であり、儒は道の末とし、道に思想的優位を与えている。もっともその外篇では、もっぱら政治を論じており、その部分では、儒教によって道教を排している。なお『抱朴子』の内外篇は、ひとしく彼の著述とせられているが、その思想の根底において、両篇はまったく異なっているものもあるから、外篇は疑わしいものと考えられている。

要するに、極めてプリミティブな人間の要求に応ずる極めてプリミティブな神仙説に、次第に深く根拠づけられて来た道家の思想を結び合わせ、ここにはじめて道教の第一期の階程が出来上り、これに仏教の思想ないし形式を加えたものが、すなわち唐以後に盛大に行なわれた道教である。

この道教も、後世は通俗の人たちの間に信仰せられるに至ったが、後漢から唐にかけての道教の主要な勢力範囲は、やはり貴族階級であり、その点、当時の仏教と、その勢力範囲を同じくしている。そのために、両者の争いが極めて激烈であったのも当然である。

第六章　魏晋南北朝時代における高踏的無政府思想

魏晋南北朝時代において、士大夫の間に、政治を蔑視し、道徳を斥け、礼俗に拘泥せず、性情の自然にまかせて悠々自適することをもって、一世に高うするとなす風潮がもっとも盛んになった。魏晋の際における阮籍《げんせき》・王戎《おうじゅう》らの「竹林の七賢」はあまりにも有名である。南北朝に入っても、王衍《おうえん》・阮渾《げんこん》らをはじめとして、「四友八伯」の輩が、みな清談を事とし、世務を顧みず、また世間からもこれらの人人をもって高尚風雅であると推賞する状態であった。このような風気をかもし出した原因は、後漢以来、政権の争奪が行なわれ、戦乱の絶える暇がなく、知識階級の一部がだんだんに政治から逃避する傾向を生じて、ついにこのようなかたちをとるに至ったのである。

殊に後漢時代においては、光武帝以来、儒教を奨励し、道徳を励ましたために、中国史を通じて、この時代はもっとも清節の士が多かったといわれているほどである。しかし政治上の中心勢力は、はじめは天子の外戚と宦官の間において争奪せられ、士大夫の階級はそのいずれかに左袒するという状態であった。後漢の末に及んで、道徳をもって自任する士大夫はすべて外戚の竇《とう》氏に左袒し、そうして当時の宦官と対立した。当時、道徳をもって自任する人人を称して、宦官の側から「党人」と呼んだ。この両者の争いは久しい間にわたったが、ついに党人の敗北におわり、党人の首領の李膺ら百余人が殺された。そのほか、死刑・徒刑・廃棄・禁錮せられる者が六七百人に及んだといわれる。この事変のために、ほとんど当時の清節の士は一掃せられる形となった。この事件が当時ならびにそれ以後の士人階級に与えた影響は、極めて大きなものがあった。そして士人階級の一部の、当時の政治に対する消極的立場をとることとなったものが、すなわち前述のいわゆる清談の徒によって代表される一部の人人である。

晋の范曄《はんよう》が『後漢書』を著わして、その中に『逸民伝』という一篇を設けた。後漢書は、『史記』・『漢書』に倣って作られた列伝体の歴史である。史記・漢書にはまだ逸民のために伝を設けるということはなかった。しかるに、後漢書に至って初めてこれが設けられたことは、著者の時代には、逸民に対して従来よりもさらに大きな尊敬を払っていたということを、一面、現わしていると思う。それと同時に、また後漢の時代が、それ以前の時代に比べて、だんだんと逸民の存在がはっきりしているという歴史上の事実も、ここに看過することができまいと思う。逸民なるものは、魏晋六朝に始まったものでもなく、後漢にのみあるのでもない。論語を見ても、『微子篇』に「逸民伯夷叔斉云々」というて、古来のいわゆる逸民の名を列挙して、これを批評している。また史記でも、その逸民の一人である伯夷のために伝を立てている。必ずしも古代において逸民が無かったわけでもなく、また古人が逸民を全く忘却していたわけでもない。しかし、この逸民がだんだん多くなり、また社会的にこれに対して尊敬の度を増す傾向は、まず後漢の初めごろにやや著しいものがあると思われる。

例えば、厳子陵は、光武帝の友人である。即位の後に召されたが、隠れてお召を肯んぜず、最後に召し出されて一緒に寝た時に、光武帝の腹の上に足を載せて寝たことは有名である。光武帝が厳子陵のような逸民を尊敬したということは、天子としての立場から考えて、大変に矛盾したことと思われる。しかし、これは中国の理想の上からいって、後述の如く、敢て不都合でないということが理解されるであろう。

このように、後漢の初めの風気は、一面において、後漢を通じて政治があまり公明正大でなかったことと相俟って、逸民の発生が多くなった。後漢末以後になると、政治上の弊害が甚だしくなり、そのほか異民族の侵入がはなはだしくなるとともに、逸民の存在がますますはっきりして来ているように思われる。魏晋南北朝時代における清談の徒は、いわゆる逸民の一部分である。

これらの清談者流ないし逸民の思想的な拠りどころは何かというに、それは主として道家思想に基づいていると言ってよかろう。武帝が儒教をもって思想の統一を行なった後は、道家の思想は表面的にははなはだ衰え、後漢に入っても、光武帝が前漢の政治方針を踏襲したために、やはり表面上は尊重されなかった。こうして、道家思想は、後漢時代を通じて政治方面には頭を出さなかったが、しかし文学の方面には相当の勢力を持っていて、政治の圏外に逃避した士大夫の仲間は、文学方面においてこの思想を弄んだわけである。それが魏晋時代に入ると、儒家の学問でもって思想を統一するというような、政治上の中心勢力は微弱となった。同時に、政治上の失意者たちが、従来の儒家の教えた政治道徳というものに偉大な権威を認めなくなり、あるいは反感をさえ持つに至った。彼らが、思想的に儒家の政治道徳を排斥しているところの道家思想に赴くこととなったのは、当然の勢であろうと思う。

当時の道家思想を代表する者としては、『抱朴子』の中に載せる鮑敬言《ほうけいげん》という者の思想がそれであると思われる。鮑敬言は社会の理想として、君主を否認し、政治を否認する者である。彼は、いわゆる君臣関係をもって、強者が弱者を抑え、知者が愚者を欺いてできた支配関係であるとして、儒家の輩が君臣の関係を道徳的な関係でもって説明するのを、まったくいわれなきこととして嘲笑している。

彼は、彼自身の理想社会を述べて、次の如く言っている。

曩古之世。無君無臣。穿井而飲。耕田而食。日出而作。日入而息。汎然不繫。恢爾自得。不競不營。無榮無辱。山無蹊徑。澤無舟梁。川谷不通。則不相幷兼。士衆不聚。則不相攻伐。……勢利不萌。禍亂不作。干戈不用。城池不設。萬物玄同。相忘於道。疫癘不流。民獲考終。純白在胸。機心不生。含餔而熙。鼓腹而遊。其言不華。其行不飾。安得聚斂以奪民財。安得嚴刑以為坑穽。

上古の世には、君もなく臣もなかった。井戸を掘って水を飲み、田を耕して飯を食った。日が出ると起き、日が入ると休んだ。体はぶらぶらして束縛をうけない。心はひろびろして自得している。競争をせずからくりをしないから、栄誉もなく屈辱もうけない。山に小路はなく、沢に舟も橋もない。川も谷もわたれないから、併呑しあうことがない。人びとが集まらないから、攻伐しあうことがない。……勢利もきざさず、禍乱もおこらない。干戈は用いず、城池は作らない。万物は玄において一つであり、道をさえ意識しない。疫癘が流行しないから、民は寿命を終えることができる。胸のうちは純白であるから、機心が生じない。めしにありついてよろこび、腹つづみを打って遊ぶ。その言葉ははででなく、その行為は飾りがない。税をとり立てて民の財産を奪い、刑罰をきびしくしておとし穴をつくるなど、思いもよらぬことである。

これは、上古の社会状態として説いているが、その実、彼の理想社会をいうているのである。人類の自然状態を想定して、人民平等に平和幸福を享けられる理想社会であるとする。現在の社会をそこに復帰させることを求めるものである。

いったい、老子の学説の根本観念としているところは、無為自然である。それ故に、社会上においても、老子は儒家の道徳論を斥け、かかる不自然な干渉が行なわれるが故に、虚偽を助長し、社会を混乱させるものであるとし、いわゆる無為にして化する政治を理想としている。しかし老子の中には、「我無爲而民自化。我好静而民自正。」(われ無為にして民おのずから化し、われ静を好みて民おのずから正し。)といい、またそのおわりには「小國寡民」の理想境を描いているのを見ると、たとえその内容は今日いうところとは異なるが、ともかく形式の上から見て、君主を認め、邦国を立てるものであることを知る。しかるに、彼の自然主義を徹底させたならば、ついに君主もなく、邦国もない社会状態に到達するのは、自然の順序である。それ故に、老子の思想をうけついだ『列子』などは、政治もなく君主もない理想社会を夢想している。すなわち列子が「華胥氏《かしょし》の国」とか、「終北の国」とか述べているのは、それである。しかし列子にいうところは、架空的、空想的であって、現実とかけ離れている。これを空想的なものとせず、現実の問題として取り扱ったところに、鮑敬言の思想の進歩が窺われるのである。

これに対する抱朴子の駁論は、もちろん、儒家の思想に基づくものである。儒家といっても、法家に近いものであって、荀子の思想をその基礎としているといってよい。彼は君主の起源については、強力説を斥けて、弱者が奉戴したものとする。そして、人間はすべて利己的なものであるから、政道をもってこれを制せねば、社会秩序は維持できぬとし、刑罰・軍隊を是認し、課税を弁護している。

さて、鮑敬言の無政府の思想は、これまでの無政府思想と異なり、他人の労働の搾取を否定する思想を含む点において、よほど近代的傾向を有するものである。しかしながら、ただ自然の秩序というようなものを理想として、これに復帰することを願望するだけであって、無政府主義実現の方法については、まったく考えているところがない。到底、空想的思想の範囲を脱しないゆえんである。殊にその政治を否認する態度が逃避的・批評的であって、搾取者に対して被搾取者の立場からこれを攻撃するのではなく、搾取者・被搾取者の上に立って、すなわち自己を社会の上に超越させて、これを批評しているのである。その態度は、個人主義的であって、社会主義的ではない。現実的ではなく、高踏的である。このような無政府思想は、単に思想上の遊戯として、秩序の乱れた社会に弄ばれることはあっても、これが政治革命の力となって現われることは毛頭あり得ない。中国において、なんらの危険性を感ぜず、道家思想を放任してあるのは、それがためである。

さて、以上の如く、魏晋南北朝における無政府的思想というものは、主として道家思想を根拠としているものであって、儒家思想とはまったく対立するもののように見えるが、しかし儒家思想にも、一面においては、ここに述べたような道家思想、したがって魏晋時代以後の無政府的思想と、一脈相通ずるもののあることを注意せねばならぬと思う。

儒家思想は、前にもしばしば言ったように、道徳的政治をもって理想としている。荀子以後の思想になると、道徳を強制するために礼法を設け、あたかも法家者流の如く拘束を設けるのであるが、儒家本来の思想をつきつめて行けば、政治は徳化ということの一手段があるのみとなる。政治上において法制的な拘束を設けず、単に徳化にまかすとすれば、その政治が理想的に発達を遂げた場合を除く外、その社会の中には、その拡がりの上からいっても、上下層の上からいっても、徳化の及ばぬ範囲、したがって無政府の社会を容認していることになるのである。且つ儒家の学説の主要な部分として、いわゆる徳化ということは、親しいものから疎なるものに及ぼし、近きより遠きに及ぼすものとする。すなわち家庭道徳を基礎として、これを社会道徳に及ぼそうとする。この親疏・遠近ということは、やはり個人を基本として立てたものである。儒家の思想は、一見すれば、極めて社会的のように見えるが、これを煎じつめれば、多分に個人主義的傾向を持つことが知られる。故に儒家においては、個人が天下国家のために活動することは、その奨励するところであるが、一朝、その活動に故障を生じた場合、個人主義に立ち帰ることもまたその容認するところであり、むしろそれを高尚な賞讃すべき態度とするようである。易に「不事王侯。高尚其事。」(蠱卦上九)(王侯につかえず、そのことを高尚にする。)といい、詩に「既明且哲。以保其身。」(烝民)(明哲をもって、保身する)といっている例は、いずれも、ある機会における個人主義への復帰をいいあらわしたものである。そのほか、論語や孟子の中にも、あちこちにこの思想をうかがうことができる。

それ故に、儒家思想においても、君主が悪政を布くような場合には、個人主義に帰って、明哲として身を保つ者が多数に現われても、別に不都合はない。たとえ悪政を布かなくても、易姓革命の行なわれた時には、前朝の遺臣は新朝には仕えない。また伝説にいう伯夷・叔斉のように、餓死もしないで新朝に生存を続ける。そして新朝の天子は、これに迫害を加えないのみならず、時として相当の敬意を致すことさえあるのは、儒家の立場より見て、当然のことである。儒家がこのような個人主義的思想を容認すればするほど、その社会の無政府的傾向は濃厚となるわけである。道家思想の如く、直接に政治と関係のない思想においてかかる無政府的傾向になるのは怪しむにたらないとしても、儒家思想の如く、政治的支配力を持った思想の中に、この要素を包含していることは、中国の従来の社会というものが如何なるものであるかを理解する上において、決して見逃せないものであろうと思う。

このように無政府的思想の要素は、古今を通じて、中国の社会に存在を続けている。ある時代には、それが潜在的な力となって隠れることもあるが、また時としては、それが社会の表面に現われて、一般の思想的傾向を支配する有力なものとなるのである。

なお魏晋以後の無政府主義と関連して、当時の厭世的享楽主義の思想を述べておこう。

この思想の基づくところは老荘の思想にあるが、その当時の社会の無秩序がさらにこれを醸し出したのである。ただ前の無政府主義的思想と異なって、個人的な快楽、むしろ肉体的欲望を追求するということが主眼となっている。前者と共通する点は、個人主義から出発して、当時の社会的規律を極端に排斥する点だけである。したがって、前者はむしろ禁欲的であり、文化の否定者であるが、後者は欲望追求を目的とし、文化というものを否認する態度をとらない。

このような厭世的享楽主義は、また魏晋南北朝を通じて、その文学の方に反映されている。いまその代表的なものとして、古詩十九首の内の一首を挙げよう。

生年不滿百。常懷千歳憂。晝短苦夜長。何不秉燭遊。爲樂當及時。何能待來茲。愚者愛惜費。但爲後世嗤。仙人王子喬。難可與等期〔第十五首〕。

生年は百に満たず、常に千歳の憂をいだいている。昼は短くて夜の長いのを苦しむならば、どうして燭をとって遊ばないのか。楽しみをなすにはその時においてしなければならない、なんで来年を待っておれようか。愚者はついえをおしんで、後世のものわらいになるばかり。どうせ仙人の王子喬と、同じだけ生きられはせぬものを。

古詩十九首の中には、この種類の思想が含まれている。ただこの詩の製作の年代については、いろいろの説があり、あるいは後漢時代のものという人もある。しかしその思想的特徴としてはもっともよく魏晋時代を代表しているものと思う。この他に『文選《もんぜん》』の中の魏晋南北朝の詩や文を見ると、このような思想をたくさんに探し出すことができる。当時、このような思想が如何に一般に行きわたっていたかを知り得る。

なお一言しておきたいのは、『列子』の思想である。列子は、普通に『老子』『荘子』と並んで、戦国時代の書物とされているが、すこぶる怪しむべきものがある。この書物が初めて世に出たのは、晋の張湛《ちようたん》がその注釈を書いた時に始まる。しかし、これを疑って、張湛の偽作、あるいはそれより少し前の人の偽作とする人もある。いずれにしても、戦国時代のものではなさそうである。これを思想的に見ると、『楊朱』の一篇がもっとも疑わしい。楊朱篇以外の各篇は、荘子と一致するものが多く、中に仏教の思想と類似するものをまじえている。この点より推測して、仏教は周の時代に中国に渡来していたという説をなす者もあるが、これは列子の製作年代について深い詮索をしないものである。

楊朱篇を見ると、厭世的享楽主義の考が多分に盛られている。すなわち人生というものは、百年の齢を得ることは千人に一人もないことである。たとえあるとしても、幼少時代と老年時代を除けば、半分しかなく、夜ねむる時間と昼ぼんやりしている時間とを引けば、更に半分となり、痛疾・哀苦・亡失・憂懼が又その半ばを占める。余すところは十余年に過ぎない。しかもその十余年の間に、悠然として自得し、少しの心配もないというのは、ほとんど一国に一人もないといってよい。こう見て来ると、人生は何ら楽しいものではない。これは、畢竟、人間が社会的な束縛、あるいは名誉に捉われて、性情の自然にまかすことができないからである。人の性たるや、何をなし、何を楽しむかといえば、「美厚爾。声色爾。」つまり肉体的享楽に耽ることが、人生のせめてもの慰安である、という。この考は、さきほどの古詩十九首と考え合わせてみると、まさに符節を合するようである。このようなデカダン思想は、確かに魏晋時代に至ってもっとも発展した思想であって、もとより戦国時代のものではないと思う。思うに、「楊朱爲我」（楊朱は我がためにす）の説が孟子にあるために、偽作する者が極端な敷衍を行なうて、自我主義・快楽主義に至ったものが、楊朱篇であるまいかと思う。この時代は一般に偽作の多かった時代である。列子の類も、楊朱篇のみでなく、その全体にわたって、当時の偽作であるとするにも、相当の理由があると考えられるのである。

第七章　唐代における思想統一とその反動

魏晋南北朝を通じて、中国の天下というものは非常な分裂の状態を呈し、その間ほとんど四百年、隋に至って初めて天下統一の業が成った。隋が天下を一統するには、北方から出て南方を一統したのであるが、その文化の点においては、却って南方の文化によって併呑せられた形となっている。それは、後世、蒙古や満州が、北方より出て南方を一統した場合、文化の点では南方に統一せられたのと、まったく同じである。隋一統の政治はわずかに三十年にして滅び、これに代わったのが唐である。

唐の制度は、はじめ、大体、隋をうけ継いだものである。いま、その制度の中、もっとも思想上に関係のある試験制度について述べよう。

唐は隋に倣って「科挙」すなわち文官試験制度を確立した。その試験の方法には、種々の科目がある。その主なものは、「秀才」「明経」「進士」である。試験の方法は、それぞれの科目によって異なる。この中、秀才科は早く滅んで、明経・進士が長く続いた。明経は経学により、進士は文学により、試験をする。すなわち、官吏には、明経の出身と、進士の出身とがある。そのうち、まず明経について述べよう。

当時の明経が準拠するところの経書は、『五経正義』あるいは『七経正義』がその主たるものであ
る。五経正義は、太宗の貞観《じょうかん》年間に孔頴達《くようたつ》らに命じて作らせたものであって、五経すなわち周易・毛詩・尚書・礼記・春秋の注釈書を選んで、これに「疏」をつけたものであり、合わせて一百八十巻ある。その準拠する注釈をどこまでも弁護し、これに反する説は極力これを排斥したものである。次いで高宗の永徽《えいき》年間に賈公彦らに命じて周礼と儀礼の正義を作り、前のものと合して、これを七経正義といった。これは経学史上ことに重要な事件であり、漢の武帝が諸子百家を斥け、六経を表彰したことに次いで、重大な思想統一の事業である。

唐の時代にこのような学者の準拠すべき経書の注疏を定めてから後は、歴代の天子がこれに倣い、清朝に至って、その制度がもっとも完備している。宋の王安石の『三経新義』、明の永楽中の『五経大全』『四書大全』、清の康熙・乾隆の間の「欽定」「御纂」の類は、すべて学者に対して向かうべき準拠を示したものである。これが試験制度に用いられることによって、立派に思想統一を行なおうとした。ただ漢の武帝の時に諸子百家を斥けたのは、すなわち儒家の学問を尊ぶゆえんであったが、後世においては、ひとしく儒家の中にあっても異説が分かれ、統一するところがなくなり、学者が適従

するところを知らなくなったために、これらの書物を作り、その従うべき標準を示したわけである。

次ぎに、それでは唐の時代にその標準の注釈として採用した書物は何であったか。前にもいったように、南北朝時代には、経学が南北によってその学風を異にしていたが、唐の五経ないし七経の正義が拠った注釈は、両者の中、南方の注釈を採った。すなわち周易は王弼、尚書は偽孔伝、三礼は鄭玄、毛詩は鄭玄、左伝は杜預を用いている。これより見ても、唐の文化が南方の文化によって支配されたことの明証となるのである。これに対しては、清朝の学者は攻撃の矢を向ける。そのいうところによると、経書は漢の注釈がもっとも古い。古いものであるが故に、古意を伝えている。しかるに魏晋あたりに新しい思想によって解釈した注釈を、国家公認の注釈と決めたことは、はなはだ当を得ないというのである。これは学問を純粋学問として研究する立場からいえば、多少、道理のあることと思う。しかしながら、一体、学問というもの、殊に経学は、当時の政治および社会の風気から引き離して、これを考えることはできない。唐の時代に、もっとも縁の遠くなった漢儒の注釈を捨てて、新しい注釈を採用したということは、これは経学というものを政治的に利用している限り、当然のことといわねばならない。

前に唐の科挙は明経と進士、すなわち経学の試験と文学の試験を主なものとすると述べた。唐においては、この両者の中、明経の出身を尊ばず、進士の出身を尊重する傾向があった。大臣・宰相の高位に至る者も、多くは進士の出身をもってこれに任ずるという風潮であった。前述したように、経学は、中国の政治組織に対しては一つの根本法則であって、社会組織が変わらぬ限り、この根本法則を認めることに変動のあるはずはない。したがって唐の時代においても、国家の方針はすべて経典の趣旨に基づいており、官吏を登用するにも、これに基づいてその学力を試みることにした。その試験制度が完備し、且つ久しきにわたって行なわれたことは、前後の時代を通じて類のないところである。しかしそれは一つの形式に過ぎないものであり、士大夫の好尚は、もはやその点に集注していないのである。南北朝時代から、もっとも盛んに士大夫の間に興味を引いたものは、文学すなわち詩文の類であった。この士大夫の好尚が唐の科挙の制度に反映され、元来、もっとも重きを置かれるべき明経科が軽視せられ、進士科が重んぜられるに至ったのである。

唐の文学、殊に詩が隆盛を極めたことは、人のあまねく知るところである。その原因を求めて試験制度に帰する者があるが、それはむしろ逆で、士大夫に詩賦が弄ばれたのが試験制度に反映したのであり、しかも士大夫が詩賦を弄ぶに至ったのは、六朝時代の風潮がしからしめたのである。唐のある人は、進士の試験を非難し、これにより浮薄なる進士が多くなるとし、これを止めようとしたが、一般の輿論はこれに反対し、それは実行できなかった。このことをもって見ても、当時の社会風潮の一斑を察知できると思う。

唐代の明経の科においては、前述の如く、五経正義が出来て、受験者の解釈を統一したのであるが、これは必ずしも正義によるべきことを規定したのではなかった。しかし今日の講義録風にできていた正義が、受験者に便利であったために、官吏となる者はみなこれを読む風潮となったのである。しかし解釈学の一方に堕した経学は、学問としての生命をまったく失い、ただ官吏になろうとする者の手段として用いられたのみであるから、一般の好尚がそれに向かわなかったのも当然であろう。

このように経学は生気のないものであったが、しかしまた経学に代わって当時の士大夫の好尚を支配した文学も、必ずしも新鮮の気に満ちたものであったとはいえない。一体、文学が中国で経学と分かれて独立の形をとるに至ったのは、後漢からのことである。しかるに後漢の文学は、人体、前漢時代の作者を模倣したものにすぎない。後漢の経学においては、解釈学がほとんど全時代を支配したが、これと同時に、文学も前時代の模倣であって、そこにも中国社会の不変性の反映が認められる。魏晋六朝に至っては、この風がますます盛んであって、その間に「四六駢儷《べんれい》」というように、形式がだんだん美化されて来るが、内容においてはほとんど擬古にすぎない。ただ後漢以来、いくらか新生面を拓いたものは、詩である。唐代はこのような風潮をうけて生まれ出たものである。その文においても、もちろん、特別の新味があるわけではない。脆弱な駢儷の風が一世を支配していた。ただ従来、充分に発達の域に進んでいなかった詩が、唐代にもっとも精彩を放った。盛唐時代において、もっともその極に達したといわれる。

唐の科挙はこのようにして、形式上は思想統一の道具であったが、内容においては、積極的にその効果を現わしたものではない。ただ前代以来の高踏的な思想ないし文学に耽溺する風習が、一世に勢力を持っていたために、社会組織に危険を及ぼす憂が毛頭なかったまでのことである。

ただ、ここに特に注意すべきことは、試験制度のことである。南北朝時代から試験制度が行なわれていたが、それは社会上に大きな勢力をもたず、貴族世襲の慣例ができていたのであった。しかるに、唐の科挙はこの世襲制度を破って、官吏一代制の原則に帰ったのである。もっとも、これは制度の上のことで、実際は唐代を通じてなお世襲的貴族が存在を続けて、唐の中葉以後においても、その勢力が絶滅するには至らなかった。これと同時に、従来の科挙は、試験に及第することと官吏になることとは一つのことであるが、唐代以後は、試験をするのは礼部であって、官吏に任命するのは吏部でつかさどり、試験に及第することと官吏になることとは、必ずしも一致しないものであった。

唐代における宗教の状勢はどうであったか。仏教は、隋から唐に入って、もはや翻訳・研究の時期を脱して、建設の時代に入っている。三論宗は吉蔵により、唯識宗は慈恩により、華厳宗は法蔵により、浄土宗は善導により、律宗は道宣により、禅宗は神秀・慧能により、いずれも大成し普及し、中国仏教史上もっとも華かな時代を現出した。この勢は、玄宗の時代をもってその頂点に達し、その後は、教理の上においてほとんど発展がないといってよい。ただ、中唐以後においてもっとも発展したのは、禅宗である。

一方、道教においても、仏教と肩をならべて行こうとして、多くの偽経を作り、種々の儀式を設けて、次第に宗教の形態を整えて来た。唐の時代に入ってから、仏・道二教の衝突が絶えず行なわれた。唐の太宗は、はじめ非常に仏教を信じ、天下の尼僧を度し、寺院を建立した。しかし、貞観十一年になると、詔を出して、道士および女冠〔女道士〕を僧尼の上に位置づけた。当時、道教の教祖とする老子は姓が李であり、唐もまた李姓であることから、老子は唐王室の祖先であるという説が道教の徒によって唱え出され、それがために道教は唐室の信仰を得ることがようやく篤くなり、ついに仏教を後にし道教を先にするという詔が下ったわけである。

その後、有名な玄奘三蔵が印度から帰朝し、仏教の光彩を増し、帝室の信用も厚くなり、且つ非常に優遇され、その印度から将来したサンスクリット経典を漢訳して大いに貢献するところがあった。この玄奘が死に臨んだ時、時の高宗がその欲するところを問わさせたところ、玄奘は仏を後にする詔を廃せられんことをもって答えたが、それはついに許されなかった。

その当時、沙門をして君主に拝を致さしむる詔が出た。この時、道宣ら三百余人の僧が、「沙門不拝」の上表文を奉った。朝廷はこれを廟議に付したところ、不拝を主張する者五百三十九人、拝を唱うる者三百五十四人、ついに議論は決しなかったが、その勅はついに取消すことになった。これをもって見ても、当時、朝廷の尊信の如何にかかわらず、士大夫の間に仏教が優勢であったことが知られる。

こうして、唐王室は道教を尊信するのあまり、亳州《はく》に赴いて老子の廟に詣り、「太上玄元皇帝」の尊号を奉り、また王侯に『老子道徳経』を習わさせた。次いで玄宗の時、諸州に老子の廟を設けしめ、「大聖祖玄元皇帝」の号を献じた。この時までは王侯に読ませた道徳経を、庶民一般にまで一巻を家に持たさせる詔が出された。

老子は漢の景帝の時以来、経と称しているが、荘子その他の道家の書物については、もともと、経とはいわなかった。しかるに玄宗の天宝年間に勅して、荘子を『南華真経』、列子を『冲虚真経』、文子を『通玄真経』となし、老子道徳経と併せてこれを尊信した。史記の列伝にある老・荘・申・韓の列伝の中から、老子の伝のみを抽き出して、列伝のはじめにおかせたのも、この時のことである。

また玄宗の時には、「崇玄学」を興して、博士・助教を置き、老子・荘子・列子・文子の諸経を教授し、学生をして貢挙に応ぜしめ、これを「道挙」と言った。老荘のような無政府主義的傾向を持った思想を、国家が官吏を採るために用いたことは、はなはだ奇怪のようであるが、しかしそれは、科挙に詩賦をもって士を採ることに比べて、はなはだしい懸隔のあることとは思われない。教養の程度を試験するだけのことである。要するに、唐代の官吏はこのような者で充分であったことを表白しているのである。

もっとも、ここに注意すべきことは、道教と老荘の学の関係である。この二つは、本来、同一のものではない。ただ道教が老子を教祖として、多少、道家の思想を加味している点が、その共通のものである。しかるに、唐に至っては、老子を尊崇するために、朝廷の方針は、道教と道家の学とをほとんど同一視している傾きがある。しかし一般社会は必ずしもそうではなかった。道家の学は魏晋以来の清談者流の流れを汲んで、もっぱら士大夫の間に行なわれ、もっぱら世俗から超越した態度を採ったのに反し、道教を尊信する者は、むしろ庶民階級に多くて、長生・福徳を得ようとする極めて鄙近な宗教的信仰として、勢力を有していたわけである。

唐の諸帝は、一様に老子を尊重しているが、仏教に対しては必ずしもそうではなく、唐末の武宗に至って、大いに仏教を抑圧し、寺院を毀ち、僧尼を還俗せしめた。ために仏典の喪失したものもある。中国における仏教抑圧のもっとも激しかったものといわれている。

なお唐の時代には、西域との交通が盛んになり、西方の宗教もかなり輸入せられた。すなわちペルシャの祆教《けん》（火教）は、北朝以来すでに入っているが、唐の初めに至って、祆祠が長安に建てられた。

しかしながら、みな胡人にこれを祀らせて、唐の人はこれにあずかることを許さなかった。ペルシャ教の一種の摩尼《まに》教も、唐代すでに中国に入り、開元二十年（A.D.732）に玄宗がこれを厳禁したことがある。ただし西域人がこれを奉ずるのは自由であった。粛宗以後には、回紇《ウイグル》の方面でこれが盛んに行なわれている。

耶蘇教の一派である景教も、ペルシャを経て東にひろがり、南北朝時代に中国に影響した形跡があるが、公然と入って来たのは、唐の貞観中である。その僧の阿羅本が長安に来て、賓遇をうけた。高宗の時、景教のために諸州に寺を建て、玄宗もこれを保護奨励し、これに帰依する者が多かった。徳宗の建中年間（A.D.780～783）に、その僧の景浄が建立した「大秦景教流行中国碑」は、今日にもなお伝わっていて、当時の盛況を想見することができる。

回教は、太宗の貞観二年（A.D.628）に、アラビヤと修好条約を結び、広東に寺院建立を許したのに始まり、その後、アラビヤ人が印度以東の海上権を握るにつれて、中国にひろまった。当時は微々たるものであったが、元以後に至って盛んになった。

このように、唐代には西方の宗教が一時に襲来したが、程度の差こそあれ、あまり発達しなかったのである。殊に武宗の時、これらの宗教も、仏教とともに甚だしい抑圧に遭い、ほとんど一時は絶滅の状態に瀕していた。

唐の治世は、西紀六百十八年から九百七年に至る、約二百九十年の間つづいた。ほぼその中頃、粛宗の頃までは、思想上においても、大体、変化なく、学問の上においても、朝廷で決めた五経正義の範囲を逸脱するようなことはなかった。しかし、粛宗以後になると、ようやくこれまでの状態にあきたらず、これに反対する思想、もしくは学問の傾向が現われはじめるのである。まず唐の『正義』の学問に対して反対の態度を表明したものは、啖助《たんじょ》・趙匡《ちょうきょう》・陸淳《りくじゅん》の三人である。趙匡と陸淳は、いずれも啖助の弟子である。啖助は、天宝の末年、官吏を辞し、その後、もっぱら著述に従事し、代宗の大暦末年に死んでいる。

これらの人人はいずれも春秋学者である。その研究は従来の注疏の学問を脱出して、みずから春秋に対して正しい解釈を試みた者である。この三人の意見は必ずしも一致しているわけではないが、しかしその学問に対する態度は同一である。すなわち今までの学者は、その学問が注疏の範囲を出でず、さらに溯って見ても、春秋三伝というものを無視して、春秋そのものを研究することはなかった。しかるにこの三人は、三伝を無視して、ただちに春秋の本文について自分の解釈を下したのである。またこの三人は、三伝の中でも、左伝に非常な疑をはさんだ。従来、左伝は孔門の左丘明が編述したものというのが定説であった。しかし、左伝の中には、もちろん、当時の歴史の材料となるものも含れているが、その他、多くの疑わしい材料が混入されている。これは必ず後世の人が種々の材料を集めて編纂したものであろうと、彼らは論断したのである。

左伝に対して、その権威を疑ったのは、恐らくこれらの人人からはじまるであろう。いったい、経学は、後漢以後、解釈学の範囲を出ないのであるが、その解釈学の内でも、殊に春秋三伝においては、経よりも三伝を重んじ、三伝のいずれかに属しないものは経学ではなかったのである。しかるにこの三人がこのような方法によって三伝を無視したことは、ひとり唐代の学問に対するのみならず、漢以来の経学に対して、反旗を翻したものである。次の宋の時代に至って興る「理学」は、その研究の態度からいって、まさにこの精神を継続したものである。

次ぎに注意すべきは、杜佑である。その著述としては、『通典《つてん》』が残っている。古い記録によると、なおこのほかに、『理道要訣』があったという。この書物は通典を要約したものといわれている。『朱子語類』に、杜佑の理道要訣を批評して、「是一個非古是今之書」(昔を非とし今を是とする一つの書物である)というている。これは同時に、その基本となっている通典の批評でもなければならない。朱子がこの批評をしたのは、賞めたのか非難したのか、明瞭には分からない。ただ従来の儒家の立場からいえば、その理想は常に古代にある。しかるに杜佑が従来の儒家の立場に反して、このような書物を著わしたということは、従来の儒家思想に対する反対の表明であって、これまた唐の中葉における一つの代表的思想と見るべきものであろう。

なお唐の中葉に至って現われ、唐末に至って盛んに行なわれた文中子の『中説』がある。これは、通説では、隋の王通の著述とされている。しかしこの伝説ははなはだ怪しむべきものである。何よりもまず、唐初にできた『隋書』の中に、これほど有名な王通の列伝がない。従来、一部の人が疑っているように、この書物は唐の中ごろにできた偽作であろうと思う。

中説は孔子の論語に擬して作られたものといわれているが、その模倣は単に外形上の模倣に止まり、その内容に及ばない。論語の方は、文章が簡潔であると同時に、深意がある。しかし中説は、文章の簡潔なところのみが似て、その意味の深いところがない。そこで孔学者のなかには、この書物を不敬とし、これを焼き棄てるべしと唱えたものもある。

なお伝説によると、この王通は、中説の他に、『礼論』『楽論』『読書』『読詩』『元経』『賛易』を著わし、これを王氏の『六経』、もしくは『続経』と称し、孔子の六経に継ごうとしたといわれている。ここにいうところの六経の中、今日に残っているのは、元経のみである。

この元経は、春秋に倣って、晋から隋までの事実を書いたものであり、その内容はつまらないものである。ただ、これと、論語に擬して作ったといわれる中説とをみると、従来の正統派の思想に反対した唐の中葉以後の精神の一端が、よく表われている。すなわち従来の学者には、前述のように、孔子の六経はもとより動かすべからざるものである、ひとり孔子の六経のみならず、漢の時代の注釈でも、これに違背することは許されない、とするのである。したがって自分を孔子の門人にならべることでさえも、従来の学者の夢想だにもしなかったところである。しかるに、中説や元経に至っては、著者みずから孔子の地位に立って述作しているのであって、その理想は非常に高い。孔門七十子の如きは眼中になく、聖人に至らざればやまずとし、みずから聖人をもって任ずる態度がある。この態度は、啖助らが左伝を無視した態度に比べて、さらに一層、伝統を破ったものである。宋代に程子らがこの書物を推賞するのも、理由がないことではない。

なお注意すべきことは、中説のなかで三教の一致を唱えていることである。「詩書盛而秦世滅。非仲尼之罪也。虚玄長而晉室亂。非老莊之罪也。齋戒修而梁國亡。非釋迦之罪也。」〔周公〕（詩書が盛んになって秦が滅んだ。仲尼の罪ではない。虚玄が長じて晋が乱れた。老荘の罪ではない。斎戒が行なわれて梁が亡んだ。釈迦の罪ではない。）といい、そして三教は、畢竟、一なるべしという。

唐の中葉以後において、当時、伝統の学術思想に反対したものとして、なお韓愈と、その弟子の李《り》翺《こう》を挙げねばならない。唐初以来、次第に隆盛に赴いた仏教・道教は、玄宗の時代になって、まさにその頂上に達し、中葉以後に至ってようやく腐敗堕落の徴候が現われた。韓退之はこれに対してはなはだしく不快を感じ、儒家の立場から『原道』一篇を著わして仏老を痛撃し、また『論仏骨表』を奉って仏教を批評した。その内容ははなはだ浅薄なものであり、当時の仏・老の徒を説服できるものではなかった。また、その原道篇において主張している儒家思想においても、極めて独裁的な政治観念が散見している。ただ、その文章の中に堯・舜・禹・湯・文・武・周・孔の相伝の道を説き、みずからは孟子の正伝をうけたとするところに、従来の注疏学を一蹴するおもむきがある。

彼にはまた『論語筆解』という著書がある。これは門人の李翺との合著といわれている。その解釈は先人の説に捉われず、かえって彼自身の解釈を試みたものであって、奇抜の説が多い。たとえば「宰我晝寝」〔公冶長〕（宰我が晝寝した）において、「晝」は「畫」の誤である。宰我は孔門の有名な人であるのに、晝に寝られるはずがない。その寝室に美術的な飾りをしているのであるという。その解釈は決して立派なものとはいえないが、韓愈が当時の学問に対してどのような態度をとっていたかを知るのに役立つものである。

またその『原性篇』においては、人の性には上中下の三品があるとし、「上者は善のみ、中者は導きて上下せしむべく、下者は悪のみ」といっている。この説は、すでに前にもいったように、漢の王充・荀悦らの唱えているところであり、さらに遡っては、論語や中庸の「生知」「学知」「困知」に及ぶものである。しかし、ただ注疏学にのみ没頭してそこから脱却できなかった当時の学者に対して、その頭を哲学的方面に転向せしめるのに相当の影響があったことは、認めなければならない。

要するに、彼は儒家の立場に立って仏・老を排斥するが、同時に従来の注疏学にもあきたらず、なんらかの新しい境地を見出そうとして努力したことは、充分に窺い知られるのである。しかしながら、彼は哲学というものをまったく解していない。ただその力強い名文によって、その内容以上に当時の人心に刺戟を与えたことは事実である。このように、彼は思想家としては特にすぐれた点があるわけではないが、唐の時代、章句・訓詁の学問が社会を風靡している間にあっては、彼もまた一人の立派な思想家ということができるであろう。

こうして彼は学問上においても、その転換期における一つの役割をつとめているのであるが、彼が得意の点は、ここに在るのではなくして、文学の方面に在るのである。唐の時代における文学革命家としての韓愈は、ひとりその時代におけるのみならず、歴史を通じて、大きな輝きである。唐では、前述のように、文学を尊重して、科挙においても文学をもって経術の上に置いたのであった。しかし、その文章は四六駢儷の形をとり、内容は空疏なものが、当時、一般の学者を支配していた。韓退之はこの時勢に反抗して、敢然、古文復興を提唱して、盛んに長短不整の句を用いて雄健な文章を書いた。そして当時の一般の傾向を打破しようと試みたのである。これは当時の社会が文章を偏重していた点から考えて、当時の社会に極めて重大な意義を有するものである。蘇東坡が「文起八代之衰。道救天下之溺。」（文は八代の衰えをおこし、道は天下の溺れを救う。）というのも、溢美の言葉ではないと思う。もっとも韓愈は、文章では、漢の司馬相如・司馬遷・劉向・揚雄から後は作者出でずといい、また彼の文章は揚雄の文章をまねたものが多く、その学問上の態度においても揚雄に似たところがないでもない。この点から見ると、彼は文学界において、当時の傾向に反抗したが、そのみずから提げて立ったところの文学は、まったく清新なものではなくて、要するに前漢時代への復古であったのである。前述のように、中国の社会は、前漢以後、常に同一の状態をくり返すものであり、その学問思想の上にも、全然、新しい傾向を将来することができないということは、韓愈の文学革命にもまた現われていると思う。もっとも、唐代において古文を提唱したものは、これより先き、元結（次山）・独孤及などの作家があるが、これらはその力が微弱であって、その後に起こった韓愈がその事業を大成した形である。

韓退之と同時に柳宗元・劉禹錫《りゆううしやく》の二人がある。これまた文学革命の驍将であって、韓愈と相俟って、当時の文学界に非常な刺戟を与えた。

この二人はまた思想上においても独創的なところがある。劉禹錫は『天論三篇』を著わして、人はみな進化するものであるといい、人力をもって天に勝つべきことを唱えた。柳宗元はまたその説に和して、ならびに一歩を進めた解釈をとっている。彼が、天は無智のものであるから、人がこれを鞭韃駆使すべきである、といっているのはそれである。彼の文集の中には、到るところにこのような思想を発揮している。この二人の場合は、思想的には韓愈より一歩を進めたものであるが、二人ともに政治的圧迫を受けて南方に流され、その思想を充分に伸ばすことができずに終わったのは、惜しいことである。

韓愈の思想を大成したのは、その弟子の李翺である。李翺も前述の人人と同様に、文章家として知られている。その文集に『復性書』がある。これは思想方面において従来の儒家の立場とはまったく異なった方面から、その学問の根底を説明したものであって、この点では、その師の韓愈の遠く及ばないところである。また次ぎの時代に起こる理学の先駆をなすものである。

一体、性ということは、儒家において大切なことであり、孟子・荀子より以来、種々の学説が行なわれている。韓愈も、前述のように、性に三品ありとし、漢代の性説をさらにくり返している。韓愈のいう性は、孟子のいう性と同じく、宋の学者が気質の性というものである。気質の性とは、本然の性が事実として顕現するところの、経験的に見られる性である。しかるに李翺のいう性は、これと異なるもので、宋学の本然の性に比べきものであり、大いに哲学的意味を持っている。

李翺は性を情と対立させ、性は定静不動なものであって、不生不失なりとし、情はこれに対して、本来ないものであり、邪妄にして性を迷わすものであるとする。性は天の命ずるところで、万人ことごとくこれを有する。聖人の有する性も、凡夫の有する性も、同一なものである。終身みずからその性を見ないものが凡夫であり、これを見て迷わないものが聖人である。この性を迷わし、その統一を失わせるものが七情である。七情が起こらなければ、性はここにその統一を保つことができる。この情は邪妄なものであり、無始よりこのかた、常に性を妨げて来たものである。ただ性が寂然としてその本性に還る時は、その邪妄はおのずから止まり、本然の性そのものが現われてくる。聖人といえども、もちろん、情はあるが、聖人にあっては、情は性の統制の下に動き、情あって無きが如くであり、性を妨げることはできない。ただその性が情のために迷わされた時には、その性が隠れて現われないのである。しかし、それは性がまったく無くなったのでなく、たとえば、水の中に混り物があって、その水が清らかでなく、火の中に煙があって光が妨げられるようなものである。水や火が、本来、清らかでなく、曇ったものであると考えるならば、それは誤りである、という。このような例は、朱子のよくいうところで、朱子は本然の性を水にたとえ、気質の性を容器にたとえ、本然の性は、終始、変わらないが、その容器の色彩によって、あるいは青く、あるいは赤く見える、と説明している。これは李翺の例から思いついたものと思われる。

前述のように、聖人にももとより情があるが、しかし聖人は性を見ることができるから情に迷わされない。これがいわゆる「覚」ということであり、また同時に「復性」ということである。それでは、人がこの覚をなし、復性をなすには、如何なる方法によるべきかというに、李翺はこれに答えて「弗慮弗思」［無念無想］すなわち心の活動を止めるということであり、要するに「主静」ということに帰するという。ある人がこれに問うて、人みな弗慮弗思の境に達したならば、声来るも聞かず、人来るも見ないではないか、と言った。彼は答えて、見ざる聞かざるは人ではない。見聞するところがあるけれども、これに囚われないのが弗慮弗思の工夫である、と言っている。要するに、復性とは人が本性に還る修養法である。儒家の学説においては、従来、性善・性悪の説が行なわれて来たが、その修養法において、この点を李翺の如く明瞭にしたものは、これまでにない。

もっとも、それは儒家の学者に限ることであって、仏教・道家の学者には、このようなことは決して珍しいことではない。仏教では「見性」といって、本来の面目をいう。また道家においても、老子には「復歸于嬰兒。復歸于無極。復歸于樸。」〔二十八章〕（嬰児に復帰する。無極に復帰する。樸に復帰する）といい、あるいは荘子に「繕性于俗。學以求復其初。……謂之蔽蒙之民。……無以反其性情而復其初。」（性を俗におさめ、学びてその初めにかえる。……これを蔽蒙の民という。……その性情にかえりてその初めにかえることなし）〔繕性〕という。殊に荘子の「復初」は、李翺の「復性」の語の出源となったものであるといわれ、儒家にない思想を異端から採り入れたとして非難せられたゆえんである。宋学においては、朱子・程子が「復性」・「復初」の語を盛んに用い、殊に朱子が論語の学而篇の注の最初に、「人性皆善。而覺有前後。後覺者必效先覺之所爲。乃可以明善而復其初也。」（人の性はみな善であるが、覚に前後がある。後に覚するものは必ず先覚者のなすところを倣う。そうしてこそ善を明らかにしてその初めにかえることができる。）とし、また程子が孟子の告子篇[上]に「皆可至於善而復性之本」（みな善に至りて性の本にかえることができる）と注釈しているのは、すべて李翺の復性説を祖述したものにほかならない。

韓愈は、前述の如く、老・仏を排斥し、殊に仏教に対しては甚だしくこれを嫌っていた。李翺もその文集を見ると、中には仏教を攻撃した文章もあるが、しかしながら、仏教家の方の書物を見ると、彼はよほど僧侶たちと親交があったらしい。唐の貞元中、西堂の智蔵に法を問い、鵝湖山の大義という僧と法を論じ、彼が襄州刺史であった時は、紫玉という僧侶に法を聴いたという。殊に有名なのは薬山の惟儼和尚の許に参禅して、その教を受けた話である。伝説によると、李翺は惟儼に心酔して、しばしばこれを招いたが、肯んじないので、わざわざ薬山に敬意を表わしに行ったところ、惟儼はちょうどお経を読んでいて、見返りもしない。李翺は憤って、「面を見るは名を聞くにしかず」といい、袂を払って立とうとした。その時、惟儼が「何ぞ耳を尊んで目を卑しむことを得ん」と言った。そこで李翺は教を乞うた。ところが、惟儼は黙して、ただ一方の手で天を指し、他方の手で浄瓶を指すのみであった。李翺は「不會」（わかりません）という。惟儼は「雲在青天水在瓶」（雲は青天にあり水は瓶にあり）というた。ここにおいて李翺は言下に大いに悟ったといわれる。その時、李翺が惟儼に呈した偈に、「錬得身形似鶴形。千株松下両函經。我來問道無餘事。雲在青天水在瓶。」（錬得して身形は鶴形に似たり。千株松下の両函の経。我来りて道を問うに余事なし。雲は青天に在り水は瓶に在り。〕という。これは、禅家の問答である。李翺が仏教を基礎にして自説を築いたことは、もとより争われぬことであろうと思う。

要するに、従来の学者はただ経書のテキストの字義訓詁を解釈するばかりで、テキストの中に含まれる義理というもの、すなわち哲学的な意義というものは研究するものがなかった。この意味において、儒教思想は、他の仏教や道教に比べて、はなはだ浅薄の感があった。漢になって中庸一篇が出て、儒教の哲学的根拠を幾分か表明することができたが、それは老荘思想に対する関係からできたものである。李翺のこの考は、魏晋以後に盛んになった道・仏の思想に対して、儒家の立場を説明する必要に迫られて現われたものであると同時に、従来の儒教経典解釈があまりに訓詁学に捉われていた反動とも見るべきものである。

李翺のこの説が世に出ると、この後の儒家思想は従来とは一変し、訓詁・考証に携わるものはだんだん無くなり、儒家の学問の中心は、その経典の哲学的基礎を究めることに向かうようになった。

第八章　宋初の自由討究

宋の太祖　趙匡胤《ちょうきょういん》は、学問が政治の上に大いに必要なることを悟り、みずからも学問を研究し、臣下にも奨励した。ひきつづいて歴代の天子もまたこれに倣って、学校を建て、書物を編纂するなどの事業を起こした。君主たる者が率先して学問の奨励に当ったことは、歴代の天子と異なるところはない。ところで、太祖が奨励した学問は、いわゆる伝統的な経学であった。その後、朝廷に立てた科挙の制度も、唐代のそれをそのまま踏襲したものにすぎない。しかるに、当時、一般社会の風潮は、もはや従来の科挙の学問に興味を失い、唐の中葉以後、一部に勃興しはじめた自由討究の学風が勃然として起こって来た。そして太祖の時に定められた科挙の制度といえども、王安石が出るに及んで、またこれを改革せざるを得ないこととなった。もっとも王安石一派の学問は、従来の漢学に対して、自由な立場から研究をしたものであるが、しかし、その学問の中心となった題目は、経世・済民に在って、政治・経済そのほか一般社会に直接に影響のある学問であった。

しかるに、宋の時代を通じてもっとも隆盛を極め、且つ中国思想史の上においてもっとも特異な位置を占めるに至った学問は、いわゆる「理学」である。これは儒教の哲学的基礎を解明することにその精力を集中したものである。中国の社会は、前述の如く、前漢末以後、清朝に至るまでは、ほとんど大きな変化はない。唐の中葉以後、土地制度・貨幣経済など経済的方面に多少の変革が現われているけれども、それらは社会組織の根本に何らの影響を及ぼしたものでない。したがって中国の社会思想の中心勢力をなす儒家の学問に根本的な変化を及ぼすような事情は、唐宋の間においても起こることはなかった。それ故に、宋の学問は、中国思想史上において特異な発達を遂げたといっても、それは儒家の学問を排斥して新たな学問を立てたというのではなく、ただ儒学の範囲内において、従来と異なる解釈をとるに至ったというまでのことである。

それでは、何故に従来の解釈に対して異なる解釈をとるような情勢に立ち至ったのか。それは、一面においては、従来の漢学なるものが沈滞して、その勢力を失ったことと、また同時に他の一面において、仏教と、仏教の思想および儀礼をとり入れてだんだん完備に近づいた道教とが、社会的に勢力を占めるに至って、従来の生気のない儒教は、この二教に、到底、対立できない情勢に到達するおそれがあったからである。すでに唐の中葉以後においても、このような考の下に、仏・道の二教の思想を採り入れて、儒教の学説の根拠を堅固にしようとする努力が試みられたのである。宋代の学問、すなわち理学派に属する学者の思想は、ほとんど仏・道の二教の刺戟により、儒家思想を哲学的に説明しようとしたものでないものは一つもないといってよい。

仏教は、唐末に至って、各宗派がおおむね凋落の徴候をとったが、ただ禅宗のみは一世を風靡する概があった。前述した六祖慧能の後が分かれて、臨済《りんざい》・潙仰《いぎよう》・雲門《うんもん》・法眼《ほうげん》・曹洞《そうどう》の五宗となり、宋初においては、雲門がもっとも繁栄し、契嵩《かいすう》・重顕《ちようけん》・居訥《ことつ》・仏印《ぶついん》らの名僧が現われた。臨済の方では、慧南《えなん》に始まるところの黄竜派と、方会に始まるところの楊岐派とに分かれ、黄竜派から、常総《じようそう》・惟清《いせい》らの高僧が出で、楊岐の方からは、円悟《えんご》・宗杲《そうこう》・道謙《どうけん》・徳光《とくこう》らの名僧が出た。これらの禅僧は、儒家との往来がもっとも親密であった。北宋五子の一人である周茂叔は、慧南・常総と常に往来し、また仏印に参禅している。楊亀山は常総について問答をしたことがあり、李覯《りこう》は契嵩に、欧陽脩は居訥に、游酢《ゆうそ》は寧禅師に、陳瓘は惟清について、それぞれ道を聴いている。また宋学の中心人物である朱熹《しゆき》は宗杲に参禅し、陸九淵は徳光に参禅した、という。このように、当時の儒者が仏教の僧侶と親密に往来していたために、仏教の影響が儒家思想の中に侵入して来たであろうということは、容易に想像できるところである。

ひとり思想の方面において仏教が儒教に影響を与えているのみでなく、その講学の方法にも影響をしている。当時、官立の学校は、政治上の影響を受けて振わなくなり、民間に私立学校ができて、これに代わるという風潮になった。これらの学校を「書院」という。宋の時代の書院として有名なものは、嶽麓書院・石鼓書院・白鹿《びゃくろく》書院・嵩陽書院・睢陽《すいよう》書院・応天書院などがあった。その職員には、洞主（洞正）・堂長・山主・山長などがあり、その建築物にも、礼殿・講堂・書庫・学舎などの設備が備わっていた。教師がみずから説述するものを「講義」といい、教師と弟子と問答し、これを門人が記録したものを「語録」と称した。これらの学校の組織形式は明らかに仏教の影響を受けたものであって、ひとりその影響が思想上にのみ止まらないことは、これをもっても明らかである。

道教では、唐の中頃に、呂洞賓《りょどうひん》・名は巖・純陽祖師と称する者があったといわれている。いわゆる「八仙」の一人であるが、実在したか否かは確かでない。しかし今日まで道士たちの崇拝する中心人物の一人になっており、その言動として伝えられるものが、唐代後半期において思想界に影響を及ぼしたことは、すこぶる大なるものがあった。当時、種々の神仙・服食の説なども盛んに起こり、『道蔵』に含まれている多くの理論は、唐の後半期において、その基礎を築き上げたものである。例えば、道家の方で尊崇している老荘の書物の中に「心斎」「坐忘」の類の語があるが、その修徳内容はこのころまですこぶる曖昧なものであった。しかるに、唐の中頃以後、にわかに勃興した禅宗と接するに及んで、始めてその方に内容を作り出すことができた。司馬承禎の『坐忘論』の如き、まったく禅そのものといってよい。こうして道教もだんだん仏教的要素を取り入れながら、宋の時代に入った。

仏教とともに思想界に相当に重要な役割を持つに至った道教は、また宋時代の儒学に対して影響するところすこぶる大なるものがあった。もっとも、その時代において正統の道教は分かれて南北の二派となり、南は天台の張用誠、北は咸陽の王中孚によって、それぞれ代表されているが、これら正統の道教と儒家との関係は極めて稀薄のようである。儒家との関係の深いものは、その別派であって、五代から宋初にかけて生存したといわれる陳摶《ちんたん》、字《あざな》は希夷、号は図南の一派である。周敦頤《しゅうとんい》の「太極図」とか、邵雍の「先天図」というようなものは、すべて陳摶から出たといわれる。陳摶はその学問を种放《ちゅうほう》に伝え、种放は穆修に伝え、穆修は李之才に伝え、李之才が邵雍に伝えたといわれている。この太極図と先天図は、見方によっては、宋代哲学の中心思想をなすものと見るべきものであることをもって見ても、宋代の理学が道家思想と密接な関係を持っていることを知り得る。

以上の如く、仏・道の二教は、宋の儒学に対して大きな影響を与えたのであるが、しかしこれは、いうまでもなく、儒家の思想が仏・道の二教によって入れ替えられたという意味ではない。従来、極めて表面的な、言語学的な解釈に甘んじた儒家経典の解釈が、仏・道の二教によって内面的・哲学的な解釈にその歩を進め、従来は単なる解釈に止まっていたものを、これ以後、主として実践と結びつけるような傾向を生じたのである。その解釈の上に仏・道の二教の教理を採り入れたことはすこぶる多いが、しかしそれによって儒家思想の本来の面目を滅却するには至らなかったのである。以下、宋の初めに起こった学者の主なる者について述べよう。

宋初の学者としてまず挙げるべきものは、胡瑗《こえん》である。胡瑗、字《あざな》は翼之、安定先生と称せられる。徳行家として、また教育家として有名な人物である。彼は嘗つて湖州で教授をしていた。その時の教育法は、その課程を「経義斎」と「治事斎」の二つに分け、経義の方は、心性疏通して、その器局が大事に任ずべき者を選んで、それらをして六経を講明せしめた。治事の方は、学生がおのおの各一事を治め、また場合によっては、他の事を兼ね治めさせた。その修めるところは、治民・講武・堰水・算暦など、実際の政治上の事務に関することである。彼はこのようにして教育に従事すること二十余年、大いに教育の効果が上がったために、その制度は大学に採用され、彼みずからも大学に招聘された。その時には、学生が大いに集まり、従来の校舎に収容し切れなかったという。その薫陶を受けて、立派な人物となった者が多かった。中でも、程伊川の如き、その最もすぐれた者である。胡瑗は、平生、学生を試みるのに、「顔子所好何學」(顔子の好んだ学は何であるか)という問題を提出していた。伊川の答案が非常にすぐれていたために、特に伊川を呼び出し、これに面会し、その学力の大きいことに驚き、これを大学の教職に推薦したということである。

胡瑗には周易や中庸その他に関する著述がある。彼はこれらの書物を解釈するのに、すべて従来の学者の注釈を用いず、彼独特の解釈を試みている。例えば、易については『周易口義』の著述がある。

これは門人の倪天隠《げいてんいん》が筆記して伝えたものである。これによると、胡瑗は易を解釈するのに義理を主として、漢以来の象数を用いない。伊川にも易に関する著述があるが、これはよほど胡瑗の影響を受けたものであって、まったく象数を取っていない。またしばしば安定先生の説を用いている。つまり経学に対して彼らは従来の権威を、全然、認めない立場に立ったものである。これは実に宋学全体の学風を代表するものといえる。

次ぎに門人に対して「顔子所好何學」の問題を出したというのも、これまた宋代の学風を推測できる一つの材料である。これは要するに経書を解釈するに当たって、訓詁・文字によるよりも、経文の裏面に含まれている聖賢の心を体得することを重んずる意味である。論語によれば、孔子の門下の中、顔回がもっとも学を好み、陋巷に在ってその楽しみを改めなかったという記載がある。従来の注釈を見ても、顔回の学問の内容、楽むところは何であったかということは分からない。顔回が楽んだところを知るためには、彼の心を知らねばならない。それを知らないでいて、文字の末に拘泥して解釈することは、俗儒である、というのである。

また胡瑗の門人たちがその先生を褒めた言葉の中に、先生は「明體達用」の学をもって諸生を教えたとある。ここにいう体・用は、後に程子・朱子らのいうような哲学的な意味に用いたのでなく、体は人格であり、用は学問・技藝のことである。体・用は、いずれの一つを欠くこともできない。体のみあって用が無ければ、諸事に応ずることができず、用のみあって体のない時は、その用は却って身を滅するに至る。この二者が完備して始めて全き人となるのである。教育の目的は、要するに此の二者を完備させることにあるというのが、その教育思想である。その経義と治事の二つに分けたのは、学生の傾向によって、その由って入るところの門を異にするだけのことであって、究極において、この両者を兼備すべきものとしたようである。

このような思想は、その後の宋儒に共通な思想である。しかし一般の宋儒は用よりも体を重んじ、すなわち学問・技藝よりも人格を重んじ、古今の人物を批評するにも、その人格如何が中心的な標準であった。いかに学問があっても、人格に欠点のある者は採らない傾向が一般にあったようである。

胡瑗はまた、門人に対して極めて厳格であった。師道というものは、胡安定先生に至って始めて確立したという人さえあるくらいである。これも安定のみに限ったことでなく、宋儒一般が厳格であって、宋儒の一つの特色とせられるところである。唐代は文藝が一世を風靡した時代で、師道については、人が極めてこれを軽んじた。自分の先生でも、これを師ということを嫌っていわなかったくらいである。この点においても、唐の人の学風と宋の人のそれとは、非常な相違を来しているのである。

胡瑗と同時に孫復という学者がある。字《あざな》は明復、泰山先生といわれた。若い時に進士の試験に落第して、泰山の南に隠棲して、胡瑗とともに苦学すること十年、ひきつづき隠棲し、学問と教育に従事していた。その門人の石介の紹介によって召され、大学に行ったが、ついに用いられずして死んでいる。

その著述に『春秋尊王発微』十二巻がある。この著述の特色は、春秋の解釈として、従来、人人に重んぜられていた三伝に拠らずして、春秋に含まれている作者の微旨を直接に見てとることを目的としたことである。すなわち、すべて客観的事実を無視して、自分の主観をもって春秋を解釈したものである。春秋に対して、従来の解釈と異なった解釈を施した者は、前述の如く、唐代に啖助・趙匡・陸淳がある。孫復のこの著述もやはり前の三人と同じ態度をもって書かれたものである。

孫復によれば、春秋の大義は、尊王の大義を解明するにある。すなわち、君臣名分の際に特に注意を払うべきものであるとする。いま一つ、孫復のいう重要な春秋の義は、「貶あって褒なし」ということである。従来、春秋には褒貶ありというが、彼によれば、孔子の考は、本来、乱臣賊子を恐れさせるにある。春秋に書いてあるものは、道徳に違背した者ばかりである。すなわち、おのおのの物語にかならず貶あって褒あることなしというのである。

このような春秋の解釈については、その後、是非の説がやかましい。貶あって褒なしとすることは、あたかも春秋をもって法家の書物の如く、冷酷な思想となすものとして、常秩・胡安国は非難している。しかし欧陽脩や朱子らは、聖人の意志を得たものとして賞讃している。胡瑗の門人に孫覚があって、『春秋経解』を著わし、同様に三伝は信ずるに足らずとなして、孫復と同じく胡瑗の説をもって断案を下したものである。この他、劉敞《りゅうしょう》・崔子方・葉夢得《せつぼうとく》・呂本中・胡安国らの春秋の解釈が相ついで出た。その伝統的解釈を無視して、おのおの自己独得の解釈を試みた点においては、孫復の『春秋尊王発微』と同様である。

一体、春秋という書物は、その文章は簡単で、歴史上の事実を知らねば、何のことか分からない。しかるに宋儒はこの歴史的事実には重きを置かず、まったく主観的な解釈をしたために、人々その解釈を異にし、その注釈はいよいよ出でていよいよ煩瑣となってきた。且つその解釈が主観的に傾いたために、各学者の心境の如何によって、その解釈はいろいろに変化するにいたる。そのもっとも代表的なものは、南宋の胡安国の『春秋伝』である。この『春秋伝』は、朱子学派の採用するところとなり、また元・明の二代を通じて、士を試験するのに、三伝をしりぞけて、この書物を用いたために、世間的には特に有名な書物である。胡安国は、春秋をもって復讐主義を解明するものなりとの解釈の下に、この注釈を書いている。これは、あたかも南宋が金のために江南に追いつめられ、和戦の問題がやかましい時代であったから、彼はその時勢に憤激して、春秋によって自己の胸中を迸り出したものであるといわれている。その春秋を解釈する態度は、孫復が尊王をもって春秋の要旨と考えたのと同じく、まったく自己の主観を反映したものにほかならない。

孫復の門人の中、もっとも優れた者に石介がある。字《あざな》は守道、徂徠先生といった。徂徠山麓でみずから耕し、易を講じていたからである。後に薦められて国子監直講となった。

彼は、唐以来の文章の弊害と仏・道二教の害を憂えて、『怪説』三篇を作り、この文章の弊と仏・道二教の害を除くことによって、国家ははじめて平和になることができると言っている。また『唐鑑』を著わして、姦臣・宦官・宮女の弊を戒めている。また『慶暦聖徳詩』を作り、枢密使夏竦《かしょく》を指して大奸としたことがある。夏竦は痛くこれを含み、石介を殺そうとさえした。しかし石介は安然として惑わずしていう、「我が道もとよりかくの如し、我が勇、孟軻に過ぐ」と。卒する時、四十一歳であった。夏竦はあくまでこれに復讐しようとして、石介は死んだと詐り、北の方、契丹に逃げて中国を謀っているという風説を捏造し、その棺をあばいて実見しようとした。しかし、石介には、当時の有名なる政治家の范仲淹や富弼らの支持者があり、また郷党のもの数百名が保証に立ったので、棺を割ることを免れたという。

一体、宋儒は、前述のように、人格上に少しの欠点があっても仮借しないのを常とした。したがって人を責めることはすこぶる酷に過ぎ、人の悪を責めるのにきびしく、歴史上の人物を批評するにも冷酷を極めている。朱子は『通鑑綱目』を著わし、古今の人物を取り扱っているが、その中に朱子の気に入った人物はただの一人もいない。孫復が春秋に貶あって褒なしと言ったことも、その人物批評に対する標準が極めて厳格である一面を表わすものといえよう。孫復の弟子である石介も、この点については、その師に譲らぬものがあった。その死後に至るまでも、その身に禍をうけようとする境遇に立ち至ったのは、その人物批評が極めて峻厳であった結果と思われる。

宋代には学派が分かれて、門戸の争いが激しかった。宋の人は一般に意志に重きを置いて、感情を排斥するといわれているが、学派間の争いにおいては、よほど感情が手伝っていると思われる。学問を論ずる場合にも、お互に人身攻撃にわたり、そのために君子たちが小人のために利用されて、醜い争いを続けることもしばしば行なわれている。要するに、これは人を批評するのに、その悪を見逃さぬという峻厳な立場に立つ当然の結果である。そのことは、これら宋初の諸先生にその萌芽を認めることができる。

以上に述べた胡瑗・孫復・石介の三人は、宋初のすぐれた学者であると同時に、その影響が宋学の正統派と認められる程・朱の学問に及ぶところ大なることから、後世これを尊んで「宋初の三先生」と言っている。

宋初の三先生と並んで、種々の学派が存在した。その中の一つとして范仲淹の一派を挙げなければならぬ。范仲淹は蘇州呉県の人である。文正公と諡《おくりな》せられた。若い時に、戚同文について学んだ。戚同文は隠居して教授していた人で、徳行があって、郷里に推称されていた。その弟子がはなはだ多く、進士の試験に及第した者が五十六人もあり、仲淹はそのなかの一人である。仲淹の学問は、その師のように徳行を重んじて一郷の推服を受けるというような範囲の狭いものではなく、六経にあまねく通じ、政体に明達して、一代の政治家であったと同時に、また思想上の革新者でもあった。彼の政治を論じ、歴史を論ずるのは、後に述べる王安石と似るところがある。またその道徳論は、後に来る程明道・陸象山・王陽明一派の思想とやや同じものがある。朱熹は、前述したように、人を評するのに苛酷であり、通鑑綱目の如き、その人物批評は一人として欠点なき人物はないとされているが、范仲淹を評して、宋朝唯一の「完人」であると言っている。彼が「士はまさに天下の憂に先き立って憂え、天下の楽に後れて楽しむべし」といった言葉は、今日に至るまで、なお人口に膾炙しているところである。その政治思想を見るには、『政府奏議』二巻がある。またその思想の全般にわたっては、『范文正公集』二十四巻と『附録』一巻について見られる。

仲淹はかつて胡瑗がその呉中に経術を講ずるのを見て、招聘して蘇州の先生とし、また孫復を推薦して国子監直講とした。張横渠は十八歳の時、同志を糾合して洮西《とうせい》の地方を侵略しようとして上書し、仲淹に謁見した。彼は横渠に器量のあることを知り、叱責して「儒者はみずから名教を楽しむ、何ぞ兵を事とせんや」と言い、みずから中庸一巻を授け読ませた。横渠は翻然として悟るところがあり、勉学して、後に大学者となったのである。

仲淹の門人に有名な人は多いが、学者として有名な者に李覯《りこう》がある。李覯、字《あざな》は泰伯、建昌の南城の人である。皇祐（1049~1053）の初めに、仲淹が薦めて大学の助教となしてから、種々の官を経て、大学説書の官で終わっている。その土地の名から取って、彼の書院を盱江《うこう》書院といっているので、その文集を名付けて『盱江文集』という。今日に伝わるところは三十七巻、ほかに『外集』三巻がある。

彼の学問も、師の范仲淹と同じく、政治と道徳の両方面においてすこぶる従来の学説と趣を異にしたものがある。殊にその政治論に至っては有名である。文集の中の富国・強兵・安民の三策は、我国においても文集から抜き出して出版したことさえある。彼はこのように政治・道徳・思想の上に革新的な意見を吐いているばかりでなく、経学すなわち経書の取り扱いの上においても、彼独特の意見を主張して、後世に影響を及ぼしたところが少なくない。例えば、「明堂」の研究、「大宗」・「小宗」の相続に関する意見などは、従来の経学にない新しい理解を試みたものである。

彼の経学上の意見のうち、もっとも後世に問題になったのは、その文集の中の『常語』にある孟子の批評である。この常語はもと三巻あったというが、余允文の『尊孟弁』の中にはただ十七ヵ条を引用しており、盱江文集の中の常語の内にはわずかに三ヵ条を載せているだけである。これは恐らく常語に対する非難が大きかったために、後の編纂者が削って完全なものを残さなかったのであろう。いま余允文が引用する常語について二三を挙げると、次のようなものである。

孟子は、五覇は三王の罪人なりと言っているが、自分が考えるに、孟子は五覇の罪人である。五覇は諸侯を率いて天子に仕えたが、孟子は諸侯を引いて王にしようとした。孟子は忍人［残酷者］であり、その周室を見ること、眼中に無きが如きである、と李覯はいう。また孟子がことごとく書を信ずれば書なきにしかずと言って、尚書の武成篇に「血流漂杵」（血が流れて杵を漂わす）ということは、道理から考えてあり得べからざることと考えているのに対しても、李覯は諸種の理由を挙げて弁駁して、「今日の人が孟子をもって六経を判断することは、他人を信じて父母を疑うが如きものである」という。最後に、孟子の王道を非難しているのは、もっとも注目に値する。孟子の王道とは、仁義を行なうてもって王たるべしというにある。しかし、これは権をもって諸侯を誘うものであり、仁義を仮りてみずから王になろうと謀る者が出て来るのは当然のことである。かくして諸侯の中に周室を顧みるものがなくなったわけである。今の学者は孟子を是とし、六経を非とし、王道を楽しんで、天子を忘れる。故にこの常語を作って、君臣の義を正し、孔子の道を明らかにし、乱患を後世にふせぐ、と言っている。これを要するに、李覯の説は、孟子は必ずしも孔子を祖述したものではないということと、孟子の革命思想というものは、儒家道徳の上からいって、間違った考であるということに帰着する。

李覯のほかに、宋代において、孟子を非難した学者は非常に多い。司馬光は『疑孟』一篇を著わして、孟子の説が孔子の説と異なることを論じ、鄭厚の『藝圃折衷』、馮休の『刪孟』、晁説之の『詆孟』など、いずれも孟子を攻撃し、もしくはこれを刪正したものでないものはない。しかるに余允文は『尊孟弁』を著わし、以上の書物について反駁し、孟子を弁護している。朱子も『読尊孟弁』を著わして、孟子を弁護している。

このように、宋の学者に孟子を中心として学派の対立を見たということは、一つには、孟子の革命思想というものが、当時の社会秩序の整った時代における尊王思想と相容れないものがないかどうかという、純粋な思想そのものの上における見方の相違ということもあるが、同時に、この問題は宋学でやかましくいうところの道統論を基本として発展していることも、見逃してはならない。この道統ということは、仏教の方において、衣鉢・伝燈ということをいうのに倣って、これに対抗する意味から、儒家の間に唱え出された一つの考である。したがって、これによって儒家の教というものが一つの宗教的な形式を附け加えることになるのである。

一体、孟子は、漢以来、荀子と同じく諸子の書物であって、経書ではなかった。唐の韓退之らに至り、大いに孟子を推賞し、堯・舜・禹・湯・文王・武王・周公・孔子の相伝の道は、孟子に伝わり、孟子が没して以後、その伝を得ず、といった。それから後、孟子が道統をいう学者の間に重い地位を占めはじめた。宋に入り、程朱学派は大いに道統の説を重んじ、また堯・舜より以来、孟子までは道統が伝わっていたが、その後、千余年の間、真儒出でず、宋に至ってはじめて程明道先生が起こって、不伝の学を遺経によってうけ継ぎ、これによってまた伝統が続くこととなった、と言っている。こうして明道の弟の伊川は、『四書』を編纂し、孟子をもって論語に配し、次いで朱子が『四書集注』を書くようになって、孟子は経と同様なとり扱いを受けるようになった。宋時代に、注疏学派においても孟子を経の中に加えて、『十三経』を数えるようになっている。これは恐らく道統説の影響を受けたものでなかろうかと思われる。

范仲淹の弟子には、このほかに富弼がある。彼は、学者としてよりも、政治家として有名で、師の仲淹や韓琦《かんき》らとともに、宋の名臣とされている。漢以後、儒家においては、その学問の性質上、学者がすなわち政治家である場合が多い。北宋時代においては、殊に学者にして有力な政治家となったものが多く、その学問をして単に空論に終わらしめず、ただちにこれを実行に移す点において、儒家の特色を発揮した者がすこぶる多かった。

欧陽脩。范氏と同時に、欧陽脩がまた一つの独立の学派を成した。仲淹と学問上の傾向を異にしているが、しかし政治上においては同類に数えられている。欧陽脩、字《あざな》は永叔、吉州の廬陵の人である。その事蹟は、仁宗の時に諫官となり、その後、翰林院学士・参知政事などに歴任し、韓琦らとともに政治上に活躍した。しかし、その後、弟子の王安石とあわず、太子少師をもって致仕し、死んで文忠と諡《おくりな》された。

彼は、当時、繊弱な四六駢儷文が世間に流行しているのを慨歎して、韓愈を学び、文学上の革新を行なおうとし、ついに古文において宋一代の名家となり、韓退之と並び称せられるに至った。彼はひとり文章においてのみならず、経学の方面においても、旧来の面目を脱し、ついに宋代の学術界に一新生面を開いている。その詩文集に『居士集』があり、その著述全体を集めたものに『欧陽文忠公全集』がある。門人の蘇東坡は、その文集に序文を書いて、「論大道似韓愈。論事似陸贄。記事似司馬遷。詩賦似李白。」（大道の議論は韓愈に、政治の論は陸贄に、歴史の記録は司馬遷に、詩賦は李白に、似ている。）といっている。

欧陽脩の文集の中に、『本論』二篇がある。その「本」とはすなわち儒家の道徳の意味である。その主旨は、儒家の道徳を鼓吹し、当時の有力な仏教思想を排斥することにあった。その文章の雄大なこと、その思想内容の卓越せること、共に韓愈の原道に比較せられるものである。本論と原道の比較は、従来、多くの学者によって試みられているが、今その思想内容について見ると、欧陽脩は、韓愈に比べて、はるかによく仏教を理解している。したがって、その仏教を斥ける方法も、用意周到なものがあり、韓退之のような粗暴な議論を試みていない。彼が政治家としても充分に成功するだけの素質を備えていたことは、この一文を見ても分かるのである。今その一例を述べると、韓退之は原道篇において仏教を排斥する方法として、「不塞不流。不止不行。人其人。火其書。廬其居。明先王之道以道之。云々」（塞がざれば流れず、止めざれば行なわれず、その人を人らしくし、その書物を焚き、その居る所を廬にし、先王の道を明らかにしてみちびく。云云）という。『本論』を見ると、欧陽脩は次ぎのように言っている。

夫醫者之於疾也。必推其疾之所自來。而治其受病之處。病之中人。乘乎氣虛而入焉。則善醫者不攻其疾。而務養其氣。氣實則病去。此自然之效也。

医者が病に対する時、かならず病のよりて来たる所を考えて、病を受けている場所を治療する。病が人におかすのは、気の虚なるに乗じて入ってくるのである。されば、すぐれた医者は病を攻めないで、その気を養うことにつとめる。気がみつると病は去る。これが自然の効果である。

また曰く、

蓋鯀之治水也鄣之。故其害益甚。禹之治水也導之。則其患息。蓋患深勢盛則難與敵。莫若馴致而去之易也。……傳曰。物莫能兩大。自然之勢也。奚必曰。火其書。廬其居哉。

鯀《こん》が治水した時には、水をふさいだ。そのために害がいよいよ甚だしくなった。禹が治水した時には、水を導いた。それでわずらいはやんだ。患いが深く勢が盛んであれば、対抗することが困難である。流れのままにみちびいて害を除く方がたやすくて、まさっている。……伝に、物は両大なることができないというのは、自然のいきおいなのである。その書物を焼き、その居を廬にするという必要はない。

という。もってその学風の一端を窺うにたりよう。

范仲淹が貶謫せられて饒州におった時、朝廷の悪者どもが仲淹の一派を党人といって排斥したことがある。その時から、「朋党の論」がやかましくなってきた。これは宋の政治上および学問上における一つの特色ともいうべきものである。欧陽脩はこれについて有名な『朋党論』を書き、小人は利を目的として結合するから朋党というものはない。もしあるとすれば、それは偽朋である。君子は道をもって朋になるが故に、君子にのみ真の朋党がある。人君は小人の偽朋を斥けて、君子の真朋を用いたならば、天下は治まるであろうと言って、周より以来の歴史上の事実を挙げて、これを論証している。これもまた当時の政治家気質・学者気質を窺うにたるものである。これより先、後漢にも党派の争いは激しかったが、しかしそれは主として政治上の争いであって、学問上におよぼす影響はさほど重大でなかった。しかし宋代の朋党は、学問上の関係がもっとも著しく、その朋党を理解しなければ、宋の学問を正当に理解することは困難である。

欧陽脩はひとりその文章において高名であったのみでなく、経学における功績も著しいものがある。その一例を挙げると、彼の易の『繫辞伝』に関する見解がそれである。易の『十翼』は、従来、孔子の作と考えられ、異説はなかったのであるが、欧陽脩に至って、その内の繫辞は勿論、『文言』『説卦』『雑卦』の諸伝は、すべて孔子の作に非ずと断定した。彼は繫辞伝の中の言葉の理論に互に矛盾撞着があり、また煩雑にして不統一な点を指摘して、これは繫辞伝だけでも一人の作でなく、多数の易の学者の説を或る者が編輯したにすぎないとした。またその思想の方面より考えて、論語の中にある孔子の思想と相容れないものを指摘し、あるいは左伝その他の著述と繫辞・文言との内容を比較して、それが孔子とまったく関係のないものであることを証明している。

彼の当時には、彼の説に賛成する者がなく、彼自身も、いま自分の説を信ずるものはないであろうが、後世にはこれは必ずしも軽視せられぬであろう、と言っている。我が国においては、伊藤仁斎らが、もっとも早くからこれに賛成しており、その説を載せた易の『童子問』は、単行本として翻刻されている。今日に至っては、種々の考証の結果として、繫辞その他の十翼が孔子の作でないことは、もはや動かすべからざる定説となっている。この点において、欧陽脩の考証的研究は、後世の学者に刺戟を与えたのである。

思うに、十翼は、おそらく秦漢のころにおいて、老荘思想の影響をうけて、儒家の哲学的根拠を説明するためにできた思想であろう。後世、孔子もしくは孔子の思想を偉大なものとしようとする者は、かならず易の十翼をもって孔子の作としようとする。宋の学者、殊に程朱学派においても、時代の影響によって、儒家の思想を哲学的に立て直そうとした目的のために、その学説は、大体、十翼に基礎を置いている。そしてこれをもって孔子の遺経として、世に重からしめようとした。欧陽脩のこの見解は、正に程朱学の試みようとするところに対立する考であった。

彼はまた、後に、周茂叔や朱子らによって、儒教哲学、殊に易哲学の基礎とせられた「河図洛書」というものを、怪妄の説となして、これを信じない。これに対しては、その門人の蘇東坡や曾南豊さえも反対しているくらいである。しかし、彼がどこまでもいわゆる宋儒の哲学に反対の立場に立ち、歴史的に厳正な批判を加えていたことは、この点にも現われている。

欧陽脩の著述の中に、『詩本義』がある。唐より後、詩経を解釈するのに、毛伝・鄭箋の解釈を非難する者はなかったが、宋代に至って、新しい解釈が出て、詩経についても、古い説は廃れるようになった。そのはじめを尋ねると、実に欧陽脩から出ている。彼はその毛詩本義において、毛・鄭・小序を述べ、その解釈の合しない点を指摘して、いまだ軽々しく毛・鄭の二家を非難してはいないが、枉げて毛・鄭の二家に従うようなことはせず、彼独自の立場から批判し、解釈している。これまた宋代における自由討究の代表的なものということができる。

朱子は、詩においては、始めは毛・鄭の説を信じていたが、後には、詩の『集伝』を著わすようになって、小序も毛・鄭も採らない。朱子の門流の王柏が『詩疑』を著わすに至っては、ひとり毛・

鄭・小序を取らないのみならず、詩経の経文そのものすらも疑って、これを刪削するに至った。このような武断な方法は、宋学者のもっとも大きな弊害であるとして、清朝の学者からははなはだしく非難されるところであるが、同時に、またこの点において宋学の特徴を認めることができる。このような宋学の風潮を作り出した主なる役割をつとめた者を数えるならば、欧陽脩はその尤なる者の一人とせねばならない。

欧陽脩にはまた『集古録』という著述がある。彼の当時には、いわゆる金石の土中から出るものが多かった。欧陽脩はこの金石の文字に興味を持ち、これを研究して、その文書を集め、集古録を著わしたのである。一体、金石を蒐集することには二つの意味がある。その一つは、単にこれを骨董的な享楽に供するものであり、他は、学術的研究に資する目的で集めるものである。金石によって、その時代の文化を知り、歴史上の事実を訂正するということは、学術の目的から金石を研究するものである。中国において金石学という一科が存在するのは、すなわちそのためである。清朝時代に至って、考証の学が盛んになり、空理空論を斥けて、実証によって論を進める学風が起こってからは、金石学もよほど進歩して来た。清朝の末から現在にかけて、この学問は非常に盛んである。このような歴史的研究の一派を創始したのは、すなわち欧陽脩である。清朝の学者が、経学の方面においては、欧陽脩の学風を排斥していながら、史学の方面においては、その学問を祖述しているところを見るならば、清朝人自身の学問研究の立場にも矛盾したものを含んでおりはしないかと考えさせられるのである。

なお欧陽脩には、二十四史の中に加えられている『五代史』の著述がある。その筆法は春秋に倣おうとしたものといわれ、その文章の立派なことによって、今日まで世人に推称せられていることは、あまねく知られていることである。

欧陽脩の門人には、曾南豊・劉敞《りゆうしよう》など、傑出した人物が多いが、中でも、もっとも異彩を放っているのは、王安石と蘇軾《そしよく》である。(ここで門人というのは、直接に教を受けた人の意味でなく、欧陽脩が試験官として及第させ、抜擢した当面の人という意味である。科挙に及第した者は、その後、試験官と師弟の関係を生ずる。この場合もそれである。)

王安石、字《あざな》は介甫、臨川の人である。早くより名声があり、欧陽脩によって進士に抜擢せられ、神宗の時には宰相となり、深く帝の信任を得て、政治上の改革を謀った。青苗・水利・均輸・保甲・免役・市易・保馬・方田などの新しい諸法を興したが、民間に物議が沸騰し、「新法」はついに効なく、彼もまた宰相を罷めさせられた。しかし後にまた左僕射《さぼくや》に拝せられ、荊国公に封ぜられた。哲宗の時に司空となった。卒して文公と諡《おくりな》せられた。

彼は政治上において新法を立てたばかりでなく、学問上においても新義を立てた。また文章においては、欧陽脩・曾南豊・蘇東坡とともに、宋一代の名家である。その著述には、『周官新義』と、その詩文集である『臨川集』がある。

『周官新義』は、『書新義』『詩新義』と併せて、『三経新義』と呼ばれたものである。書と詩の新義は、王安石の子の雱《ほう》および門人の手に成ったものである。王安石は、唐以来、『五経正義』によって官吏を登用している方法が、はなはだ陳腐であって、時勢に適しないものであるとなし、みずから新義を著わし、これによって官吏を登用することとし、従来の制度を廃してしまったのである。したがって、当時ならびにそれ以後の学者から非常に非難せられ、ついにその板木はみな焼き棄てられ、その書物もだんだん無くなり、今日においては、わずかに明の『永楽大典』の中に引用せられている周官新義によって、その原形を窺い得るのみである。

彼は、その『書洪範伝後』の文中に、自分の学問の研究方法を述べている。それによると、古の学者は、問うに口をもってするけれども、その伝は心をもってする。聞くに耳をもってするけれども、受けるには意をもってする。故にその師たるものは煩ならずして、学ぶものは得るところがある。孔子が「不憤不啓。不悱不發。」(憤せずんば啓せず、悱せずんば発せず。)と言ったのは、孔子がその学を惜んで、弟子に伝えるのを遅からせようとしたのでなく、その憤悱［問題意識をもち、発表意欲をわき立たせる］するのを待たなければ、これを説いても、その心意に入らず、ただその口耳をよくするのみだからである、と言っている。すなわち、自分が学問するのは、ただ伝注をたくさん覚え込んで、その口耳をよくするためではない。その学問の精神を体得して、その心意をよくするのでなければならぬという。

これを要するに、彼の学問は、独立した学問のための学問でなく、実践と結びついた学問でなければ、学問としない。彼の学問が禅学から影響された学問として非難されるのは、このような立場を指していうのである。

王安石は、経学は勿論、諸子百家の書物にもよく通じ、もとより仏・老の学問にも出入して、得るところがあったのであるが、その要は、世に用いることに資することが目的であった。『読老子』という一篇を見ると、彼の考が明瞭に分かる。彼は、

道有本有末。本者萬物之所以生也。末者萬物之所以成也。本者出之於自然。故不假乎人力而萬物以生也。末者渉乎形器。故待人力而後萬物以成也。

道には本があり末がある。本は万物がそこから生じるものであり、末は万物がそこに成るものである。本は自然にもとづく。故に人の力を借ることなくして万物は生じるのである。末は形器に関係する。故に人の力を待ってはじめて万物は成るのである。

という。その人力を借らずして万物が生ずるという点は、聖人のもって言うことなく、為すことなかるべきものである。人力を待ってしかして万物成るという点に至っては、聖人のもって言うことなき能わず、なすことなき能わざるところである。故に昔より聖人が万物をもっておのれの任となすのは、

かならず「四術」がある。すなわち礼・楽・刑・政がこれである。それは万物を成すゆえんである。故に聖人はただその万物を成すゆえんのものを勉めて、その万物を生ずるゆえんのものを言わない。蓋し生は自然のつかさどるところであって、人力のあずかることを得るところでないがためである、と言うのである。

要するに、王安石は、人間のすることと、自然もしくは神のなすことを判然と区別して、彼はただ人間のことをいい、人間のことをなそうとしたのである。宋の時代の一大風潮をなした哲学的傾向は、彼のまったく斥けるところであった。哲学の派の人人から、彼の学問を功利学と罵られるのは、この点にある。

王安石の『周官新義』も、このような彼の立場から書かれたものであって、これは単に周礼を講義するためばかりではなく、また単にこれをもって士を採るためでもなく、実に彼自身の政策の基礎を説明したものである。彼のいわゆる新法は、すべて周礼に基づかないものはない。周礼の解釈とは、すなわち彼の新法の解釈である。それは、従来、周礼を理想的政策として講述していたのに対して、彼は周礼に実践的意味を賦与したものである。このようにいえば、彼の周官新義ははなはだ便宜的なものであって、周礼そのものの解釈としては誤謬を犯しているのではないかと考える者があるかも知れないが、もしそのような観察をするものがあれば、それは誤である。宋時代より後、彼の反対者は、その新法を譏ると同時に、その周官新義を排斥して、種々の非難を加えるが、それは宋学者一流の党派的攻撃であって、周官新義は、周礼の解釈としても立派なものである。ただその訓詁の点においては、彼のいわゆる「字説」を用いて、牽強附会の点があるのが欠点である。しかし、全体として、周礼の真義を発明せることが多いのは、『四庫全書提要』なども認めているところであり、唐の賈公彦の『疏』に次いで、此の周官新義を採録している。王昭禹・林之奇・王与之・陳友仁というような宋代以来の周礼の注釈家は、すこぶる王安石の説によっている。清朝の初めに、『三礼義疏』の中の『周官義疏』を編纂した時にも、王安石の説を採用しているところが多い。

もっとも、学者の中には、王安石の考というのは、宋の国家が非常に積弱の後をうけて、国力の振わないのを見て、これを振興するのに富強をもってしようとしたが、富強の説は、法家の思想であるために、かならず儒家の排斥を受けるであろうことを慮り、経義に附会して儒者の口を塞いだものであって、実は真に周礼を信じて、その通り実行のできるものであるとは考えていなかった、と批評する者もある。この批評は少しく詮索にすぎた傾向がある。彼は決して経義に隠れて、この富強の策を行なおうとしたものでない。元来、周礼そのものが、後世において経書の中に数えられているが、実は秦漢時代の法家の政策が大いに採り入れられているものであって、儒家が周礼を信用する以上は、その内容が自然に法家の政策に近くなることは、当然のことである。ことさらに、その間に虚偽を挾んだものと見るのは、当たっていない。王安石は周礼の精神をよく捕捉して、これをその時代に適合するように実行にあらわそうとしたものであろうと思う。

周礼の政策を実行して失敗に終わったものは、先に劉歆・王莽があり、後に王安石がある。もっとも、中国の歴史を通じて、周礼の中にある社会政策的な施設は常に実行されているのであって、劉歆・王安石においてのみこれが失敗しているということは、一見、はなはだ不可思議に感ぜられるところである。しかし、いかなる政策といえども、これを徹底的に行なおうとする場合には、それが失敗に帰することは、中国の歴代政治の常態であって、そこに中国の社会に一種の強い固定性というようなものが存在することを看取することができる。

次ぎに、王安石が易と春秋とを学官に立てなかったということは、彼の識見の非凡なことを示すものである。従来、儒家は、易と春秋を儒家の真髄と考える。殊に宋の学者においてこの弊がいちじるしく、両者の注は無数に現われている。易においては殊にはなはだしく、理学派においては、易がその学派の中心となっているほどである。もちろん、王安石も易や春秋を読んだのに相違ない。林希逸の『鬳斎学記』によると、安石には『易解』という著書があった。しかし、それははなはだ簡単なものので、疑わしい点はそのままにしているのである。それは、もちろん、王安石の自稿本ではなく、後の人がその遺稿をまとめたものに違いないといわれている。また『宋史藝文志』を見ると、彼の『左氏解一巻』がある。しかし、左氏伝のような大部の書物を解釈して一巻となっているのは、これも、彼が生前に、左氏伝を読んで删記していたものを、後の人がまとめて出版したものと考えるほかはない。要するに、彼は易や春秋は読みはしたが、これに対して著述をしたり、経世の資にするような考はなかったと見るほかはない。

しかるに、宋代から奇怪な風評が伝わっていて、王安石は春秋を批判して「断爛朝報」と言ったというのである。そしてこの言葉を中心にして、盛んに論議が行なわれている。孫覚の『春秋経解』の周麟之の後序の中に、王安石は春秋を解釈して天下に通行させようとしたが、孫覚のこの書物を見て、みずからその右に出ることができないことを知り、ついに聖経を譏ってこれを廃し、これを断爛朝報といって、貢挙にも用いず、学官にも立てなかった、と言っている。このような批評は、あたかも司馬温公が孟子を難じて『疑孟』を作ったのは、政治的に反対の地位に在った王安石が非常に孟子を尊んでいたために、これに対立する考で作ったものであるというのと同じく、まったく信用するにたらない説である。ただこれをもって、当時の党人どもの気風を見ることができるのみである。思うに、王安石は、易と春秋とは難解であり、且つ実際の政治上に役に立たないものとして、これを斥けて取らなかったものと思う。どこまでも彼の学問の実用的な態度によって一貫されていることが見られるのである。

「断爛朝報」には、また弁護するものがある。李穆堂《りぼくどう》によれば、王安石の門人の陸佃《りくでん》・龔原《きょうげん》が、分からぬところを欠文としていたのを、王安石が見て、笑って断爛朝報にひとしいではないかと言ったことから出たのであるという。しかし、私は断爛朝報は大した問題ではないと思う。王安石については、後世多くの非難があるが、ただ陸象山や顔習斎は、その人物・学識を推賞している。

次ぎに、蘇東坡は、名は軾《しょく》、字《あざな》は子瞻《しせん》、東坡居士という。蜀の眉州の人である。その父は蘇洵《そじゅん》、字《あざな》は明允、老泉先生という。その弟は轍《てつ》、字《あざな》は子由、欒城《らんじょう》先生といい、または潁浜《えいひん》と号する。父子兄弟ともに学問にもすぐれ、文章が巧みであったために、「三蘇」といって尊敬されている。

蘇洵には、『嘉祐集』『老泉先生全集』、および『諡法』などあり、また『六藝論』は、彼の学問における造詣を窺うにたる。

東坡には『易伝』がある。欒城の序文によると、これは初め老泉が手をつけたが、中道にして死んだので、二子に遺言してこれを成就させたものであり、三人の合作に成ったものである。子由も時々意見を書いて送ったといい、また主として東坡が担当したので、東坡の『易伝』というと記してある。東坡には大部の文集が伝わっており、世間にもてはやされていることはいうまでもない。

子由にも、文集のほかに詩と春秋と老子の解釈があり、『古史』などがある。東坡の『易伝』と子由の『老子解』は、禅を混えて易や老子を解釈したものであるとして、当時、非難を受けた書物である。朱子が『雑学弁』を作ったのも、主としてこれらの書物を攻撃することを目的としたものである。その文学上における影響の大であったことは、もとよりいうまでもない。

司馬光。当時、政治上において王安石と対抗してもっとも有力であった学者に、司馬光がある。司馬光、字《あざな》は君実、温公という。陝《せん》州の夏県の人である。その政治上の地位は、尚書の左僕射から門下侍郎を経て、ついに王安石に代わって宰相となり、王安石の新法を止めた。哲宗の元祐元年（1086）に没している。諡《おくりな》して文正という。

彼の著述としてもっとも有名なものは、『資治通鑑』である。これは歴代の君主があまねく古来の歴史を通覧することのできないのをうらみとして、その要領を取って編年体に記述したものである。その歴史を書く態度は、まったく客観的事実に重きを置く。ただし政治上の史料として作られたものであるがために、直接に政治に関係を持たない事柄は、いかに有名な事柄といえども、これをはぶいた。この点において、後世、司馬光の態度を非難する者があるが、この態度もまた一つの見識といえる。

この書物は大部なものである。もちろん、司馬光一人が作ったものではない。その属僚に劉攽《りゅうふん》・劉《りゅう》恕《じょ》・范祖禹《はんそう》がおり、おのおの年代を分担した。初めは種々の書物から細大の事実を網羅した。これを『通鑑長編』という。それを司馬光が取捨し、大覧して精選したものが、『資治通鑑』である。彼らが通覧した参考資料は、正史のほか、雑史三百二十二種にも及び、そのほか小説・雑録までも参考にしている。このことは、その史料の蒐集がいかに精密であったかを物語るものである。

その後、朱子がこの資治通鑑に続いて『通鑑綱目』を著わすに至って、朱子学派の人人は、朱子を尊崇するのあまり、資治通鑑を廃して綱目のみを読むに至った。もちろん、歴史としての価値は通鑑がはるかにまさる。朱子が綱目を著わしたのは、歴史を作るためではなく、自分の道徳理想によって通鑑に現われている事実を採り、褒貶・黜陟を行なうたものである。あたかも孔子が春秋を製作した際における態度を倣ったものである。しかし朱子の道徳的理想は極めて厳格であって、一毫の人欲があれば、いかなる功業があっても悪しとするので、その人物批評は、貶することはあっても、褒めることは殆んどないのである。

この通鑑において特に有名なことは、正統論である。中国においては、大体、革命があった後に、全国が統一されずに、幾つかの国が同時に並び立つ場合がある。この場合に、いずれが正統の天子であるかの問題が起こる。司馬光は、三国の時代においては、魏を正統とする。その主張するところは、やはり事実に基づくのである。魏の曹丕《そうひ》が漢の天下を奪い取ったことは、道徳上は逆賊であるが、しかし事実の上から見れば、明らかに漢に代わって帝位を践んだものであり、且つ中国の中央におり、領土も広く、勢力の及ぶところも大で、到底、呉や蜀が一方に偏在して、その勢力の微々たるものとは比較にならない。歴史では、人格を問わず、事実上の権力を問題とせねばならぬ。且つ蜀の劉備は、漢の一族であるといって、漢の皇室を回復することを口実としているが、しかし、果して劉備が漢室の後裔であるか否かは、彼が長く民間にあったために、判然しない。故にむしろ実権を持っていた曹丕を正統の天子と認めるべきである、とするのである。

しかるに朱子に至っては、大義名分を明らかにすることを目的とし、その行為の動機に重点を置いたために、事実はともかく、漢の朝廷を奪った魏を正統とすることはできないとしている。もっとも、三国の蜀を正統とするのは、朱子にはじまったわけでなく、晋の習鑿歯《しゅうさくし》の『漢晋春秋』においてすでにその端を発している。しかし、朱子は、たとえこのような先駆者の説がなかったとしても、彼の理想的立場から、蜀を正統としたことは明らかである。

この朱子の正統論は、後世に大きな影響を与えた。我が国においても、水戸で『大日本史』を編纂した際に、南朝を正とし、北朝を閏とし、神功皇后を皇位に加え、帝大友を本紀に入れていて、その法が厳密である。しかし、大日本史の編纂以前には、南朝北朝について、このような考はなかったのである。この時にこのような正統論が現われたのは、水戸侯の客臣として来朝した朱舜水や、そのほか、この事業に関係した人人がすべて朱子学派の人で、朱子の綱目の影響を受けることが大きかったために、ついに日本でもこのような正統論が取られるようになったのである。

中国における正統論は、その論者の生存していた時代の事情が、その学説に大きな影響を与えている。すなわち宋代においても、北宋の人は、司馬光をはじめとして、多くの人が三国において魏を正統とした。それは司馬光の仕えた北宋の太祖趙匡胤は、後周の帝位を奪って立った人だからである。当時は、後周・北漢・南唐が鼎立していて、その状態はあたかも三国時代に似ており、宋の位置は、漢を奪った魏に似ている。したがって、北宋の臣子たる司馬光らが、意識的または無意識的に、魏をもって正統と考えるようになるのは、当然である。南宋すなわち朱子らの時代には、宋は江南地方に偏安し、その国情は、三国時代に比べると、蜀に似ている。三国時代において魏が領有していた中国の中原地方は、金国によって領有されている。故に南宋の臣子たる者は、実際上の勢力に根拠を置かずして、系統の上から判断して、蜀をもって正当とするに至ったのである。これまた勢のやむを得ざるものがあると思う。

次ぎに司馬光の著述として『易説』と『潜虚』の二書がある。これはいずれも未完成の書物であるが、しかし今日に伝わっているところによって、大体を推測することができる。

易説は永楽大典に引かれているものが今日に伝わっている。六巻である。その解釈は、一卦について三四爻または一二爻だけの解釈があり、あるいはまったく解釈のないものもある。ただ繫辞伝の解釈だけは殆んど完備している。これは宋の晁公武の『郡斎読書志』の中にも未完成の書物といっているから、司馬光の書いた真本は完結しないままに残されたものであると思う。司馬光は、その韓秉国《かんへいこく》に与えた手紙の中に、王弼の易は老荘をもって易を解釈したもので、易の本旨ではなく、拠りどころとなすにたらぬ、と言っている。これから見ると、その考は王弼のような道家の虚無の思想を斥けて、新しく易の解釈を立てることが目的であったらしい。易説の総論を見ると、易は数のためにするか、義のためにするかとの問に対して、両者これをなすべきものなりと言っており、二者いずれか急にすべきというのに対して、義が急であるが、数もまた急である。何故に数もまた急であるかといえば、義は数より出るからである。何故に義が数より出るかといえば、礼・楽・刑・政は陰陽から、仁・義・礼・智・信は五行から出るからである、と言っている。故に君子が義を知って数を知らなければ、礼楽もこれを統ぶるところなし、という。

しかるに、その易説を見ると、陰陽五行そのほか、数に関する解釈ははなはだ少なく、むしろ日常の道徳を標準としてこれを解釈したものが多い。その解釈の中には、詩・書・論語などの語を引用しており、また春秋時代、あるいは秦漢以来の歴史上の事実を引用して、解釈を試みている。大体において、先儒の旧説を襲わず、日常道徳の書物として解釈しているように見える。例えば、同人の卦の象《たん》を説明して、「君子樂與人同。小人樂與人異。君子同其遠。小人同其近。」（君子の楽しみは人と同じ。小人の楽しみは人と異なる。君子はその遠きを同じくし、小人はその近きを同じくする。）といい、また坎卦の大象を説明して、「水之流也。習而不止。以成大川。人之學也。習而不止。以成大賢。」（水が流れる場合、流れつづけて止めないと、大川を作り上げる。人間の学問においても、学びつづけて止めないと、大賢ができ上がる。）とし、また咸卦の九四の爻を説明して、

心苟傾則物以其類應之。故喜則不見其所可怒。怒則不見其所可喜。愛則不見其所可悪。悪則不見其所可愛。

心が傾くと、その方向に応じて物が反応してくる。それ故に、喜ぶと怒るべきものが目につかず、怒ると喜ぶべきものが目につかず、愛すると憎むべきものが目につかず、憎むと愛すべきものが目につかない。

という。このように、極めて平易な日常道徳をもって解釈している部分が多い。これは従来の易の解釈として類を見ないところで、後に出る程伊川の『易伝』の先駆をなすものといえる。

『潜虚』もまた未完成の書物である。『郡斎読書志』には、此の書物は五行をもって基本となす、五行相乗して二十五となし、これを両して五十となす、そのはじめに気・体・性・名・行・変・解の七図があるが、辞の欠けるところがある。未だ完成していないのであろう、と言っている。今日に伝わっている潜虚は、「五十」が「五十五行」になっており、さらに「命図」があって八図となっている。おそらく後人の補うたものであろう。しかし、その原本が伝わらないために、しばらく今の書物に拠

って窺うのほかはない。その序論に、

萬物皆祖於虛。生於氣。氣以成體。體以受性。性以辨名。名以立行。行以俟命。故虛者物之府也。氣者生之戸也。體者質之具也。性者神之賦也。名者事之分也。行者人之務也。命者時之遇也。

万物はみな虚にもとづき、気に生じる。気はもって体を成し、体はもって性を受け、性はもって名を弁じ、名はもって行を立て、行はもって命をまつ。故に虚は物の府であり、気は生の戸であり、体は質の具であり、性は神の賦であり、名は事の分であり、行は人の務であり、命は時の遇である。

といい、図を画いて、それぞれ説明している。

しかし、その内容はきわめて不可解である。一体、この書物は前漢の揚雄の『太玄』に倣って作ったものであり、揚雄の太玄は易をまねて作ったものである。当時、劉歆が太玄を評して無用の学となし、後人がこれをもって醤瓿《みそがめ》に覆《は》るであろうといったと言われている。揚雄も自分の書物が当時に理解されないことは十分に承知していた。そしてただ後世に自分の著作の意味を解する者のあることを期待している言葉がある。司馬光は正にその期待された人の一人ということができる。司馬光はこの太玄を大いに尊重して、太玄を読んで後に易を読めば、易は形を変えて、真に天地の秘を開くものなりと言い、これをもって孔子につぐべきものであるとなし、太玄のために集注を作り、且つみずからこれに倣うて潜虚一巻を作ったのである。

司馬光が易説において老荘の虚無思想を排斥しているにかかわらず、易に基づいて作った潜虚においては、宇宙の根本原理として虚をとっていることは、矛盾した考のように思われる。しかし、老荘のいわゆる虚が儒家のいわゆる日常道徳を否定する原理であるのに反して、司馬光のそれは、儒家のいわゆる日常道徳を演繹し出すところの根本原理としているところに、いちじるしい相違がある。ただこれを虚と名づけたことは、如何に弁解の辞を弄するとも、老荘思想の影響であることに間違はない。張横渠が後に宇宙の根本原理を「太虚」と名づけたことも、またこれと同一の範疇に入るものであると思う。

宋の張敦実は、『潜虚発微論』を著わして、潜虚の解説を試みている。その終わりに潜虚の哲学を論じて、次ぎの如く言っている。

物あり混成し、天地に先き立って生ず、強いてこれを名づけて道となす。太極の元気は三を函して一となす、衍してこれを伸べて五十五にする、これを数という。天地の位をさだめ、万類の形をなすゆえん、また天下国家の治を致すゆえんは、悉く道と数とにほかならない。……温公の平生の著述をもってこれを論ずるならば、その古来興亡の跡を考えて資治通鑑を作ったのは、これを潜虚より見れば、筆学である。心を太玄に留めること三十年、種々の説を集めて注を作り、また潜虚の書を作る。通鑑よりこれを見れば、心学である。今の世、筆力の及ぶところについては、家々その書を伝えて読んでいるが、心思の及ぶところに至っては、見る者伝えず、伝える者習わない。……もし道が微妙を極め、日常の間に現われないならば、道の尊さはない。故に易にいわゆる人道は、日常の仁義に過ぎない。揚雄の太玄にいうところの大訓も、忠孝に過ぎない。潜虚にいう人の務も、五十五行に過ぎない。しかしてこれを推し自然に基づいて三百六十五度に配するのである。日月は一度を間違えても、運行を完うし得ない。人間も一行をはずせば、徳を完うすることはできない。これが司馬光の述作の真意である。

と言っている。司馬光の潜虚の説を日常生活の根本原理を説明する一つの原理と考えたことは、妥当な解釈であると思う。

次ぎに、司馬光は宋の理学においてやかましい問題であった性論に論及している。それは『疑孟』の中に述べている。疑孟は、司馬光が孟子の説において承服し難いところ十数ヵ条を列記して駁したものである。その主な点は、王覇を非難するのと、孟子の性善論を反駁するのである。

彼の性論は、やはり揚雄の性は善悪混ずるという考に基づくもののようである。孟子が詭弁を弄して、その性善説をどこまでも弁護しているところを非難しているのである。しかし、この点においては、後の朱子学派の非難攻撃を受けないわけにはいかない。

朱子ならびに朱子学派は、その哲学的基礎として孟子の性善説を承認して、さらにそれを哲学的な立場としているので、その反対派たる司馬光の性論に対しても、前述の如く、これを攻撃してやめないのである。殊に揚雄は朱子学派においてはもっとも忌み嫌う人物である。司馬光がこの揚雄を祖述することにあきたらぬものがあるのは、当然である。揚雄は王莽に仕えた点で、人物の上において、従来、非難されているのであるが、学問の上では、今日までしばしばこれを祖述する者があり、その学問・文章を揚雄まで復帰しようとしたものは多いのであって、司馬光もその一人である。しかし、朱子は通鑑綱目において揚雄に筆誅を加え、「莽大夫揚雄死」（莽の大夫の揚雄死す）と記して、匹夫の取り扱いをなし、大いに貶黜の意を表わした。それより以後、揚雄の人物も学問もまったく採るにたらぬものと考えられるようになった。その理由は何処にあるかというに、やはり揚雄の性論に基づくのである。朱子学派が採るところの性善説に対し、有力な異説を唱えている揚雄を憎むことの甚だしいあまり、このようなことになったものと思われる。司馬光は宋一代の立派な人物であったから、朱子もさすがに人物は非難しないが、その学問においては、道を見ることなお浅しといって、そのあきたらない気持を表わしている。またもって宋学者の習気を見るにたる。

司馬光には、このほかに『家範』『迂書』『伝家集』がある。

以上は、宋初の自由討究の気風の盛んな時代の一斑を述べたのであるが、これと同時に、邵雍以下、北宋の五子の学問がある。これは思想的に宋学の大成者である朱子に直接するものであるから、章を改めて述べることとしよう。

第九章　北宋五子

北宋の五子とは、邵康節・周濂渓・程明道・程伊川・張横渠の五人である。これらの人人は、時代からいえば、ほぼ同時代に属し、且つ前章に述べた人人とも、大体、その時代を一にしている。

邵康節《しょうこうせつ》、名は雍、字《あざな》は堯夫、康節先生と称する。その祖先は范陽の人であって、父の代に共城に移り、後にさらに河南に移っている。彼は若い時、非常に才気があり、むしろ豪傑肌の人であって、大いに当世に力を用いようとし、諸方を遊歴した。後に北海の李之才が共城に来た時、従うて李之才から図書・先天・象数の学を受けた。刻苦数十年の後、ついにその妙宗に達し、一種の哲学を立てた。彼は性質きわめて高尚であって、貧苦に在っても依然としてみずから楽しみ、朝廷でしばしば遺逸を召された時にも、推薦をうけたが、病と称してついに仕官しなかった。彼はよほど神秘的な人で、洛陽の天津橋上に立って杜鵑の声を聞いて、将来、南人が用いられて天下が乱れるであろうと言った。はたして王安石が用いられ、中国の天下は混乱に陥った、と伝えられている。

彼は李之才から学を受けたが、師の李之才は穆修に、穆修は种放に、种放は陳摶から、その学を受けた。陳摶は宋初の有名な隠者であり、道士である。陳摶から伝わった「図書」・「先天」・「象数」の学は、実は道家から出たものである。故にその学説は、朱子には喜ばれたが、後世、清朝の学者たちは儒家の思想にあらずとして、これを採らない。彼の学説は数を基本とするものであって、数をもって世の治乱興廃を説明するのである。ただその数を如何なる理由によって彼のいうように導き出して来るかという根本の議論に至っては、不明瞭である。程伊川は友人であったが、邵康節の説を信じない。邵康節は何とかしてこれを知らしめようと務めたが、伊川は逃げて相手にしなかったといわれる。

彼の著述の主なものは、『皇極経世書』十二巻である。これは『観物内篇』に当たるものである。このほかに、『観物外篇』『漁樵対問』『伊川撃壌集』がある。観物外篇は、彼の死後、その門人が書き記したものである。漁樵対問は、今日、彼の所説といっているが、四庫提要にいうように、彼の自作ではないようである。伊川撃壌集は、詩文を集めたものである。いま皇極経世書によって、その説の概要を述べることとする。

邵康節はまず観物から説明している。

およそ物を観るということは、眼をもって見るに非ずして、心をもってするのである。これを観るに心をもってするに非ずして、理をもってするのである。聖人がよく万物の情を一にするゆえんのものは、その理をよく反観するがためである。これを反観するゆえんのものは、我をもって物を観ない。我をもって物を観ないというのは、物をもって物を観ることである。すでに物をもって物を観るならば、その間に我はない。

要するに、彼の意味は、主観的に物を観ることを排して、純粋に客観的に物を観るということを説明したものである。

次ぎに、彼は客観的に物を観た結果を述べて、次ぎのようにいっている。

物の大なるは天地にしくはない。しかりしかしてまた尽くすところあり。天の大なるは陰陽これを尽くし、地の大は剛柔これを尽くす。天は動に生じ、地は静に生ずる。一動一静、交わって天地の道はこれを尽くす。動の初めにはすなわち陽が生じ、動の極には陰が生ずる。一陰一陽が交わって、天の用はこれを尽くす。静の初めに柔が生じ、静の極には剛が生ずる。一柔一剛が交わって、地の用はこれを尽くす。しかして動の大なるもの、これを太陽といい、動の少なるもの、これを少陽といい、静の大なるもの、これを太陰といい、静の少なるもの、これを少陰という。太陽を日となし、太陰を月となし、少陽を星とし、少陰を辰という。日月星辰が交わって、天の体これを尽くす。剛柔にもやはり太少の区別があり、太柔を水となし、太剛を火となし、少柔を土となし、少剛を石となす。水・火・土・石が交わって、地の体これを尽くす。

彼の子である伯温《はくおん》の解説によると、日・月・星・辰は天の四象であり、水・火・土・石は地の四体である。従来、金・木・水・火・土を五行といっているが、五行は後天であって、四象・四体は先天である。先天は後天の因って出ずるところ、水・火・土・石は五行の因って出ずるところで、さらに根本的な物であるという。そして五行が水・火・土・石から発生する、もしくはそれと密接な関係を持つことを説明しているが、その説明ははなはだ徹底していない。

ところで、この天の四象と地の四体とは、それぞれ関係をもつものがある。ひとりこの両者が関係を持つばかりでなく、人間の耳・目・口・鼻、血・気・骨・肉、寒・暑・昼・夜というように、すべてを四つのカテゴリーにあてはめて、四体・四象と関係させる。はなはだしいものは、さらに皇・帝・王・覇、易・詩・書・春秋までもあてはめて説明している。その一斑を示すと、次ぎのようなものである。

太陽―日―暑―性―目―元―皇
太陰―月―寒―情―耳―会―帝
少陽―星―昼―形―鼻―運―王
少陰―辰―夜―体―口―世―覇
少剛―石―雷―木―気―歳―易

少柔—土—露—草—味—日—書
太剛—火—風—飛—色—月—詩
太柔—水—雨—走—声—時—春秋

これは、もちろん、人為的のものであって、その相関関係は了解できないものである。

この内で、元・会・運・世および皇・帝・王・覇を説明しよう。元とは世界の発達して、ある時期に達した場合をいうのである。これに達するには、会・運・世などの年数を積み重ねて行かねばならないが、その根本は、時から発達して行くのである。古は十二辰によって時を表わす。十二辰を一日、三十日を一月、十二月を一年とし、三十年を一世とし、十二世を一運、三十運を一会、十二会を一元という。すなわち十二と三十の倍数をかわるがわる取って行って一元に達するのであって、一元は十二万九千六百年である。この一元に到達すると、天地はここにおいて一変し、さらに元に返って再び発展を始める。万物もまたこの時間的の順序によって発展を遂げて行き、一元に達すると、あらためて元に返る。もっとも元に返るといっても、初めと同一のことをくり返すという意味ではない。その間に発展を認めているもののようである。そしてこの発展に従って、元の元とか、元の元の元とかいう風に発展して、尽きるところを知らない。邵康節の時間の無限性に関する思想は、上述の如きものである。

彼はその時の間に継起する社会の変遷を如何に考えていたかというに、それは元・会・運・世に対照させている皇・帝・王・覇が、これを示している。これはそれぞれ政治上の原理を異にするもので、すなわち道・徳・功・力がそれである。しかしてその皇・帝・王・覇は、同時に易・詩・書・春秋と対照している。これらの書物がそれぞれの政治の様式を代表していると考えたもののようである。

しかるに、この皇・帝・王・覇と元・会・運・世との関係については、この書物では不明瞭な点が多い。すなわち、この社会というものは、世の進むに従って向上発展するものか、またはその反対に、堕落するものであるかというような点を、明らかに示していない。ただその書物の中に、

孔子賛易自羲軒而下。序書自堯舜而下。删詩自文武而下。修春秋自桓文而下。自羲軒而下。祖三皇也。自堯舜而下。宗五帝也。自文武而下。子三王也。自桓文而下。孫五覇也。

孔子は、易は伏羲・神農より以下を賛し、書は堯・舜より以下を述べ、詩は文王・武王より以下をえらび、春秋は桓公・文公より以下を編修した。伏羲・黄帝より以下にしたのは、三皇を祖とするのである。堯・舜より以下にしたのは、五帝を宗とするのである。文王・武王より以下にしたのは、三王を子とするのである。桓公・文公より以下にしたのは、五覇を孫とするのである。

という。また「三皇春也。五帝夏也。三王秋也。五覇冬也。」（三皇は春、五帝は夏、三王は秋、五覇は冬である。）ということから推すと、この社会は皇・帝・王・覇の順序に、治平から衰乱に堕落し

て行くと考えたように見えるのである。しかし前の配当表において、少陰・少陽・太陰・太陽の順序に陰陽の道は発展し、また時間も世・運・会・元の順に発展してゆく。この少陰・世に対して覇を配し、少陽・運に対して王を配し、太陰・会に対して帝を配し、太陽および元に対して皇を配するところより考えると、社会は覇・王・帝・皇の順序に、衰乱から治平に進歩発展すると考えたようにも思われる。彼の思想、ならびに皇極経世書の全体から考えると、後者のように考える方が、彼の真意を得たもののように思われる。

もしこのように解するならば、彼の考は公羊家の考と一致するものである。近ごろ、四川の廖平《りょうへい》という公羊学者が、邵康節の説に基づいて、社会発展の理法を考えていることも、当然のことと思われる。廖平は皇・帝・王・覇の代わりに、道・徳・仁・義を配しており、また経書においては、易・詩・書・春秋をこれに配し、それによって政治進化の階段を示している。邵康節の図表と多少は相違するところもあるが、正にその考を換骨奪胎したものにほかならない。

この邵康節の皇極経世書は、その法を『大衍暦』に汲みとったといわれている。大衍暦は唐の僧一行の製作であって、印度の暦法を加味したものである。また邵康節が五行説を却けて、これを四つの範疇にまとめたことは、仏教の「四大」から考えついたもののようである。この全体の思想の上には、印度思想、すなわち仏教を通じての印度の影響が多分に行なわれている。

彼が道家から受けた影響は、『先天図』に見られる。これは易の発生について、「八卦次序之図」「八卦方位之図」「六十四卦次序之図」「六十四卦円図方位之図」というものを挙げて、これらはすべて伏義から伝わったものとしている。その八卦の次序および方位に対する配当は、特色を持つものであって、従来の易学者の考とは異なる。

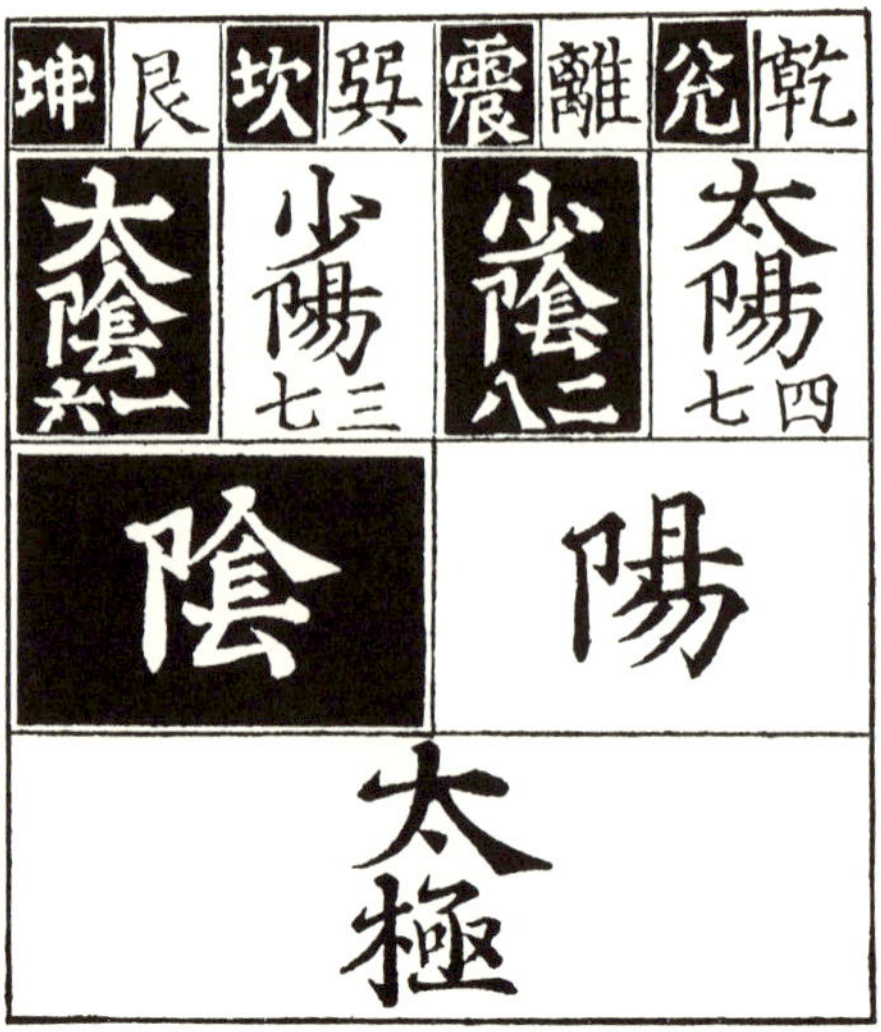

第１図　八卦次序之図

第２図　八卦方位之図

さらにこの八卦が二分して十六となり、それがさらに三十二となり、それがさらに二分して六十四となったものが、すなわち六十四卦である。それは乾・夬・大有からはじまって、比・剝・坤に終わっている。また八卦方位の図は、前頁のとおりである。これはすなわち邵康節が李之才から受けた易の伝である。朱子の易は、その根本において、その説を採っているところが多い。清朝に至って、黄宗義・黄晦木らが出て、これが道家思想に出ることを指摘して、これを駁撃し、経学の上で問題を起こしたのは、すなわちこれである。

周敦頤《しゅうとんい》。字《あざな》は茂叔、道州の営道の人である。後に廬山の蓮華峰の下に居を構え、郷里の営道濂渓に似ているところから、その家を濂渓書院と称したので、世人が呼んで濂渓先生といった。熙寧六年(A.D.1073)に五十七歳をもって卒す。かつて地方の行政官となり、治績が大いにあがったが、恬淡無欲の人であって、官を辞して学問に従事した。その地方官であった時、年少のために長官から認められなかった。しかし、後に河南洛陽の程珦《ていきょう》が長官となり、共に語って大いにその学問に敬服し、結んで道友となり、二人の子をこれについて学ばしめた。その二人の子が程明道・程伊川である。その著述を集めたものを『周子全集』といい、中でも『太極図説』と『通書』がもっとも重要なものである。

太極図説は、太極図に解説を加えたものである。

この太極図ならびに周子の太極図説については、種々の解釈があるが、いままず朱子の解釈によって、その意味を考えてみる。

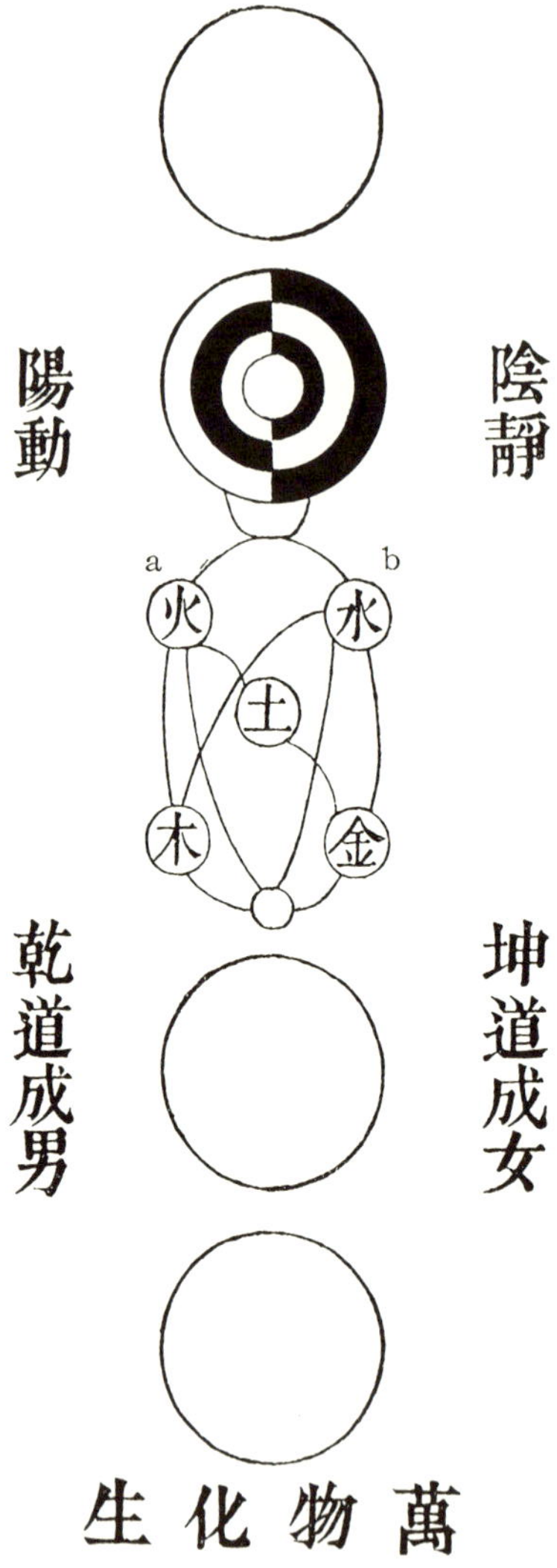

第３図　太極図

はじめの図は、無極にして太極をあらわす。太極はもともと名状し難いものであるから、しばらく円満にして虚無な状態をもって表わす。朱子の説によると、無極にして太極というのは、動いて陽、静にして陰なるゆえんの本体である。無極にして太極なる本体は、陰陽を離れて存在するものではないが、しかしながら、陰陽と太極とは同一のものでない。何となれば、太極は理であり、陰陽は気であるからである。

次の図は、本体が動静によって陰陽となることを表わした。中心の円は本体であって、白は陽の動を示し、本体の用の行われるゆえんを示す。黒の部分は陰の静で、本体の立つゆえんを示す。

第三の図は、陽が変じ陰が合して水・火・木・金・土の生じることを示したものである。ａは陽の変であり、ｂは陰の合を示したものである。水は陰の盛んなるもの、故に右におり、火は陽の盛んなるもの、故に左におる。木・金は水・火に次ぐ。土は沖気で、陰陽に変じない。故に中央におる。水・火の関係は、陰は陽に根ざし、陽は陰に根ざす。水よりして木、木よりして火、火から土、土から金、金から水に還る。五行相生をもって循環する。しかして人類ならびに万物を造り出すことを最下の○にて示す。

第四と第五の図とは、第三図の最下の円を別に出したものである。第四の図は人類の発生を、第五の図は万物の発生を示したものである。

いま朱子の注を基として、図説に現われている周茂叔の意を約説しよう。彼は宇宙の根本原理を太極という。この太極は易繋辞伝に出ている言葉で、周子みずから作ったものではない。彼の独創は、太極の上に「無極」を加えたことである。この無極を加えなければ、十分にその思想を表わすことができなかったためである。この無極にして太極とは、畢竟、一つの原理を示したものであるが、その原理が絶対無限であるところから、無極と名づけたものである。彼の考では、もしこの原理が有限であったならば、万物の本となることはできないとしたためである。しかるに、この物はまた同時に実体でなくてはならぬ。その実体を示すがために、またこれを太極といった。無極にして太極とは、つまりこの原理の二つの方面を表わすために用いた言葉である。この原理は、その動静の二つの作用から陰陽五行を生じ、ひいて人類万物となるのであるが、人類万物の雑多な現象も、その源を溯れば、無極にして太極なるものに帰着するというのが、彼の根本の考である。しかしてこの太極は万物に超越しているものではなく、あらゆる万物に入り込んでいる。換言すれば、万物おのおの太極あり、万物を離れて太極があるのではない。以上に述べた道理を、周子は次ぎの言葉をもって言い表わしている。

無極而太極。太極動而生陽。動極而静。静而生陰。陰極而復動。一動一静。互爲其根。分陰分陽。兩儀立焉。陽變陰合。而生水火木金土。五氣順布。四時行焉。五行一陰陽也。陰陽一太極也。太極本無極也。

無極にして太極である。太極が動いて陽を生じ、動が極まりて静となる。静にして陰を生じ、陰が極まりてまた動となる。一動一静、互にその根をなす。陰に分れ陽に分れて、両儀が立つ。陽変じ陰合して、水火木金土を生じる。五気が順に布き、四時が行なわれる。五行は一陰陽である。陰陽は一太極である。太極はもともと無極である。

このように、太極の理と陰陽五行の気が妙合して、宇宙間の万物を造り出すのであるが、その中について、もっともそのすぐれた気をうけたものが、すなわち人間である。したがって、人間の心は、もっとも霊妙であって、理の全体を失っていない。すなわち太極をもっとも完全に具有している。ただし太極は万物に対して名づけたものであるから、人に対していう場合には、特に「人極」という。人に五性があるのは、五行の徳に当たる。人に善悪があるのは、陰・陽・男・女の別があるのと同じ。人の万事は、万物の形に相当するものである。天下の万物は変化して極まりのない如く、人の行動も錯綜して一時も止まるところがない。易の吉・凶・悔・吝は、人事の錯綜したところからいうのである。ただ聖人は、人間の中でも精気をうけ、体と用とを具備することができており、動・静みなその宜しきに合する。これを形容して、中・正・仁・義と称している。中とは過不及のないもので、動についていい、仁も太極についていい、正と義は静に属し、これが体であって、用は体より生ずるから、体を本とする。人間も動・静の二つながらなくてはならないが、人間が道理にはずれた行をする時は、常に動の時である。故に聖人は中・正・仁・義を人の徳として考えるが、その中でも、特に静を主として、人極を立てるのである。つまり、これは周子の世界観から実践道徳を導き出して来たものである。これを彼は次ぎのように言っている。

無極之眞。二五之精。妙合而凝。乾道成男。坤道成女。二氣交感。化生萬物。萬物生生。而變化無窮焉。惟人也得其秀而最靈。形既生矣。神發知矣。五性感動而善惡分。萬事出矣。聖人定之中正仁義。而主静立人極焉。
無極の真と二五の精が妙合して凝《かたま》る。乾道は男を成し、坤道は女を成す。二気が交感して、万物を化生する。万物が生生して、変化が窮まりない。ただ人だけがその秀を得てもっとも霊である。形がすでに生じてしまうと、神が知を発する。五性が感動して善悪が分れ、万事が出来る。聖人はこれを中正仁義に定め、静を主にして人極を立てる。

この周子の太極図ならびに太極図説は、宋の理学において主要な位置を占め、殊に宋学の集大成者といわれる朱子に及ぼした影響は極めて大きい。しかるにこの図説については、従来、種々の議論があり、その解釈に異説がある。またその作者が周子でないという説があり、また周子の作ではあるが、儒家伝来の説にあらずとして排斥する者がある。

まず朱子は、その解釈において、太極と陰陽とを二つに考えて、太極を理とし、陰陽を気とし、太極は陰陽を離れて存在することはできないが、太極すなわち陰陽とすることはできないとし、いわゆる理気二元論を唱えている。また朱子に従えば、万物の変化は陰陽の所為であるが、これをして変化せしめるゆえんの原因は、すなわち理である。すなわち理が先であって、気がこれに次ぐという順序を立てている。この点から、朱子の考は理先気後の考ともいう。

しかるに朱子のこの説に反対する者はいう。天地にわたり、古今を通じて、唯だ一気がある。周子のいう太極は、すなわち気である。太極から陰陽五行が出で、万物を化生するのは、一気が必然の法則に従って顕現するのであって、気外に理はない。また理と気に先後はない。我々がもし理という語を用いるならば、気に条理があって乱れない。すなわち法則に従う性質を有するという点から名づけたところの、気の別名でなければならぬというのである。

また主静についても、朱子は動静を相対的のものと考えているが、これに反対する者は、周子のいう静は動に対する静ではない。前述のように、理気二元に分かつ時は、理は静であり、気は動であるとするが、理気が、本来、二元でないとすれば、動静も二つに分けることはできない。周子のいう静の意味は、相対的な動静以上に立つものである。すなわち、活動のないという意味ではない、というのである。これらは明末の陽明学者たる劉蕺山《りゅうしゅうざん》・黄梨洲《こうりしゅう》の唱えたところで、朱子の理気二元論に対し、気一元論を主張したものである。したがってこれを朱子の「理学」に対して、「気学」という名をもって称する者もある。

以上の如く、反対説があるが、しからばこの両者の内、いずれが周子の本意を得ているかというに、図説には、無極・太極という語はあるが、朱子のいうような理・気という語はない。故に朱子の理気二元説は、そのまま採って周子の思想とすることは早計であろうと思う。しかしながら、周子の図を見ても、太極それ自身と、太極より生じる万物が、同一物でないということは、その第二・第三の図の小円によって太極を表わし、もって陰陽五行と区別している。この点から考えるならば、周子も二元論者であったろうということは、想像するに難くない。

一説によれば、「無極而太極」という語は、もと「自無極而爲太極也」（無極よりして太極をなす）であったという。もしそうであったとすれば、朱子の解釈とはまったく違ったものになる。この点においても、やはり周子が二元的立場に立っていたことは窺われるのではないかと思う。

また周子の「主静」ということについても、朱子の反対論者は、この静をもって相対的の静でないとしている。しかし、その図説や通書を見ると、常に動と静とを相対的に用いている。朱子に反対する者は、朱子のように解釈すれば、その静は老荘のいわゆる静と同様の意味を持つこととなるといって非難するのである。しかし、この主静ということは、ひとり周子に限らず、その後、宋学者に共通の思想であり、且つ周子をはじめ、その後の宋学者が老荘もしくは仏教の思想の影響を受けていることは争えないことである。強いてその解釈を異にして、それらの影響を認めないようにしようということは、無理な試みである。

次ぎにこの太極図説が周子の説でないとして、朱子に反対した者は、陸九韶《りくきゅうしょう》［九淵の兄］である。その意見によると、図説は、同じく周子の著書といわれる通書と、その意見が同じくない。例えば、通書には太極という語はあるが、無極という語はない。太極は易にもあり、儒家通用の語であるが、無極という語は、儒家の書物にはなく、老荘の書物に見えている語である。無極にして太極は、要するに、老荘の無から有を生ずるの考である。また、二程子は周子について親しく学んだのであるが、図説には二程子について一言も言っていない。したがって、これは周子の作ではない。万一に周子の作としても、それは、年少の頃、その学説の定まらぬ時代の作でなくてはならないとする。

朱子と陸氏兄弟は、その学問的立場から、非常に論争をしているのであるが、太極図説に関する議論も、その一つの題目となっている。一体、無極の文字は老荘の書物に見えていて、儒家の書物にないことは事実である。例えば、老子の中に「知白知黒。復帰于無極。」(白を知り黒を知りて、また無極に帰る。)とあり、荘子に、「入無窮之門。以遊無極之野。」(無窮の門に入りて、もって無極の野に遊ぶ。)とある。その他、図説には「根」という字を使っているが、万物の根本の意味に用いた例は、儒家の書物にはほとんどない。しかるに老子を見ると、「玄牝之門。謂天地之根。」(玄牝の門、天地の根という。)という語がある。これらの語から推して、この図説には老荘の臭味が多分に含まれていると見るのは、当たっている。しかし老荘の思想が入り込んでいるが故に、儒家たる周子の作でないとすることは、影響ということを眼中におかないもので、はなはだ当を得ない。

陸子は、また、二程子が周子の図説の思想を祖述していないと言っているが、二程子は、ひとり図説に限らず、周子の学問に対しては、ほとんどこれを祖述するという態度をとらず、ややもすれば、これを無視しようとする傾向を持っていることは、後に述べるとおりである。したがって、この点から推して、図説を周子の作でないというのは、妥当でないと思われる。いずれにしても、陸子の説は、その論拠はなはだ薄弱である。図説をもって周子の作でないと定めることはできない。

ただその図については、由来するところがある。今日の通説では、宋初の道士の陳摶が种放に伝え、さらに穆修に伝えられ、周子に及んだ、ということになっている。これらの人人はいずれも道家の人である。しかしてその図というものは、陳摶がみずから作ったものでもなく、従来、道家の間において伝えられていたものである。ただしそれは、周子の図説にいう如く、万物の発展過程を示したものではなくして、本来、道家の修練法を図示したものである。すなわち図の最下の第五の図は「玄牝之門」と注し、第四の図には「練精化気」「錬気化神」、第三の図には「五行定位」「五気朝元」といい、第二の図には「陰陽配合」「取坎塡離」といい、第一の図には「練神還虚」「復帰無極」という。ここで「玄牝之門」というのは、丹田を意味するのである。道家の考では、五感は丹田の気から生じる。人が丹田に気を満たし、これを静かに上に昇し、これを五臓に徹底させて、身体を鍛錬して不死長生の術を得るところの養生法を図示したのが、本来の図の意義である。したがって、原図は下から上に昇っていることを示しているが、周子はこれをとって、上から下に降し、もって自己の哲学を表わすことにしたものである。

なお周子は、潤州の鶴林寺の僧寿厓を師として学んでいる。太極図なども、この人から伝えられたのではないかという説もある。その詳細は不明として、ともかく周子が道家の思想を多分に受けたと同時に、仏教の思想を受けたことは否み難いことである。清朝の初めに、宋学に対して非常な反動が起こった時に、周子が仏・老の影響を受けていることは、非難の焦点となった。

次ぎに周子の著書として有名なものは、『通書』である。前の太極図説の方では、周子は自分の世界観をうち立て、それから自分の実践道徳を引き出しているが、通書においては、主としてその政治道徳説を展開したものである。通書に「無極」の字がない故をもって、図説と同一著者のものでないとすることは、当たっていないと思われる。

通書に表われた周子の考を要約すると、太極から陰陽・五行・人類・万物が生じ、人類・万物の内にはそれぞれ一つの太極が備わっている。この太極は純粋至善なものであって、人性の善はこれに基づくものである。聖人はその太極を全うしているが、凡夫は形気という妨げによって、太極を完全には維持することができない。さらに下って、動植物その他の万物に至っては、形気が勝って、太極の要素が次第に稀薄となっているのである。太極は本然の理であって、他の語を用いていうと、誠である。天地間の万物は、みな一定の法則によって変化活動していて、昔から今まで少しもその法則から出ていない。これすなわち太極、すなわち誠なるものがあって、しからしめるのである。いまこれを人間について言えば、聖人は太極を全うしたもの、したがって誠のみ。すなわち学者は修養によって聖人になることを目的としなければならない。すなわち、人は、修養によって、形気の私をだんだんに除き去って、純粋な誠の本体に還ることができる、と言っている。

なお周子は聖人の属性を、「誠」「神」「幾」の三字をもって表わしている。その「誠」とは無為である。太極は万物の内に存在しているが、万物の未だ生ぜぬ、陰陽の未だ分かれぬ先に溯って考えるならば、この無為あるのみで、何のなすところもない。これを聖人の体について考えるに、聖人の喜怒哀楽いまだ発せず、思うことなく、慮るところなく、寂然不動の状態にある時には、ただ純粋善があるばかりであって、その状態を誠と呼ぶ。

「幾」というのは、道の微、善悪のよって分かれるところと言っている。太極図においても見たように、太極から動静によって陰陽が生じるが、人間も同様に、純粋善の状態から、一念の動くことによって、善があり悪がある。我々はその善たり悪たるを知って、善念はこれを存し、悪念はこれを捨てて、寂然不動の本体を失わぬように務めねばならない。凡人は静でないために、幾を知ることができない。故に悪念を放任して、これを成長させ、ついになすべからざるに至ってはじめて覚っても、すでに遅い。

「神」というのは、「感而遂通者」(感じて遂に通じるもの)といっている。これは寂然不動の本体が、臨機応変に外物に応じる状態をいったものである。その働きが微妙にしてはかることのできない点から、これを神と名づけている。その他、周子は、聖人について種々の説明を試みているが、要するに、この誠・神・幾の三字が、その中心の思想となっている。

人には賢愚の差はあるが、それは先天的に一定して動かし得ないものではない。故に現在の状態に満足せず、常に向上心を振い起こして工夫を積んで行かねばならぬ。聖人は生まれながらにしてこの属性を備えているが、凡人は、その学問努力によって、その性に復らねばならぬとしている。その復性についてもっとも重要な修養の目標は、無欲ということである。それ故に、周子はいう。聖は学ぶべきか。曰く学ぶべし。要ありや。曰く要あり、一を要となす、一とは無欲なりと。彼はまた孟子の中の「養心莫善於寡欲」（心を養うは寡欲よりよきはなし）という句を引いていうに、自分の考では、心を養うには、欲を少なくして、多少を存せしめるに止まらず、これを少なくして、もって無に至るを要する。無なればすなわち誠が立ち明が通ずる。誠が立てば賢となり、明が通ずれば聖となる、といっている。周子のいわゆる無欲とは、このように、昔から儒家がいうている欲望制限の範囲を通り越して、まったく欲望を排斥する立場に立った。そのいわゆる欲望は、私欲の意味ではなく、形気すなわち我々が自然に有している肉体的欲望のすべてを指すのである。この形気の欲が人の性の真を妨げるものである。その欲は人間の活動する際に生ずるものであるから、人人は、その活動に当たっても、かならず静を主とすべきであるという。こうして、主静無欲が、周子の実践道徳の主要なモットーとなったのである。

しかるに、これらの思想は、本来の儒家の思想ではなくて、老・仏の影響を受けたことがはなはだ大である。儒家がこのような思想上の変化をしたことは、同時に、その思想の社会性というものを著しく減殺することとなったのである。元来、肉体的欲望をまったく否認することは、同時に、人間の生活を否認することでなければならない。たとえこれを徹底的に排斥しなくとも、それに近づくことによって、人間の社会生活からだんだん離れて行かねばならぬこととなる。周子の後、いわゆる宋学者の思想というものが、一面に非社会性を帯びてくるのは、この点にもとづく。

通書の中には、同時に政治論がある。これによると、周子の政治上の原則とするところは、徳化を主とする。上にある者がみずからその心を正しくするならば、天下は治まるというのである。故に曰く、「天は陽をもって万物を生じ、陰をもって万物を成す。生は仁なり、成は義なり、故に聖人が上に在って、仁をもって万物を育し、義をもって万民を正し、天道行なわれて万物順《したが》い、聖徳修まって万民化す」と。またいうに、「十室の邑の人人、耳を提げて教うるも、且つ及ばず。況んや天下の広き、兆民の多きをや。故に政治の要は、その心を純にするのみ。仁・義・礼・智の四者、動・静・言・貌・視・聴の違うことなき、これを純という。しかしながら、人君が如何に心を正しくして人民を化せんとしても、一人の徳は、到底、天下にあまねく民を化することはできない。故に賢才を求めて、これを輔とせねばならぬ」。しかし人君がみずからその心さえ正しくすれば、賢才を得てこれを輔けしめることは容易であるとし、「心純なれば、賢才が輔ける。賢才が輔けるならば、天下が治まる。」などと言っている。

この徳化をもって政治の根本原則とすることは、原始儒教以来、変わるところはないのであるが、しかし原始儒教においては、徳化をもって最高のものとすると同時に、種々の実際上の施設というものも排斥しなかった。しかるに周子ならびにその説を奉ずる後世の儒家は、ややもすれば、徳化をもって唯一無二の政治方針と考え、乱世に当たっても、君主は手をこまぬいて、その治安に復帰するのを待つという状態となったのである。宋の亡びる時に、陸秀夫という者が幼君を奉じて海上に逃げた場合に、彼は幼帝に対して、天下を治むるは君主の一身を修むるに在るとして、舟中で大学の首章を講じた。後世、「舟中大学」といって、迂遠な一例として引かれるようになっているのも、要するに、宋儒の政治論を徹底的に実行したものにほかならない。

程顥《ていこう》。字《あざな》は伯淳、明道先生という。河南の洛陽の人である。初め官吏となることを嫌い、道を求める志が篤かった。諸方に道を聞き、老・釈に出入して、研究すること数十年、しかも何ら得るところなく、ついに却ってこれを儒家の六経に求めて、始めて通を得た、と言っている。彼は、その十四・

五歳のころに、弟の伊川とともに周子に学んだというのは事実であるが、伊川の書いた明道先生の墓標には、「周公没して聖人の道行なわれず、孟軻死して聖人の学伝わらず、先生千四百年の後に生まれ、不伝の学を遺経に得たり。」と言っている。してみれば、その学問は必ずしも周子を祖述したものでないことは、明らかである。少なくとも彼が意識的に周子を祖述したものでないことは明らかである。しかし同時代ではあり、嘗ってはその説を聴いた周子の思想が、二程子に、全然、影響が無かったものといえない。

程子兄弟は、その学説の上に多少の相違がある。しかしながら、『二程子遺書』の中には、明道の言葉と伊川の言葉とを区別しないで掲げてあるものが多い。ある程度以上にこの二人の学説を区別することは、はなはだ困難な場合がある。

この二人の性格については、非常に異なったものがあったようで、明道はその徳性寛厚、人に接するにも温和であり、伊川は気質剛方で、門人に接するにも極めて厳格であった。明道は早く死んだが、伊川は長生している。明道の学説を窺うにたるものは、極めて断片的な語録があるばかりであるが、伊川は著書が多くて、学問上の功績からいえば、伊川の方の影響が大であったといわねばならない。

周子は、無極にして太極をもって宇宙の本体を説明したが、程明道は、無極にして太極の語を用いず、「理」もしくは「天理」という語をもって宇宙の本体とみなしている。そしてこの天理という語については、明道はみずからこれを発明したと言っている。もっとも、この理という語は、易の繋辞伝や孟子にもあり、天理という字も、礼記の楽記に出て来る。しかしながら、これらの言葉を宇宙の原理として用いたことは、明道に始まる。彼の考によると、天地の間に流行しているものは道であり、道は形而上のものである。しかしてその道は一陰一陽にほかならぬ。陰陽は形而下のものであるが、その一陰一陽するゆえんのものはすなわち道であって、これは形而上のものである。そしてこの一陰一陽するところ、換言すれば、陰陽の往来消長することが、すなわち、万物の生生化化するゆえんであって、この万物の生生化化する間において秩然として乱れぬ法則が存している。その秩然として乱れぬ法則の存する点から見て、宇宙の根本原理を理もしくは天理と名づけるのである。

周子の考は、前述の如く、朱子の語でいえば、理気の二元論を立てているようであるが、明道はむしろ理一元論を立てているようであり、その「気」を言うのは、むしろ二次的のものと見ているようである。彼の実践道徳というものは、「仁者以天地萬物爲一體」(仁者は天地万物をもって一体となす)という言葉に立脚しているということができる。本来、天地万物というものは、我と一体である。我が心はすなわち天地の心である。我が理はすなわち万物の理である。その道理を体得した者がすなわち仁者であり、すなわち人の人たるゆえんの道を全うしたものである。元来、人と万物は、宇宙の一部分をなしているもので、同時に、本来、同一のものである。ただ人間以外の万物は、その同一であることを知らない。人間のみが自己の心をもって、天地の心、万物の理を推すことができるのである。しかるに我々がその理を知るということは、必ずしも客観的に一事一物についてその理を究めるということではなく、またそれは不可能なことである。自分の心がすでに明らかであるならば、その理は自然に分かるのであって、彼はこれを「自得」もしくは「神悟」と言っている。すなわち黙識神通をもって、この理を知る方法となしているのであって、これを知るといっても、普通の知力をもって知るものとは違う。

彼はまた性を論じているが、人の性に善悪のあるように見えるのも、これは気稟のしからしめるところである。人の生まれるや必ず気稟なるものがある。すなわち肉体的な要素が存するのである。この肉体的な要素というものは、人の性から離れて存するものでなくして、その中に入り込んでいるものである。すなわち人間の性というものは、あたかも水のようなものであって、水の中には、泉に発して海に至るまで濁らないものもあり、濁るものもあり、その濁る程度にも相違はあるが、しかしその水であることは同一である。人間の性もまた聖と凡によってその内容を異にするものがあるが、いずれも名づけて性といわねばならない。ただ水もこれをとって澄治の法を加えたならば、濁水も清水に還ると同じく、人間もまたその修養によって、その悪なる部分を去って、その善にかえらなければならない。しかしその澄治の方法は、濁水を捨てて清水に取り換えるのではなく、濁水そのものを澄まして清水とするのである。人間の性もまた同様であって、悪なる性そのものについて、これを善に向かわせることにしなくてはならない。

この考え方は、朱子が本然の性と気質の性の二つに分けて、性を二元的に考えているのに対して、明道は一元的立場に立ち、善悪を相対的のものと見ている点において、朱子とは異なるものである。

明道の著述に『識仁篇』というのがある。これは、学問の要は仁を知るにあるということを説いたものである。仁というものは、渾然たるものであって、義・礼・智・信はすべて仁の一部分である。仁を知った時、初めて天地と我と一体であることがわかる。医者の書物に、手足が痺れて自由の利かぬのを不仁という。これがもっともよく仁の意味を表わしたものである。天地万物を一体とするならば、その間に差別がなくなり、不仁者はおのれとおのれ以外のものとを区別し、はなはだしきは父子兄弟の間をもそこなうようなことが出て来、あたかも手足が一体であることを知らないもののようである、と言っている。明道の識仁ということは、畢竟、どういうことを指しているかは、具体的に説明することは困難であるが、その要点は、我と万物とが一体となり、真の悦楽に至るという意味に解せられるようである。

彼は、このように識仁を説いているが、我々は如何にしてそこに到達するか、その方法については、一言もいっていない。仁を識るといっても、普通の知識をもって認識することではなくて、仁の本体を把握し、体得するということである。しかしそれについて、何らの修養上の階梯を示さないことは、後世の学者の非難するところである。人には上根・下根の差がある。明道の教の如きは、上根の者に対してはよかろうが、下根の者の教とはならない。もしこのように教を立てるならば、学ぶ者はただ高遠のことのみに志して、実行を軽んずることとなり、仏教の禅と同じような弊害に陥るものとして、非難する者が多い。朱子もまたその一人で、明道の識仁を説いた一段の説はよし、ただ説き得てはなはだ広く、学者入り難し、という。そして彼の編纂した『近思録』の内にも、識仁篇の語は一つも採用しなかった。明道が理を説くことあまりに高遠であったために、その弟子はみな禅僧のようになり、下面着実の工夫を欠いたことを惜んでいる。

朱子とならんで、その学問に対抗した陸象山は、むしろ明道の説に近く、明の時代になって、陸象山を祖述した王陽明の説は、また溯って程明道の説に源を発したともいえる。これらの学者は、明道の一元論的な世界観というものを、さらに徹底させるべく、その学説を構成して行ったものである。それは同時に、よほど仏教、殊に禅僧の思想に近いものとなって来るのである。朱子の考は、到底、明道とは相容れず、その弟の伊川の学説に多く拠っている。

明道には『定性書』なる著述がある。これは張横渠が「定性しながらなお外物に煩わされるのは何故か」という質問をしたのに対して、答えたものである。その大意にいう。静もまた定であり、動もまた定である。動静同一である。もしただ静のみをもって定とすれば、それは定の真意を知らないものである。横渠は外物を外とし、その外物が己を誘うて、これに従わしめると考えている。これは性に内外のないことを知らないものである。動静内外の別に執着して、その上に出ることを知らないものである。試みに天地を見るに、天地の常態は、その心が万物にあまねくゆきわたっている。しかも一方から見れば、心がない。聖人の常態は、その情をもって万物に従うが、一方から見れば、情がない。故に君子の学は、「莫若廓然而大公。物來而順應。」（廓然として大公であり、物来りて順応するにしくはなし。）と言っている。すなわち人は、みずから私することなく、智を用うることなく、内を是とし外を非とすることなく、内外ともに忘れ、澄然として無事なるを要する。無事なれば定まる。定まれば明らかなり、明らかなれば物に煩わさるることなし、明鏡の物の去来するに委せて、来れば照らし、去れば影を止めざるが如くなるべきである。このことを、聖人が情をもって物に従いながら情がないというのである。

その言うところは、全く禅宗の語録などに見えているところと大差がない。要するに、彼の識仁篇・定性書の説というものは、その外形は易・中庸・論語などの文字を用いているが、その内容は、老・仏、殊に仏教の中でも当時に盛行を極めた禅の思想の影響が多分にあることを看取し得るのである。

程頤《ていい》。字《あざな》は正叔、伊川先生と称す。明道の弟である。彼の学問は、前述の如く、明道と必ずしも同じではない。いま明道の説と比べて、その相違している主なる思想を、次に述べて見る。

伊川は、理と気とを分けて二つとし、宇宙はこの二元から成り立っていると説明する。この思想は、その後継者である朱子によってうけ継がれた。程・朱の両人は、まさにこの点において、その学説を同じくしている。後の陽明学者は、程子の説を曲解して、伊川もやはり明道と同じく陰陽すなわち道と解したものとみなし、朱子の二元論とはまったく関係のないものであると論じているが、この点は陽明学派の解釈が誤っている。

伊川はまた性については、性すなわち理なりと言った。明道もしばしば天理を説いて、自分の独創なりとしているが、理と性との関係については、いまだ明白でないところがある。伊川に至って、理と性とは同一のものであるとしたが、この思想もまた朱子によってうけ継がれている。理は気に附随して万物に入り込んでいるが、人についていえば性であって、性は純粋に善である。しかるに、その性は形体に附随して存するが故に、性のあるところ、すなわち常に気がある。気と性とは互に相離すことのできないものであるから、ある場合には性と気とをあわせ論ずる場合がある。例えば、孔子が「性相近也。習相遠也。」(性は相近し。習は相遠し。)と言った時の性は、性と気とを合わせて言った例である。本来の意味からいえば、性は凡聖同一である。何をもって相近しというのか。これは気質の性について言ったものである。孟子が性を善といったのは、これはもっぱら気を離れて性を説いたものである。故に孔子の性とは違う。後世、性の義が明らかでなく、その善悪について種々の議論があるが、このように区別して見るならば、その間に異論の生じるはずはない、と言っている。伊川は、性を論じて気を論ぜざれば備わらず、気を論じて性を論ぜざれば明らかならずとし、朱子も伊川に基づいて、本然の性と気質の性を分けている。

しかしながら、伊川や朱子のいうような性の考というものは、孔子・孟子の時代にはないのであって、孔・孟の性は、いずれも程子のいわゆる気質の性について言っているのである。孟子はただ孔子の言った意味を、さらに一層、強い言葉をもって言ったものであって、両者の指すところを同じものでないとすることは、まちがっている。仏教に、本然の性、和合の性ということをいうが、程子の考も、要するに、この仏教思想の影響を受けたものと思われる。

伊川はさらに考えるに、性の善ということは、性と情との関係を知れば、極めて了解しやすい。中庸の「喜怒哀樂之未發」（喜怒哀楽のいまだ発せざる）はすなわち性である。「發而中節」（発して節にあたる）はすなわち情であるという。未発の時の善であることは、いうまでもない。発して情となる時に、節にあたれば善となる。節にあたらねば悪である。それでは、喜怒哀楽の未だ発せざる際において、学者が如何なる工夫をなすことができるか。如何にしてそのあたることを求めることができるかというに、伊川は、その未発の前に思うてこれを求めることは不可能である。何となれば、既に思うといえば、未発に非ず、既発に属する。未発の時においては、人は何らの工夫を加えることもできない。ただ、平日、居敬・窮理によって、我が心を涵養しているならば、万事に応ずる場合において、自然に喜怒哀楽がその節にあたることができる。すなわち伊川は、未発と既発の区別をしながら、未発に向かって工夫を用いることの誤っていることを論じている。このような点は、周子がもっぱら主静を尊んだのと、その趣を異にするものがあると思う。

伊川は一方において、性を体とし、情を用とし、善・不善は情から発したものであるとする。そこで、仁・義・礼・智の四端の解釈が、従来の学者と違っている。伊川に従えば、仁・義・礼・智は性であり、惻隠・辞譲・羞悪・是非は情である。この情は孟子のいわゆる「四端」である。端は端緒の端である。性の末が外部に向かって端緒を現わしているのである。四端は性から出たものであるが、四端をもってただちに仁・義・礼・智と同一視することはできない。この点も、朱子によってさらに敷衍され、祖述された点であるが、陽明学の一派においては、この説に対してすべて反対を唱えている。それは根本の考が異なるためである。

一体、孔・孟が道徳をいう場合には、必ず実行について言ったものである。伊川のように言うならば、仁・義・礼・智を行なおうとし、もしくはこれを行なったならば、すでに既発に属し、真の仁・

義・礼・智ではなくなる。つまり鐘の音をいまだ撞かざるに求め、火打ちの火を未だ打たざるに求めるようなもので、これでは、まったく手を下だすところがない。そのいわゆる仁・義・礼・智は、実践からははなはだ遠ざかったものとなる。いまその一例として、伊川の論語の解釈を挙げよう。

孝弟也者。其爲仁之本與。

とあるに対し、伊川は注していう。

蓋仁者是性也。孝弟是用也。性中只有箇仁義禮智四者而已。曷嘗有孝弟來。

仁は性であり、孝弟は用であるといえよう。性の中に仁・義・礼・智の四つがあるのである。孝弟からはじまることはない。

この意味は、実践道徳の上からいえば、仁を体得するためには孝弟から着手すべきであるが、性を論ずる場合には、孝弟が仁の本ではなく、仁が孝弟の本である。すなわち「孝弟は仁の本と為す」と読まず、「仁を為すの本」と読んでいる。伊川の誤は、仁を性とし、孝弟を用とするところから、孔・孟の考えるような孝弟は極めて平凡であることを嫌って、このような面倒な解釈を下したものである。これはやはり他の宋学者とひとしく、仏教の影響を受けて、原始儒教の卑近な実践道徳の範囲に止まることを嫌って、別に高尚な解釈を下だしたものであり、元来、孔・孟の本来の説でないことを知らなければならない。

次ぎに、伊川は、前にも述べたように、その修養の方法として、居敬・窮理を強調している。この居敬は、或いは「存誠敬」ともいう。その敬とは必ずしも周子の主静と同じくないことを弁じている。それでは、伊川は敬を如何に解釈したかというに、「主一無適」といっている。すなわち心が或る事物に集中して、一息の離れることなく、一念の雑わることなきをいう。居敬なれば、自然に居静になるけれども、居静すなわち居敬とはいえない。居静を主とするならば、天下の事物と交渉はなく、敬といえば、我々の修養を意味し、その修練した心をもって天下の事物と交渉するのである。

しかし、単に居敬だけでは、その内容がまったくなくて、不十分である点から、さらに窮理を附加する。窮理とは、客観的事物の理を窮めることである。我々が親に孝行をするのは、ただ居敬の心をもってしてそれでたるかというに、それではいけない。すなわち父母に孝行するとは、温・凊・定・省の細則について、その道理を知って初めてその孝を尽くすことができる。すなわち居敬と窮理とは、相俟って初めて我々の行為を完成させるものである。その一方を欠くことはできない。

伊川はこのことがらを種々の言葉をもって言い表わしている。たとえば、「敬以直内。義以方外。」(敬はもって内を直くし、義はもって外を方《ただ》しくす。)という。その意味は、敬があれば、その心は自然に直く、義があれば、事物の判断が正しい。判断は自分の心に存するが、判断の対象は天下の事物について経験した知識の結果である。敬のみがあって義がなければ、動機は善であるが、結果は悪である。また敬のない義は、結果は善であっても、動機は悪である。

また、「涵養須用敬。進學則在致知。」（涵養はすべからく敬を用いるべし。進学は知を致すにあり。）ともいう。これもやはり居敬・窮理をいうものである。明道は、自分の心が万物の理であり、我が心が正しければ、理おのずから存すといい、その修養法は主静であり、一元的である。しかるに、伊川は、自分の心と万物の理とを二つに分け、理については、客観的にこれを究めるを要するとしている。されば、ここで「知を致す」ということは、客観的に事物の理を窮めることであって、いわゆる格物である。凡そ天下の事物というものは一様でない。一つの事物を格しても、これをすべての事物に推し及ぼすことはできない。しかしながら、今日一件を格し、明日一件を格し、このようにして止まない時には、ついに自ら脱然として貫通するところあるべし、と言っている。もっとも、単に物を格すといっても、緩急がある。一身を急として、万物を緩とする。しかしながら、万物といえども、常に自分と関係を有するから、放任すべからず、一木一草みな意あり、ついに微に入り、その理を窮むべし、と言っている。伊川の後を継いだ朱子が、自然科学に関するような事柄までも、これを論じているところがあるのは、その影響である。

一方において、朱子に対立した陸象山およびその後継者たる王陽明が、程伊川・朱子に対して反対する主な点も、このところに在る。陸・王によれば、毎日一理を窮めて行けば、ついに貫通することあるべしというが、我が一心をもって、どうして万物の理を窮めることができるか。貫通することは何時できるか、大いに疑問である。恐らくは、一生涯、貫通することはできないであろう、といっている。

伊川は格物の方法について種々のことを述べ、あるいは読書して道理を論じ、あるいは古今の人物を論じて是非を分かち、あるいは事物を観察して理を窮める、といっている。

彼はそれと関聯して、知行の関係を述べている。或る人が問うて、「忠信進徳のことは努力して可能であるが、知を致すことははなはだ難しい」といった時に、伊川が答えて、「しからず、凡そ事を行なうに当たっては、まずもって知らざるべからず。例えば道を行くが如く、光明が道を照らさなければ、一歩も進み得ない。堯舜を学ぼうとすれば、まず知るべきは堯舜の聡明叡智である」と言っている。また「これを知って行なう能わざる者なし、知りてこれを行なう能わざるは、ただこれ知り得て浅し」と言っている。これらの点から考えて、伊川は「知」をもって「行」の先に置いていることが分かる。後世、陽明学者の中には、伊川をもって、陽明と同じく、知行合一論者の中に入れる者がある。しかし、伊川の学説をよく究めるならば、この論者は誤っていると思う。

伊川には『易伝』がある。それは象数の解釈を斥けて、まったく義理によって解釈したものである。且つこれは王弼の解釈とは異なり、道家思想をその中に雑えていないところから、後世、朱子の『周易本義』とともに、学者の尊崇するところとなった。

上述の程子の著作はすべて『二程全書』の中に集められている。

張載。字《あざな》は子厚、陝西《せんせい》の郿《び》県の横渠鎮の人である。人が呼んで横渠先生という。古来、宋学を称する場合に、濂《れん》・洛《らく》・関《かん》・閩《びん》の学という。濂は周子、洛は二程子、関は張載、閩は朱子をいう。張載は、初め大いに高名を立てる志があり、范仲淹に逢うて兵を論じたところ、仲淹はその人物に矚目し、「儒者にはおのずから名教の楽しむべきものあり、何ぞ兵を論ぜん」といって、中庸一篇を与えた。ここにおいて、翻然、教に志し、釈・老を研究したが、後に六経を読み、都に行って二程子に会い、年齢からいえば年長であるが、学問上、両人に敬服して、その教を受けている。その後、地方官となり、大いに用いられようとしたが、王安石と意見が合わず、病に托して故郷に帰り、もっぱら学問と教育に従事している。

彼は常に門人に語って、学問は聖人に至ってしかる後に止むべきである。人を知って天を知らず、賢人たらんことを求めて聖人たらんことを求めないのは、秦漢以来、学者の弊なり、といっている。彼の学問は易と中庸と礼をもって中心とし、その理想は孔・孟に至ることを目標としている。

張子の著述として有名なものは、『正蒙』『東銘』『西銘』『経学理窟』『易説』などであり、すべて『張子全書』に収められている。

張子の宇宙論は、『正蒙』の中にある。その論は、要するに、先生の伊川の二元論とは大いに趣を異にし、気の一元をもって万物の根本としているようである。そしていわゆる理気は一つの気の両面であると考えているようである。彼は、易に「一陰一陽之謂道」（一陰一陽これを道という）とあるのを、文字どおりに解釈して、気すなわち道と解釈する。そしてその気が和冲会合の状態にあるのを、「太和」と名づけている。我々は気について次ぎのように考えることができる。すなわち、気が浮沈・昇降・動静の理のみを具えているものについて論ずる場合には、これを気の本体といい、いまだ形の見るべきものがないことから、これを「太虚」という。気が実際に集散屈伸して、形となって現われたものは、すなわち気の用である。しかし太虚といい、有形無形というのも、畢竟は同一物についていうにすぎない。故にもし我々が太虚より気を生ずというならば、それは誤っている。何となれば、それは老子の無から有を生ずる説となり、太虚より判然と区別するからである。

彼の考では、太虚もまた気である。もし人あって、万象は太虚の中に見えるものであるといえば、それは誤である。何となれば、その説は万象と太虚とを区別し、万象は物の形に現われたものである、実在としてはただ太虚のみを指すこととなるからである。すなわち仏教でいうところの、山川大地をもって夢幻とするのと同じである。仏教では、万象はすなわち太虚であり、現象はすなわち実在であるということを知らないのである。それ故に、道理にくらい者は、虚空を体して性となすことを知り、天道に基づいて用となすことを知らない。ただ有の上に無を置くことを高尚のことと考え、儒教と仏教・老荘を混同して一つとなし、道徳の実行に関しては、ますます困難をひき起こしている、と論じている。

彼は、こうして気の一元を主張し、天地の現象はすべて陰陽の作用から生ずるとしている。曰く、陰の性は凝集であり、陽の性は発散である。陽気が昇ってたちまち陰気に遇えば、降って雨となる。何となれば、陽気は軽く陰気は重いからである。陰気が昇って陽気に遇えば、陽気これを助けて飛揚しつつ雲となる。陽気が陰気に伏在して出ることができない場合には、ついに爆発して雷電となって鳴る。陰気が内に凝って、陽気がこれに入ろうとして入ることができず、その周囲をめぐる時は、すなわち風になる、という。

以上のように、陰陽二気の集散によって、その他すべての現象を説明しているが、人の生死についても、また同じ論法を用いている。すなわち、気が集まれば生ずるが、気が散ずれば死するのである。また人には魂魄がある。気が離散することによって人が死ぬのと同時に遊離するものを「魂」といい、集まって形をなし、散じないものを「魄」という。

鬼神もまた同様に説明することができる。「神」は気の伸びたものであり、「鬼」は気の屈したものである、と言っている。従来、鬼神については、学者は或る定まったものを考えているようであるが、張子のように言うならば、これは気の屈伸に存することとなり、畢竟、無神論に帰するのである。原始儒教においても、神というものに対する考ははなはだ漠然としていて、よほど汎神論的な傾向が認められるが、宋学者、殊に張子およびその説をうけ継いだ朱子の鬼神論は、まったく無神論に立っているのである。

また張子はいう。人物の変化は窮まりないが、要するに気の集散であって、その本を考えるならば、一の太虚に帰する。あたかも海水が凝って氷となり、浮いて泡となるが、海自身は少しも変わることのないのと同じである、という。

また我々の注意すべき大切なことは、張子の心の定義である。張子は「心統情性者也」（心は情性を統べるものなり）と言っている。朱子たちは、大いにこの説を称讃し、説明して「心は将、性は兵、情は陣に臨むの軍。将がすべてこれを統括している。未発の体は性であり、既発の用は情である。心は未発・既発を通じてこれを統べる」と言っている。しかしながら、張子が果してこの意味に用いたか否かは、疑問である。何となれば、張子は太虚の一語から万物を導き出すが、その太虚は一つの気にほかならない。朱子のいうように、彼が性と情とを判然と区別したかどうか疑わしい。

また彼は、性に「天地の性」と「気質の性」があることを言っている。朱子はこれを解釈して、自分の学説である本然の性・気質の性と同一のものであるとしている。しかしながら、張子と朱子とは、性に対する考が少しく異なると思う。張子のいわゆる天地の性とは、文字どおり天地の間に存する性であって、人の性ではない。人の性をいう場合は、いわゆる気質の性に限られている。ただし張子の考によれば、人は気を享けるについて清濁厚薄の差があり、それ故に賢愚ひとしくなく、それ故に我我は学問思弁の力によって気質を変化し、その本に帰らねばならない、とする。この気質変化の説というものは、また後の朱子の学説に大きな影響を与えたものである。ただしかし、朱子のいう性は、本然の性・気質の性ともに、人間の具有している性である点において、張子と異なるものである。

次ぎに、『西銘』は、はじめ『訂頑』と名づけていたのであるが、伊川先生の忠告によって、改題したのである。これは短い文章であるが、二程子に称讃された。明道の如きは、「孟子以来、いまだかくの如き文を見ない」と言っている。しかし今日から見ると、大体において明道の識仁篇と同じく、学者は如何にして仁を求めるべきかということに対して、人は天地とその体を同じうするが故に、天地の心をもって心とすべし、しかる時はおのずから公平にして仁に至ることができる、としている。ただ明道よりも一層明白にこの点を言い表わしているだけである。西銘は、次ぎの有名な言葉から始まっている。

乾稱父。坤稱母。子茲藐焉。乃混然中處。故天地之塞。吾其體。天地之帥。吾其性。民吾同胞。物吾與也。

乾は父と称し、坤は母と称す。子はここに藐焉としてある。しかも混然として中におる。故に天地の塞は、わたくしのこの体であり、天地の帥は、わたくしのこの性である。民はわたくしの同胞であり、万物はわたくしのなかまである。

いま朱子の考によってその意味を探ると、人間は天地の意を受けて生まれた乾坤の子、すなわち天地の子である。我々は天地の子として、他の人物と共に、天地の間に住んでいる者であって、我と他とを区別することは、すでに誤っている。すなわち自分の体といえば、普通にはこの五尺の肉体を指すが、実はそれに止まらず、凡そ天地間に塞がっているものは、他の人類をはじめ、山川・草木・禽獣・虫魚すべて吾が身体である。我が性は、視聴言動するゆえんのものに止まらずして、天地の間に言動し、流峙し、生殖し、飛翔するもの、みな我が性である。しかし仮りに我と彼を区別しても、同じく天地より生じたものであるから、同胞ということができる。我々にもっとも近い人類を除いて、その他のすべてのものを党与ということができる。天下は広いが一家の如く、天子は一家の長子の如く、大臣は長子の家婦の如きものであり、我々はすべての人類に対して、兄たるか弟たるか、そのどちらかである。すべての人類は兄弟仲間にほかならぬ。またこの世の中でもっとも憐れむべきは、我我の兄弟であって困苦して訴えることのできない者である。我々はどうしてこれを救わずにいることができようか。我々は天に代わって、これを救わねばならない。あたかも孝子が唯々として父母の命に従うが如くせねばならぬ。孝子は困難なことでも、父母の恩に感謝して、これを怨まない。我々も天地の子であるから、如何に困難をしても、天地に対しては常に感謝して、これを怨むことはできない、と言っている。要するに、我々の天地人類に対する義務を述べ、安心立命することを得る方法を述べたものであって、これは、張子の実践道徳に関するものを要約したと見ることができるであろう。

北宋の初めにおいて、胡瑗・孫復をはじめ、司馬光に至るもろもろの学者は、道徳を高調し、実践を重んじ、いわゆる理学家の風があったが、体系がいまだ出来上らず、完全な理学家とはいえない。理学の真の創始者は、邵子以後の五子、なかでも、二程子の力がもっとも大きい。

当時、五子の理学に対立した大きな思想というものは、前述の李覯・欧陽修・王安石たちの功利学派であった。王安石が執政するに至って、功利派の内部においても互に争いがあったが、同時に、功利派と理学派の間にも思想上の争いがあり、ひいて政治上の争いを生じ、その結果、理学派は大いに圧迫を受けるに至った。ただ、王安石の死後、ややその勢力を拡張することができるようになった。二程子の門人では、謝良佐（上蔡）・楊時（亀山）・游酢《ゆうそ》（広平）・尹焞《いんとん》（和靖）ら、そのほか多くの学者が輩出している。その結果、二程子の学問は、河南・陝西・福建・江蘇・浙江・湖南・四川の諸地方にひろがることになった。なかでも、福建の学問を代表した楊亀山の門人に羅従彦（豫章）があり、その門人に李侗（延平）があり、そのまた門人に朱熹がある。朱熹に至って初めて宋の理学は大成した。もっとも二程子の門人はみな明道・伊川の教を受けているが、明道は前述したように先に死し、伊川がその後、特に長生きしていたために、その門人の多くは特に伊川の影響を受けた者が多い。ただ謝上蔡だけは、その学説が明道に近く、後の陸象山はこの謝上蔡の学より出たといわれている。彼は、主として伊川の学説を継承した朱熹と対立するに至っている。

第十章　朱子の集大成

朱子は南宋の人で、高宗の建炎四年に生まれ、寧宗の慶元六年に卒す（1130〜1200）。名は熹《き》、字《あざな》は元晦、または仲晦、紫陽・晦庵・晦翁・考亭・新安の号がある。父の朱松は安徽省婺源《ぼうげん》県の人である。後に地方官となって福建に至った時、朱子を延平の尤渓県に生む。朱子の学派を閩学というのはこのためである。

朱松は亀山の門人の羅従彦について学んだが、朱子の十四歳の時に死んだ。父の関係から、朱子は同じ羅従彦の門人の李侗の教育を受け、後ついにその学問を大成するに至った。十九歳の時、朱子は進士に及第し、その後、七十年の長い生活の大部分は官吏としての生活を続けている。孝宗が位に即くに及び、詔して天下に直言を求めた。その時、朱子は上書して、帝王の学問は、ほかならず、格物致知によって事物の変を極め、義理の存するところ少しも昧きところ無いようになったならば、自然に意は誠に、心は正しく、天下の務めに応ずることができるようになる。すなわち、政治の要は君主の一心を正すにあり、と言った。これは朱子ばかりでなく、いわゆる理学派の政治に対する根本の考を言い表わしたものである。

朱子は性剛毅にして憚るところがなかった。当時、金人と和睦する議があったが、朱子はこれに反対して、しばしば上書して時事を痛論した。そのために当時の政治家からは忌み嫌われて、ついに地方官に追いやられ、且つまたその学問は偽学なりとして、朱子ならびにその門人に非常な迫害を加えた。しかし朱子は地方官としても非常に成績を挙げたもので、今日の信用組合に相当する「社倉」の建設をなしたことは、彼の創始にかかるものである。またその学問も、朱子の死後、理宗の宝慶三年（1227）に至って、その禁を解かれ、公然とこれを学ぶことができるようになった。いま朱子の学説の大要を、次ぎに箇条的に述べよう。

朱子の宇宙論は、まったく周子の太極図説に基づく。ただ朱子は、この太極をもって理と解釈した点が、前述の如く、周子の考と異なっているもののようである。朱子の太極すなわち理は、形の見るべきものなく、独立自存し、無終無始、万化の根本である。天地より先に自存し、少しの増減もない。太極に二つの原動力がある。すなわち陰と陽である。太極が動いて陽となり、静にして陰となる。陰陽は気であるが、これを生ずるものは理である。理は陰陽せしむる原因である。気はすなわち陰陽そのものである。陰陽は現象にして、太極は本体である。

理気の関係がかくの如くであるとすれば、この二つのものの前後は如何というに、朱子は、理と気とは事物について察するならば互に相離れず、すなわち理外に気なく、気外に理なし、しかるに、天地いまだあらざる以前に溯って考えるならば、理先気後といわざるべからず、としている。

それでは、この太極は万物を超越しているかというに、そうでない。太極は万物を離れて見ることはできない。万物にはおのおの一つの太極が入っていて、万物の無数なるが如く、太極もまた無数である。すなわち天地についていうならば、天地の中に太極があり、万物についていえば、万物の中におのおの太極がある。それでは、万物の中に入り込んでいる太極がもし同一のものとすれば、何故に現象界に差別が出て来るかというに、それは気に精粗の区別がある結果であると言っている。このようにして、朱子は理気の二元をもって宇宙を説明している。そして気すなわち陰陽が如何にして万物を生ずるに至ったか、その順序を説明して、自然科学的論議にまで入っている。

朱子の太極は以上の如きものであるから、これは一つの精神的なものと見なければならない。しかるに、朱子は天地間に主宰者というようなものを認めない。この点の関係というものは、朱子の説明がはなはだ不充分である。思うに、朱子の考では、天地に主宰者というものはないけれども、宇宙はまったく物質のみのものではない。天地万物はそれぞれ精神的な要素を持っているという意味だけのものであろうと思う。その証拠は、朱子は天地に精神のあることを明言している。すなわち易の「復其見天地之心」（復は天地の心を見る）という言葉を説明して、すなわち天地の情を見るべしと言っている。心とか情とかは、すなわち天地に心があるとするものである。もし天地に心がなかったならば、牛に馬を生じ、桃に李の花が咲く。すなわち天地間にこの自然の法則のあることは、天地に精神のある証拠である。

それでは、天地は何をもって心とするかというに、物を生ずるをもって心とする。「四時行なわれ百物成る」とは、すなわち天地の心である。すなわち天地の心はあまねく万物に及び、人はこれを得て人の心とし、物はこれを得て物の心とし、禽獣草木みなそれぞれこれを得てその心としている。畢竟、天地の心一つのみである。すなわち天地の万物はおのおのその太極を有しているが、万物の太極は、畢竟、宇宙の太極と同一であるのである。

これを要するに、朱子の宇宙論は、周子の太極図説から導いて来ているが、その内容においては、伊川の理気二元論が多分にうけ継がれていて、むしろ伊川の学説を継承したという方が、その事実に近いと思われる。

次ぎに、朱子の性論も、やはりこの程子の説をうけ継いで、本然の性と気質の性を区別している。本然の性とは、未発であって、理または天理に属するが故に、至善である。絶対善である。気質の性は、既発にして、気に影響を受けたものであるから、善悪の区別がある。故に我々の第一に務むべきことは、我々の精神を静かにして、外部の誘惑を断つことである。換言すれば、人がその心を修練し、外物のために乱されないようにするならば、その性が中を得て、本然の性すなわち純粋至善なものと同じ状態となる。その状態を、朱子は「敬」という。そして人がもし日夜、敬を持することを怠らなかったならば、聖人の域に至る。敬は修身の第一義で、すべての行いはこれに基づくものであるとする。しかるに朱子は敬をもって必ずしも仏教でいうような無念無想という意味に解していない。敬は動静語黙つねに離るべからざるものとしている。我々は五官を有しているから、外界の事物に接することは免れない。心中無事の時に敬を持することは、勿論、必要であるが、物に接する場合にもまたこの敬を持することが必要である。

この敬を持するという説と同時に説明しておくべきは、朱子の「明徳」の説である。明徳は大学の首章に出て来る文字である。朱子はこの文字によって、理と気の関係を述べている。一体、朱子の明徳の解釈は性と同義である。彼はいう。

明徳者。人之所得乎天。而虛靈不昧。以具衆理而應萬事者也。但爲氣稟所拘。人欲所蔽。則有時而昏。然其本體之明。則有未嘗息者。故学者當因其所發而遂明之。以復其初也。

明徳なるものは、人が天から得たもので、虚霊にしてくらからず、もって衆理を具えて万事に応ずるものである。ただ気稟にとらえられ、人欲に蔽われると、昏らむ時がある。しかし、その本体の明は、やまることがない。故に学者はその発するところによってこれを明らかにし、その初めにかえらねばならない。

すなわち明徳は人が天に享くるところであるという。その天はすなわち理を指していう。人はこの理をうけてみずから善を善とし、悪を悪とする良心がある。「虚霊不昧」は明徳の形容であって、虚は鏡の明らかなるが如く、霊は鏡の照らすが如くである。虚は体、霊は用、天地間のもの一つとして理を具えていないものはない。人もまた一つの太極すなわち小宇宙であるからして、理を具有している。これを「具衆理」という。そしてその衆理を具えている以上は、その用として「万事に応ずる」ことができるというのが、朱子の考である。一部の仏教学者、もしくはこの理学派の中でも主静を重んずる一部の学者の間においては、明徳の本体を明らかにする工夫は、これを重んずるのであるが、同時に万物に応ずるところの工夫を積まない。朱子の考は、このようにして、出世間的から世間的に活動することが、その本来の目的である。

次ぎに、その明徳は人人に具有するものであるが、これを蔽い妨げるものがある。朱子はこれを「気稟」と「人欲」であるとする。気稟は内根的であり、人欲は外染的のものであると説明している。気稟は人間が肉体というものを受けたところの気、すなわちこれを別の言葉でいえば、五行の混合の分量によって生ずるものであって、例えば、木気の勝ったものは柔順に過ぎ、火気の勝ったものが剛穀に過ぎることなどが、気稟である。人欲というものは、眼の色における、耳の声における、四肢の安逸におけるが如きものであって、つまり感覚的欲望を指すものである。これらの感覚は我々の固有しているものであるが、これを満足せしめるものは外にある。故にこれを外染的というのである。この人欲と気稟とは、明徳の障害となるものであって、明徳がこの二つのもののために蔽われた場合は、あたかも鏡が塵垢のために一時くらまされたと同様である。ただ機に応じてこの明徳が発現する場合がある。すなわち赤子の井戸に陥るを見て惻隠の情を起こす。また或いは人の悪事を見て憤慨する場合である。人人は、その明徳の発現したところから着手して、その全体を究め、もって明徳の全体を明らかにするようにしなければならぬ、と言っている。

この性を説くのに、本然の性と気質の性の二者に分けることなどは、伊川の影響であるということができる。その明徳の説において「復初」を説くことなどは、唐の李翱あたりから唱え出した説をうけ継いだものといえる。もちろん、朱子がこれらの影響を受けたほかに、直接に仏教の影響を受けているとして非難する者もあるが、それは思想発展の上からいって、取るにたらぬ議論である。

朱子は、以上の如く、大体において、宋の五子の学問、中でも程子の思想を受けて、いわゆる宋の理学を大成したのである。その「格物致知」の説においても、やはり伊川と同じく、一つ一つ、事物の道理を究明することが知を致すゆえんであると考えたために、一部の宋学者のように、心の修養をもっぱらにして読書を軽蔑するというような風がなく、多くの経典を読んで、これに対して注釈を施している。その注釈においても、訓詁においても、多くは古い注を採用している。例えば、まず『四書』については、程子が礼記の中から大学と中庸を抽いて、これを論語・孟子に配して四書の名を立て、儒学のもっとも肝要な経典としたのであるが、朱子はその章句を正して、これに対して注釈を書いている。

また易については、伊川と立場を異にして、これを本来は卜筮の書物であると見ている。しかし、これに対しても『周易本義』を著わしている。

また詩経についても、朱子は従来の学者と見方を異にし、詩経の中の詩をもって多くは男女淫奔の詩と解釈した。そして儒教の経典としては、勧善懲悪の書物としている。

書経については、朱子の著わすところは無いが、その門人に蔡沈《さいちょう》があって、『書集伝』を書いており、宋学者の尊ぶところとなっている。しかも、その一部は朱子の手に成り、その他の部分においても、朱子の意をうけて書かれたとされている。

春秋においては、朱子は三伝ともに信じない故に、これに対して注はない。ただ朱子学派では胡安国がその『伝』を書いており、朱子学派では、この伝を用いることになっている。

礼については、朱子は『儀礼経伝通解』を書いて、礼に関する自分の学説を出し、同時に周礼を信じて、これについても穏健な説を出している。いったい、宋学者は思索に耽って、礼の如きは古人の糟粕として軽蔑しているのに反して、朱子は、古代人の思想・習慣を見るには礼がもっともよいとして、興味をもっていたようである。

そのほか、歴史の方においては、『通鑑綱目』を著わして、歴史上の事実を自己の道徳論によって評論している。また詩や文章においても、当時の有数の作家であった。彼の学問が当時およびそれ以後においてもっとも栄えたことは、理由のないことではないのである。

これを要するに、朱子の学問は、唐の中葉以後だんだんに勃興して来た新しい思想を集めて大成したものである。これは、畢竟、魏晋以後、漢以来の経学がその社会の人心を支配するにたらなくなった結果として出て来たものであって、この学が一度大成してから、儒教はここに新たな生命を得て、当時ならびにそれ以後の支配階級に対して新しい生命を賦与するに至ったものである。

元の仁宗の時に至って、科挙に用いる注釈は、程朱理学の書物を用いることとなった。明の成祖に至っても、朱子およびその学派の注釈書に対して、さらにその詳細な解釈を集めて、『四書大全』『五経大全』『性理大全』などの書物を編纂して、科挙制度の教科書とした。清朝に至っても、一般の民間の学風には大なる変動が起こったにもかかわらず、国家の学問としては、やはり朱子の注した経書がひとり公認せられていた。そうして清朝の滅亡にまで及ぶのである。

この間、明の時代には、陸象山の学を継承した陽明学が起こり、清朝に至っては、考証学が勃興し、それぞれ朱子学派に痛烈な攻撃を加えたにせよ、実際、その政治上の力には毫も影響を与えず、最近に及んだことは、これひとえに、朱子ならびにその一派が従来の経書に哲学的な解釈を与え、これをして当時の社会にもっとも適切な理論を提供したことによるものと思う。この意味において、後漢の鄭玄と宋の朱子は、中国における二個の偉大なる思想家ということができよう。

あとがき

小島先生が華甲の寿を迎えて、京都大学を定年退官された時、受業生たちが集まって、先生が京都大学でなされた支那哲学史科の普通講義と特殊講義のすべてを、新たに浄写してさし上げた。それぞれ関心のある所に従って、御講義の一つを分担し、同学年のもののノートをよせ集め、彼此参照しながら原稿用紙に写した。先生は、記念事業をいっさい固辞しておられたが、受業生たちのこの贈物だけは、喜んでうけて下さった。それに手を入れて定稿を作ることを、先生も考えておられたのである。そして、そうしていただくことが、もともと、私たちの願うところであった。その目的のために、原稿用紙は、毛筆にもペンにも適する紙質を選び、天地左右に大きく余裕をこしらえ、藍色の罫を引いた。新たに書き加えていただく場合のことも考えて、別に十分に多くの原稿用紙を用意して、提供した。

ここに出版する『中国思想史』は、その中の一つである。前後二年にわたる普通講義のノートにもとづいている。前期の分は藤枝了英君が、後期の分は秋田成明君が、担当したものである。

昭和四十一年十一月十八日に、先生は故郷において急逝された。原稿はついに定稿にならなかった。ただこの『中国思想史』の原稿には、もっとも多くの書き入れがあり、改訂が行なわれていた。それを拝読して、私たちはまた亡き先生への尊敬と思慕をあらたにした。

通史を書くことは、一般に、むつかしいことである。ことに中国思想史は、対象が、何千年もの長い時間を経て、南北の広い地域にわたり、そして漢字で書かれた難解な書物の、しかも莫大な量に及ぶものであるから、容易に叙述しきれるものではない。この方面のすぐれた著述が少ないのは、主としてここに原因がある。しかし、この事情が、実は却って先生にまずこの『中国思想史』から推敲に着手させたのではあるまいか。他の原稿には、ほとんど書き入れがない。

先生の鉛筆による書き入れは、はなはだ達筆である。ということは、判読しがたいところが多いということである。しかし、それをたどりたどり判読してゆくうちに、私は、先生が、たしかな歴史事実の上に、学者としての考え方、人間としての生き方を、誠実な文章をもって、堂堂と展開しておられることに魅せられ、ひきこまれていった。このような先生を持ったことは、私たちの大きな喜びであり、誇りである。私たち受業生がこの御遺稿を出版するのは、もとより恩師を思慕する念に出る。しかし、この書物が、シナ学者はもとよりのこと、ひろく書物を読んでものを考える人たちに読まれるべきものであることを信じている。

このたびの出版に際して、前期を森三樹三郎君が、後期を平岡武夫が、それぞれに分担して、原稿の整理と印刷の校正の任にあたった。原文のとり扱い、注釈のつけ方、参考書のあげ方など、叙述の体裁は、前期と後期と、かならずしも一致していない。先生の御講義のしかたに、もともと、年次によって変化がある上に、ノートをとる人の書きとめ方にも、それぞれに個性があるからである。引用した原文のあとの訳文は、私たちが分担する所に応じてつけたのである。また、後期の分についている6ポの双行注は、平岡が加えたものであって、先生の原注ではない。全体にわたって、私たちの学識の浅さが、先生に御迷惑なあやまちをしでかしていないかと恐れている。

先生の三周忌の祥日にこの書物を御霊前に供えたてまつることが、受業生一同の切なる念願であった。その念願が、創文社の協力によってかなえられたことを、ありがたく思う。（平岡記）

昭和四十三年十月二十三日

小島先生遺稿刊行委員会

小島祐馬（おじま・すけま）

一八八一年、高知県吾川郡春野町（現・高知市）に生まれる。旧制第五高等学校（熊本）から京都帝国大学法科大学、同文科大学哲学科を卒業。中学校の教師から同志社大学法学部教授、京都大学文学部教授を歴任。京大総長就任も待望されたが定年退官を機に、生まれ故郷の土佐に戻り老父を養いながら晴耕雨読の隠棲生活をおくる。終戦後間もないころ、吉田茂首相の意を受けた文部次官に文部大臣就任を請われるも「わしは、麦を作らんならん。そんな事をしているひまは、無い」の一言で断る。痛快で剛毅な小島祐馬は、多くの俊才を育て一九六六年に八十五歳の生涯を閉じた。自宅を埋め尽くすほどの万巻の蔵書は、高知大学に寄贈され「小島文庫」として遺されている。主著『古代中国研究』、『中国の革命思想』、『中国の社会思想』（以上筑摩書房）、『中江兆民』（弘文堂アテネ文庫）など。

中《ちゅう》国《ごく》思《し》想《そう》史《し》

二〇一七年五月　五　日　初版第一刷発行
二〇二三年五月二〇日　初版第二刷発行

著　者　小《お》島《じま》祐《すけ》馬《ま》

発行者　小川真輔
編集者　鈴木康成
発行所　ＫＫベストセラーズ
東京都文京区音羽一－一五－一五
シティ音羽二階　〒一一二－〇〇一三
電話　〇三－六三〇四－一八三二(編集)
〇三－六三〇四－一六〇三(営業)
https://www.bestsellers.co.jp
印　刷　近代美術
組　版　オノ・エーワン
装　丁　竹内雄二

定価はカバーに表示してあります。
乱丁、落丁本がございましたら、お取り替えいたします。
本書の内容の一部、あるいは全部を無断で複製模写（コピー）することは、
法律で認められた場合を除き、著作権、及び出版権の侵害になりますので、
その場合はあらかじめ小社あてに許諾を求めてください。

©Sukema Ojima 2017

ISBN978-4-584-13791-8 C0010　Printed in Japan